天命不可違，天規不可破！

它是成功者必須徹底奉行的圭臬。

與其四處碰壁而悔之莫及，

不如掌握對策以從容入局！

天規

孫正治 著

U0098879

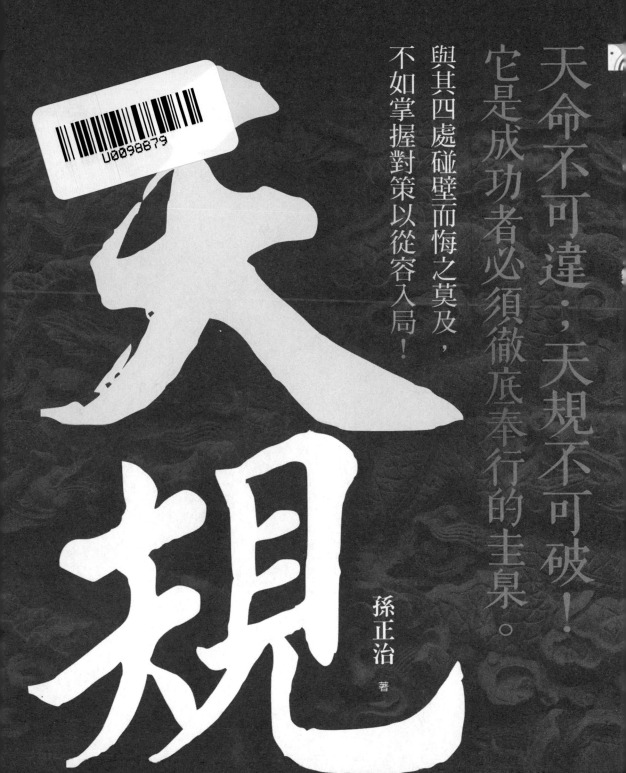

前言

編寫這樣一本書是需要一點勇氣的。不要說我輩，就是孔聖人也不曾用過這麼大的字眼兒。天規？聖人說：天何言哉。

結果我們還是斗膽把它推了出來。敢於這樣作的原因很簡單，現在的人們太浮躁了，而我們看到了其中的危機。我們沒有替天言道的奢望，奉獻給讀者的不過是從曾經發生的人間故事中，總結出的一些人生經驗而已。它是總結歸納的產物，只要能對人們的現實人生有一點參考價值，我們就很知足了。

在這個日新月異的世界上，為人們貢獻一點有價值的忠告是很困難的。人們崇尚的是那種具有挑戰性和突破性的奇蹟，對「規則」一類的東西越來越漠然，尤其是對那些古老的規則，他們誤以為除了新事物帶來的新規則等著他們去摧毀，已往的所有規則早已經土崩瓦解，成了古城牆的遺跡。他們把這種浮燥的心態稱之為「現代意識」，而現代化帶來的速度和擁擠，使這種意識得到災難性的普及。巨人越來越少，因為真正懂得規則的人越來越少了。

然而，只要人類社會的基本形態不發生質的變化，應有的規則就不會消亡。它們仍將像頭頂上的青天一樣俯視著我們的一言一行，順之則昌，逆之則亡。重新體會這些規則的深刻意味，是我們這些現代人急需補上的人生課業。

這些規則看上去並不陌生，但是你會有一種久違了的感覺。還記得明察秋毫的利害嗎？還記得捷徑與險途的微妙關係嗎？還記得置之死地而後生的悲壯嗎？……他們與你的人生事業有著極其密切的聯繫，隨時都可以為你提供有益的忠告。如果能夠身體力行，你將穩健地走向每一個成功。

書中有許多發人深醒的事例，引人入勝，妙趣橫生。在探討人生經驗的同時，你還可以欣賞精彩的歷史故事。萬一其中某一句話在你人生的關鍵時刻僥倖把你從懸崖邊拉開，那也沒有什麼值得驚奇，因為那是我們意料之中的收穫。

目錄
CONTENTS

前言

修己篇：教你德才兼備

待人篇：教你一呼百應

事業篇：教你大展宏圖

謀略篇：教你雄韜偉略

修己篇：教你德才兼備

以自我為中心的人，將困於人生最大的陷阱

人人心中都有一個所謂「自我」——我的身體、我的思想、我的感情、我的感受，以及我的財產、名譽、地位等等。由此產生了許多以自我為中心的人，他們的一切思想和言行都是為了個人利益，而極少顧及他人和社會。他們以個人利益為圓心畫了一個圓，把自己封閉其中，坐井觀天，孤芳自賞，卻不知道自己已經由此陷入了人生最大的陷阱。對這樣的人，真應該擊一猛掌，告訴他：「我」這個詞強調到一定程度，是會變成詛咒的。

捨己從人，才能無往不利

中國古代思想家老子在其《道德經》中，說過一番發人深思的話，叫作「聖人後其身而身先，外其身而身存，非以其無私耶？故能成其私。」意思是：大智大德的人甘居人後而反佔先，把自身置之度外而反能保全自己，難道不是因為無私，才成全了自己嗎？老子還用譬喻來說明同樣的意思道：江海之所以能為百谷之王，是因為江海居於低處，上承百谷，所以要居於人上，必須先謙遜地居於人下；要居於人先，必須先禮讓地居於人後。這樣才能居於上而在下者不感到沈重，處於前

而在後者不因妒嫉而排擠他；不但不感到沈重，不因妒嫉而排擠，而且大家一致不斷地推舉和擁戴他。

老子所說的道理，今天，未免曲高和寡。為了便於理解，讓我們講兩則歷史故事吧！

一六四四年，山海關以南，是李自成的大順軍，在佔據北京後準備兵發遼東，旗指江淮，奪取統一全國的勝利；山海關以北，是清滿州八旗武裝，由多爾袞統率問鼎中原，準備與大順軍一決雌雄，以爭天下。

國家、民族、戰爭的命運，突然使駐守在山海關的一位三十二歲的青年將軍變得舉足輕重起來。他，就是吳三桂，薊遼總督洪承疇兵敗降清後，吳三桂統領遼東各部，成了關外明朝軍隊的實際總指揮。吳三桂領兵五十萬，實際精兵四十五萬，其中三千子弟兵為明軍中剽悍勇武的精銳。李自成進京之前，崇禎皇帝封吳三桂為平西伯，命其急速入京護駕。吳三桂率兵回救，行至豐潤，北京已被李自成攻破，正當他考慮投李時，聞聽他的愛妾陳圓圓被李自成部下所擄，他引兵北返，退據南北要塞山海關。

大順軍進入北京後，父親吳襄一家被幽禁看管起來。大將軍劉宗敏入城的第一件大事是派手下拷掠吳襄，逼他交出了陳圓圓，並把陳圓圓留在身邊據為己有。農民起義軍剛剛進城就開始走他們前輩們失敗的老路：驕傲和腐敗。據說，當時吳三桂正帶兵南下投奔李自成，吳家一位從京城逃走的僕人和他相遇，告知吳襄被拷、圓圓被掠的消息。吳三桂勃然大怒，拔劍斬案：「大丈夫不能保一女子，何面目見人耶！」

吳三桂的降清至今還有許多歷史事實無法澄清。應當承認，吳三桂原始的想法是借兵報仇。這一點從他給多爾袞的信中可以看出：「我朝之報北朝者，將裂地以酬，不敢食言。」這是他用的顯然是明朝官員的語氣。他還先行傳火牌到京，命官員著公服集郊外，迎太子即位。後來的事實表明，吳三桂事先可能和多爾袞有約，但清軍以優勢兵力直搗北京時，事情的發展已經由不得吳三桂，他甚至已經失去了訂約人的資格，而淪為清廷的鷹犬只能服從調遣了。

仇是報了，陳圓圓回到了他的身邊。他付出的代價是老父吳襄一家三十八口人被李自成所殺，數百里江山被滿州人所占。更大的代價是，他本來是想「復仇」，但現在卻是「降清」了。這是歷史的誤會還是誤會的歷史，總之，吳三桂「衝冠一怒為紅顏」的結果是成了滿洲人的奴才，成了歷史罪人，成了一切賣國賊的代名詞。

吳三桂在短短三十二天內，為了一個女人，三事其主，兩易新朝，這充分說明了這個性格無常的變色蟲的決策輕率和個人道德。他的無忠、無義、無定、無常使他成了超級自我中心主義者。他一生中先後兩次舉兵，為此他幾乎失去了所有的親人：父、子、孫、兩個姐姐、一個弟弟都因他而死；剩下只有陳圓圓一個知音，但隨著他官位的提高，他造名園，置美女、侍奴，他和陳圓圓年輕時的戀情也塵封淡薄。最後就剩下這個「國賊」孤家寡人一個。這也是他咎由自取的下場。

馮異從劉秀起兵打天下之初，就一直跟隨著劉秀，並且忠心耿耿，誓死效力。

跟隨劉秀二年後，劉秀見馮異有大將之才，就將部隊分出一部份，讓他帶領。不久，因他征戰有功，被封為應侯。

在劉秀麾下的將軍之中，馮異治軍有方，愛護士卒，深得部屬擁戴，因此，士兵都願意在他的部下作戰。

每次大戰之後，劉秀都要為將軍們評功進賞。這時，各位將軍都為爭功搶賞，大喝小叫，甚至拔劍擊樹，吵得不可開交。馮異卻從不爭功爭賞，每次都獨自靜坐在大樹下，任憑漢光武帝評定。這樣，大家就給他取了個雅號，叫「大樹將軍」。軍中無人不知。

劉秀稱帝後，雖然大局已定，各地仍戰亂不已。但劉秀平定天下、安撫百姓的策略，派馮異率兵從洛陽西進，以平定關中三輔地區。

馮異率領大軍，一路安撫百姓，宣揚劉秀的威德，所到之處，紛紛歸順，沒有幾個月，就完全佔領平定了關中、三輔地區，替劉秀又一次立下了汗馬功勞。馮異被拜為征西大將軍。

接著，馮異又連續平定數地，威勢益震。這時，有奸人在劉秀面前挑撥離間說：

「馮異現在在外面，名聲大得很。他到處收買人心，排除異己。咸陽地區的老百姓，都稱呼他為『咸陽王』。皇上，你可得提防著點啊！」

劉秀聽了，讓人把話傳給馮異。馮異知道後，十分緊張，馬上向劉秀上書自白，請劉秀不要聽信讒言。

漢光武帝真不愧一代賢君，收到馮異的信後，馬上回信說：「將軍對國家和朕說來，從道義講是君臣關係，從恩情講如同父子關係，你根本不用介意奸人的語言。」

為了表示誠意，劉秀把馮異的妻、子都送到咸陽，還給他更多的封賞與權力。

而馮異一直到去世，都盡忠王室，而且從來不自居其功。

吳三桂與馮異，一個私心惡性膨脹，為了一個女人置黎民天下於不顧，最終身辱家喪，另一個則一心為公，忠心耿耿，連君主的封賞都毫不掛懷，結果卻身顯家榮。他們兩人的故事，充分地說明了老子關於「後其身而身先，外其身而身存」，「以其無私，故能成其私」觀點的正確性。老子的觀點雖然顯得很玄奧，其實卻是為生活現象所普遍證實了的規律。

大家都知道的太極拳，它是中國傳統武術中一個著名的拳法，不僅有很好的強身效果，也有神奇而強大的技擊作用。它在技擊方面的一個顯著特點，是借力打力，四兩撥千斤。往往旁觀者並沒有看到一個明顯的動作，對方已經被掀出丈外。這種拳術之所以有這麼神奇的技擊作用，原因在於它有一個類似於「反其身而身先」的原則，即與人交手時不得自我中心，而必須捨己從人，以便捨逆取順。拳練得好與不好，技擊能力強還是弱，就取決於這一點上做到多少。所謂「來，則順勢摒；去，則順勢發」、「能吞能吐」、「來多少要多少，要多少給多少；來之歡迎，去之歡送」，無不表現出捨己從人的要義。武術作為一種對抗性的運動，尚且需要捨己從人，何況在社會生活中，人與人之間絕大多數情況下並非對抗性的關係呢？由此可見，無論在武術運動中，還是在社會生活中，捨己從人則順，自我中心則逆；順則可以巧取，逆則難以力勝。上述兩則故事，就是這一點的有力證明。所以有智慧的人應該盡早地放下自我中心的思想，以「後其身」、「外其身」的方式求得自己的順勢，達到「身先」、「身存」的目的。

個人價值透過他人才能實現

以上我們只是從功利的角度談了自我中心的危害，這就是它使人捨順取逆，自我為難。應該說，這還只是一個淺層次的道理；在較深的層次上，應該說明為什麼自我中心就逆，捨己從人就順。我們認為答案在於人作為社會性的動物，不是一個封閉的系統，人的各種價值和利益的實現，不能從我到我，而必須透過他人和社會，正如一件商品價值的實現不能不經過市場流通一樣。

還記得那個垂釣渭水的姜太公嗎？他的故事頗能說明這個問題。

相傳商朝末代天子商紂王，荒淫無道、屠戮忠臣，他聽信寵妃妲己的讒言，搜刮民財，要修建瑪瑙欄杆、明珠棟梁的鹿台，命下大夫姜子牙督造。

姜子牙奏稱：「此台工程十分浩大，非得三五年不能完工。如今四方刀兵不息，水旱頻仍，府庫空虛，民生艱難，鹿台之工，勞民傷財，願陛下息此念頭，切為不可！」

紂王大怒，命人拿辦姜子牙，那姜子牙投水逃去。以後，姜子牙在商朝都城朝歌當過殺牛的屠戶；在黃河邊的孟津賣過茶水。編竹笊籬沿街叫賣，走六七十里地，一天也沒賣出一只。有一天，姜子牙磨了一擔麵粉，挑著進朝歌城去賣，偏偏遇上一匹受驚溜了韁的狂馬，把他的兩籮麵拖了五六丈遠，麵灑了滿地，又遇一陣狂風將麵粉刮了他灰頭粉臉。

姜子牙處處碰壁，吃盡苦頭。他的朋友宋異人對他說：「賢弟不必煩惱，守時候命，方為大丈夫。」

姜子牙作詩鼓勵自己：「皇天生我在塵寰，虛度風光困世間。鵬翅有時疼萬里，也須飛過萬重山。」

後來姜子牙離開朝歌，來到陝西岐山的磻溪，溪中泉水清冷，石壁深高，泉邊綠柳蔥郁，是個逍遙自在的去處。姜子牙坐在垂楊之下，每日垂釣。

一個過路的打柴樵夫，見他只是看著泉水，卻不見釣上魚來，將釣竿拿起一看，見線上有一針卻無曲鈎，便笑他，勸他把針打成釣鉤，穿上香餌，拴上浮子，才能釣上魚來。

姜子牙卻答道：「老夫名雖垂釣，我自意不在魚。我寧在直中取，不向曲中求，不為錦鱗設，只釣王與侯。」

當時，姜子牙垂釣的故事傳聞四方，周西伯姬昌（後來的周文王）便率領術臣散宜生、閎夭，帶上厚禮，恭請姜子牙出山。姜子牙聽說姬昌禮賢下士，敬老愛才，也欣然應允。

姬昌十分高興地說：「我的祖先太公盼望您來助周滅紂已經很久了！」

所以，姜子牙又稱「太公望」，後來周武王尊稱他為「師尚父」。

在這則故事中，姜子牙雖然身懷濟世之才，並且有遠大的抱負，但只因紂王無道，不買他的賬，便只好遠遠地逃走，無可奈何地去做他所不擅長的事，以度時日。這與一個失敗的賣主沒什麼兩樣。後來姜子牙垂釣磻溪，卻意不在魚，「只釣王與侯」，與一位善於賣關子的擺攤賣主也毫無二致，只不過他要把自己的才能賣給帝王家罷了。

姜子牙遇上了好買主，便時來運轉，功成名就，實現了人生價值，不然就家愁潦倒，可見人的價值、利益、功業、地位、名譽無一不建立在他人和社會的基礎上，而沒有「體內循環」的道理。不然的話，他又何必直鉤垂釣、故弄玄虛呢？

先「大我」，後「小我」

人人都有一個「自我」，是不能不承認的現實。即使倡言「無我」的佛家，也不否認相對意義上的「我」。但是在持有「我」觀點的同時，必須明瞭，所謂「自我」，有「小我」，也有「大我」，其中「小我」是個人，而「大我」則包括所有的他人或「社會關係」的總和，乃至包括日月星辰、山河大地、禽獸草木在內。因為每個人的生存，離不開他人和社會，也離不開自然，人與社會、自然本來是一個整體，其中的一切都是互為因果，普通聯繫著的。人要想生活得好，必須先「大我」，後「小我」，達到與他人、社會和自然界合為一個境界。

所謂先「大我」後「小我」，不僅表現著一種博大的胸懷和美好的品德，而且是一種高瞻遠矚的大智慧。

拿破崙・希爾曾經這樣介紹自己的工作經歷：

「我生平所獲得的一次最有利的晉升，是由一件小事情造成的。那是在某個星期六下午，一位律師走進來問我，他到哪兒能找到一位速記員來幫一下忙，因為他有些工作必須在當天做完。

「我對他說，我們公司所有的速記員都去觀看球賽了，如果他晚來五分鐘，我也早已經走了。但我很高興留下來替他工作，因為我可以在另外的任何日子裏去看球賽，而他的工作卻必須在當天完成。我替他做完了這些工作。他問我應該付我多少錢，我開玩笑地回答說：『哦，既然是你的工作，大約要一千元吧。如果是別人的工作，我是不會收取任何費用的。』他臉上露出微笑，向我道謝。

「我這樣回答時，純粹只是開玩笑。並未想到他是否會為了那天下午的工作而付我一千美元。但出乎我意料，他竟然真這樣做了。六個月之後，我已經完全忘掉此事了，他又來找我，問我當時的薪水是多少，我把我的薪水數目告訴他之後，他對我說，他將把我上次替他工作後開玩笑說出的那一千美元付給我，他請我到他的辦公室工作，年薪比我當時的薪水要多出一千美元。

「在那個周六的下午，我放棄了球賽，提供了一次服務，而這次服務之提出，顯然是出於樂於幫助他人的欲望，而不是基於金錢上的考慮。

「我沒有責任放棄我的周六下午，但是——那是我的特權。而且，那是一項有益的特權，因為它為我增加了一千美元的現金收入，並為我帶來一項比以前更為重要的新職位。

「幾年以前，愛荷華州達文頓市的帕爾默學校，邀請我向該校學生發表演說。我的經紀人已經為我做好了一切安排，按照當時的條件接受這項邀請，酬勞是一百美元，演講費及車馬費皆包括在內。

「我到了達文頓市之後，發現有一個接待委員會在車站迎接我。在那天晚上，我受到了從事公開演講生涯以來最熱烈的歡迎。我遇見了許多可愛的人士，從他們身上得到了許多珍貴的教益。因此，當他們請求我列出我的費用清單，由學校根據這個單子開張支票給我時，我告訴他們，我已經收到了我的報酬，而且超出我應得報酬的好幾倍，因為我在當地停留期間學到很多東西。我拒絕接受他們的報酬，並且心滿意足地回到芝加哥，覺得真是不虛此行。

「第二天早晨，這家學院的院長帕爾默博士向他的兩千名學生宣佈了我所說的，有關我學到了很多東西因而拒絕酬勞的話，他又接著說：

「『在我主持這家學院的二十年期間，我曾經邀請過幾十位人士前來向學生們發表演說，但是，這是我第一次知道有人拒絕接受他的演講酬勞，因為，他認為他已在其他方面有所收穫，足以彌補他的演講費用。這位先生是一家全國性雜誌的總編輯，因此，我建議你們每個人都去訂閱他的雜誌，因為，像他這樣的人，一定擁有許多美德及能力，是你們將來離開學校，踏入社會時所必須用到的。』

「在那個星期之中，我所主編的那家雜誌已經收到了這些學生六千多元的訂閱費，在以後的兩年當中，同樣的兩千名學生，以及他們的朋友一共訂閱了五萬多美元的雜誌。

「如果你能夠的話，請你告訴我，我能夠在別處以其他方式投資一百美元，而獲得如此大的利潤嗎？

「我記得有一次某家公司很不誠實，他們把我的構想據為己有，採用了我為他們所做的改善設計，卻未付錢給我。可是，這件事結果反而對我有利。其過程是這樣的：該公司一位熟悉這件事的職員，後來自己獨立在外創辦了一所公司，由於我前次對他的老闆所做的免費設計極為傑出，所以他請我和他合作，所得的報酬是他原來公司可能付出的兩倍。這不僅補償了我以前為那個不誠實客戶服務所遭受的損失，還得到了盈餘。

「馬歇爾・菲爾德可能是他那一時代最傑出的商人，設於芝加哥的菲爾德大百貨公司目前仍然聳立於大街上，象徵了他的卓越成績。

「有位顧客在菲爾德百貨公司購買了一件昂貴的絲質內衣，但並未穿用。兩年後，她把這件內衣送給他的侄女作為結婚禮物。這位侄女把這件內衣退還給菲爾德百貨公司，拿它交換了另一件商品，雖然，這件內衣是在兩年前賣出的，而且式樣已經落伍，但菲爾德百貨公司仍然准許他用它交換其他商品。

「菲爾德百貨公司不僅是收回了這件內衣，更重要的是，它是毫無怨言地收回這件內衣。當然，百貨公司本身沒有義務、道義或法律上的責任來接受拖延了這麼久的退貨，但也正因為如此，才使得這件事更具意義。

「這件內衣原來的價錢為五十美元，在兩年後收回，卻只能丟到廉價品專櫃中，能賣多少算多少。但是，深懂人性心理的心理系學生將會明白，菲爾德公司不僅不會在這件內衣上有任何損失，相反的，它還將因此而獲得無法以金錢衡量的好處。

「把這件內衣退回去的那位婦女，心中一定明白，她並沒有要求更換物品的權利。因此，當這家百貨公司給了她原本無權獲得的物品後，等於爭取到了她這位永久的顧客。但是，這件交易的影響並不僅如此而已；相反的，正好是個開始。因為這位婦女把她在這家百貨公司獲得的「公平待遇」宣傳開來，弄得遠近皆知。她把這件事當作她的談話主題，而且一連談了好幾天，使得菲爾德百貨公司從這件事中獲得了最佳的廣告效果。菲爾德公司如果想要花錢作廣告，可能要花上這件內衣幾十倍價錢的費用，才能獲得這種效果。」

拿破崙・希爾這樣總結他的這段經歷：「任勞任怨，不計報酬。」這兩句話，道出了我的「成功法則」哲學中最重要的部分。

過分在意別人的眼光，將喪失自我

在社會生活中，我們常常發現這樣一些人：他們過分在意別人的眼光和說法，不斷地按照別人的看法來矯正自己的言行，以致使自己個性受到損害，原則變得模糊不清，甚至成了缺乏自主性的傀儡。自我中心的人以自己為圓心，而無視他人及其利益，那麼過分在意別人眼光的人則總是隨著別人的意見轉，甚至跟在別人後面亦步亦趨地爬行，前者過分強調了自己，而後者喪失自我，兩者的共同之處，是把一端強調到不適當的程度，而把另一端降到了僕從的地位。

事物總是兩方面的，其中任何一個方面，都不能排除和掩蓋另一個方面。所以我們在反對自我中心的同時，同樣也應該反對以別人的意見為中心，以致喪失自我的做法。

切勿邯鄲學步

中國古代有一個寓言，叫作「邯鄲學步」，說的是有幾位燕國年輕人到趙國都城邯鄲去了幾天，回來後，就在燕國大談趙人走路姿式的優美、穩健。

某人說：「趙國人走路比我們燕國人走路的姿式，真是一個在天上，一個在地下呀！」

從此，這幾位年輕的燕人就像肩負著什麼偉大使命似的，宣傳、推廣起趙人走路的活動。燕國的多數人都把他們當做笑料看，可這幾個人狂熱得很，一大幫年輕人也追趕時髦，學起所謂趙人走路了。

每天，這幾位年輕人都在鬧市表演趙人走路的姿式，一搖一扭，令許多燕人看了發笑。

在趕時髦的年輕人中，有位名叫劉生的人。他狂熱地相信這幾個年輕人的話，但認為他們沒學到趙人的真傳，下決心親自去邯鄲，一定要學到趙人走路的姿式，回來推廣到全國。

他就這樣信心十足地來到趙國。

他在邯鄲住了下來，天一亮，就走出門，一步一趨地跟在行人後面學著走路。

開始，邯鄲人以為他是個怪人，有的還當他是小偷、是流氓，後來知道他是來學趙人走路的，很多人都感到奇怪。

有的好心人勸他：「你們燕國人難道不會走路，走路有什麼好學的，還非要學趙人的？」

劉生心想，這些人肯定是怕我學到他們的真傳，我才不管呢。

畢竟劉生在燕國生活了二十來年，走路的姿式已經定型，正如一個口音定型的人，到異鄉可能一輩子也改不了鄉音，學不到異鄉口音一樣，劉生在邯鄲學了幾個月，仍沒學到邯鄲人走路的姿式。

不久，他連燕人如何走路都忘了。

也許讀者會說，這只不過是一則寓言罷了，在現實生活中，有誰會像那個燕國人那樣呢？然而可想的卻是，社會上到處充斥著因過分在意別人的眼光而跟在別人後面亦步亦趨的人。譬如，年輕人在忙什麼？在忙著模仿明星，模仿的內容包括明星的服飾、髮式、言行舉止乃至一些莫名其妙的怪癖；成人們在忙什麼？在忙著模仿那些成功者，模仿著他們的趾高氣揚的風度。而那些明星和成功者，又無時不在猜測大眾的心理，迎合他們的口味，以便受到更熱烈的歡迎和崇拜。如同那個邯鄲學步的燕國人不再會走路一樣，他們正在逐步地喪失自我，喪失個性，以及良好的自我和個性所能帶來的一切。

本色才是最美的

卡耐基有一封伊笛絲•阿雷德太太從北卡羅萊納州艾爾山寄來的信，信中寫道：「我從小就特別的敏感而靦腆，我的身體一直太胖，而我的一張臉使我看起來比實際上還胖得多。我有一個很古板的母親，她認為把衣服弄得漂亮是一件很愚蠢的事情。她總是對我說：『寬衣好穿，窄衣易破。』而她總照這句話來幫我做衣服。所以我從來不和其他的孩子一起做室外活動，甚至不上體育課。我非常地害羞，覺得我跟其他的人都『不一樣』，完全不討人喜歡。」

「長大之後，我嫁給一個比我年長的男人，可是我並沒有改變。我丈夫一家人都很好，充滿了自信，我盡最大的努力要像他們一樣，可是我辦不到。他們為了使我開朗而做的每一件事情，都只是令我更加退縮。我變得越發緊張不安，躲開了所有的朋友，情形壞到我甚至怕聽到門鈴響。我知道我是一個失敗者，又怕我的丈夫會發現這一點。所以每次我們出現在公共場合的時候，我都假裝很開心，結果常常做得太過。也因此難過了好幾天。最後我覺得再活下去簡直沒有什麼道理了，於是開始想自殺。」

是什麼改變這個不快樂的女人的生活？

「隨口說的一句話，改變了我的整個生活。」阿雷德太太繼續寫道，「有一天，我的婆婆正在談她怎麼教養她的幾個孩子，她說：『不管事情怎麼樣，我總會要求他們保持本色。』……『保持本色』……就是這句話！在那一剎那之間，我才發現我之所以那麼苦惱，就是因為我一直在試著讓自己適合於一個並不適合我的模式。

「在一夜之間我整個改變了。我開始保持本色。我試著研究我自己的個性，試著找出我究竟是怎樣的人。我研究我的優點，盡我所能去學色彩和服飾上的問題，儘量照能夠適合我的方式去穿衣服。我主動地去交朋友，還參加了一個社團組織。他們讓我參加活動，使我嚇壞了。可是我每一次發言，就增加了一點勇氣。這事花了很長的一段時間，可是今天我所有的快樂，卻是我從來沒有想到可能得到的。在教養我自己的孩子時，我也總是把我從痛苦的經驗中所學到的結果教給他們：『不管事情怎麼樣，總要保持本色。』」

卡耐基曾經以自己的經歷談到，當他由密蘇里州的鄉下到紐約去的時候，他進了美國戲劇學院，希望能做一個演員。他當時有一個自以為非常聰明的想法——一條到成功之路的捷徑；這個想法非常之簡單，非常之完美，所以他不懂為什麼成千上萬富有野心的人居然沒有發現這一點。

這個想法是這樣的，他要去學當年那些有名的演員怎樣演戲，學會他們的優點，然後把每一個人的長處學下來，使自己成為一個集所有優點於一身的名演員。多麼愚蠢！多麼荒謬！他居然浪費了很多的時間去模仿別人，最後終於明白，一定得維持本色，因為他不可能變成任何人。

這次痛苦的經驗，應該能教給他長久難忘的一課才對，可是事實不然。他想寫一本書。並希望那是所有關於公開演說的書本中最好的一本。在寫那本書的時候，他又有了和以前演戲時一樣的笨想法，打算把很多其他作者的觀念，都「借」過來放在那本書裏——使那一本書能夠包羅萬象。

於是他去買了十幾本有關公開演講的書，花了一年的時間把它們的概念寫進書裏，可是最後他再一次地發現自己又做了一次傻事：這種把別人的觀念整個湊在一起而寫成的東西非常做作，非常沈悶，沒有一個人能夠看得下。所以他把一年的心血都丟進了廢紙簍裏，全部重新開始。這一回他對自己說，「你一定得維持你自己的本色，不論你的錯誤有多少，能力多麼的有限，你也不可能變成別人。」於是他不再試著做其他所有人的綜合體，而捲起袖子來，做了他最先就該做的那件事：他寫了一本關於公開演講的教科書，完全以自己的經驗、觀察，以一個演說家和一個演說教師的身份來寫。「我沒有辦法寫一本足以媲美莎士比亞的書，」他說，「可是我可以寫一本由我寫成的書。」

你在這個世界上是個新東西，應該為這一點而慶幸，應該儘量利用大自然所賦予你的一切。不論好壞，你都得在生命的交響樂中，演奏你自己的樂器。

想像一下，你放棄了模仿，準備做自己，於是奇蹟產生了：你並沒有期望你成為最美好的，然而事實上，你成了最美好的，因為這時的你已經全面地佔有了自己的本質，發揮出了天性和生活的賦予你的一切，而做到這一點只因為你保持了本色。

讓別人去說吧，走你的路

不應過分在意別人的觀點，一個重要的原因，就是別人眾多，而「你」只有一個；如果你處處考慮別人的看法，必將無所適從。所以我們必須灑脫一些，勇敢地走自己的路。

何況，在我們的社會中，有卓見者總是少數，孤獨寂寞、不被理解是很自然的事情。尤其在時物勢易，應當有所革新的時候，如果過分看重眾人的意見，那就什麼事情也做不成了。

趙國是戰國七雄之一。戰國初期，趙國經常進攻別國，並向北方各少數民族地區（林胡、樓煩、代、中山等）擴展。為防禦北方敵人，趙修築長城。後來，中山強大起來，一度圍攻趙國高地，形成嚴重威脅。

有一天，趙武靈王與老臣肥義談話。他說：「我想繼承先祖趙簡子、趙襄子的遺業，擴大疆域。為了使軍力強盛，先要使民眾能征善戰。我想讓民眾穿上胡人輕便的服裝，學習騎馬射箭，又怕大家議論、反對，你看怎麼辦才好？」

肥義鼓勵他說：「至高的道德，不同於世俗；建立大功的人，不與庸俗的多數同謀。現在你認定是利國之事，就別理會大家議論。」

趙武靈王說：「我當然不是懷疑胡服騎射的作用，我只是怕大家恥笑。如果天下人瞭解我的心思而順從我，那麼，胡服騎射的作用正是不可限量呢！好吧，即使世人都恥笑我，我也要佔領胡地和中山。」

於是，趙武靈王第一個穿上了輕便的胡服，戴上貂尾、蟬翼為飾的武冠，束上金鉤為飾的腰帶，足上穿皮靴，這樣的裝束，騎馬、射箭都很輕快便利。

他派人勸他的叔父公子成也穿上胡服，學習騎射。公子成卻認為，這種異邦蠻夷的服裝，穿起不好看，走路都走不快。而且隨便改變祖宗傳下的習俗，違背先人教導，還會失去民心。

聽了使者回報，趙武靈王頓著腳說道：「我就知道叔父的老毛病！」

他親自到公子成家裏，告訴他：「服裝，穿起來使人感到方便、舒適；禮節，是為了使人便於做事。只要人民覺得方便適意，聖人並不要求越人與吳人的服裝非要統一起來不可。你所說的是已形成的習俗，我所說的是將要採取改變舊習俗以適應新需要的措施。現在中國東有河、薄洛，與齊、中山共有，但是沒有舟船。東有燕、東胡，西有樓煩、秦、韓威脅，但是沒有騎射的軍備，所以我想要聚集舟船，改胡服騎射，以加強軍備，對付四方敵人，難道叔父也盲目追隨舊俗，不願我變革軍備，以報諸胡侵略、中山圍暸的國仇嗎！」

公子成被趙武靈王說服，也穿上了胡服，學習騎射。

從此趙國人不分貴賤，盡都穿上輕便的胡服。棄車騎馬，練習射箭打獵，兵力漸漸強盛。趙武靈王親自率軍向四方拓邊，西到雲中，北盡雁門，擴大領土幾百里。

在一國之內提倡胡服騎射，將遇到的障礙可想而知。趙武靈王以身作則，第一個穿上胡服，是需要巨大的勇氣的。人們的恥笑是暫時的，國勢強盛的結果是最有說服力的。

人們時常會遇到這樣一種情況，由於種種原因，自己的一片善意不被世人理解，反被誤解為別有用心。或許「世人皆醉我獨醒」，別人都是錯誤的，真理就握在自己手中。這種時候，如果過分在意別人的看法，不能堅持原則，貫徹始終，必將在環境的壓力下隨波逐流、喪失自我，最終毀壞自己的事業和人生。

心中的善意和手中的真理常常需要事實來證明。在世人的誤解甚至打擊中，堅守初衷、持之以恒，是最終消除誤解和戰勝謬誤的唯一途徑。

「走自己的路，讓別人去說。」應該成為所有在誤解和敵視中堅持真理的人們的座右銘。

嗜欲深者天機淺

莊子有兩句名言流傳千古，一句是「嗜欲深者天機淺」，另一句是「無心得而鬼神服」。這兩句話，前者從人的內在修養著眼，說明嗜欲深的人與道遠離，難以造就；後者著眼於社會效果，說明內心無私的人，連鬼神都欽佩他，更不用說人了。這兩句話又是彼此聯繫的。「嗜欲深」便不能「無心得」，相反地，必然貪著所嗜所欲。按照莊子的說法，這樣的人本身既與大道遠離，又得不到人們的認同，連鬼神都要降禍給他，試想會得到什麼結果呢？

玩物喪志，必誤大事

玩物的嗜好，是中國人幾千年的獨特習性。觀魚賞花、鬥雞走馬，凡此種種，無非愛好一物，以致痴迷，詳查細品，多絕妙趣。以求修身養性，原本無可厚非。不幸的是，玩物往往導致喪志。少年喪志則難成大事，老來喪志則難保晚節。而身處人生事業高峰者，一旦喪志，將有墜落深淵的危險。

周惠王九年，衛惠公的兒子姬赤繼位，當上了衛國國君，後人稱他為衛懿公。

衛國是個小國，在諸侯爭霸中，靠齊國幫助才生存下來，成為齊國的附庸國。衛懿公當上國君後，不知富國強兵，而是天天吃喝玩樂，不理朝政。他酷愛養鶴，在宮中建築豪華的鶴舍，派人精心飼養，凡是獻鶴的人都重獎封官，還賜予鶴有如官吏一般的待遇——戴官帽、坐官車、享官祿。而對百姓的飢寒，卻不聞不問。

同理朝政的衛國大臣石祁子和寧速，見懿公一心玩鶴，置朝政於不顧，很是著急，曾多次勸諫，均遭拒絕。懿公的大哥公子毀，料到國將衰亡，就藉機離開衛國出走了。國中怨聲載道。

當時有一個部族山戎，經常派兵騷擾齊國邊界，齊國準備討伐山戎。此事被強大的狄國得知，其君主瞍瞞雄心勃勃，一心想侵略中原，他認為齊國討伐山戎，決不會放過狄國，不如先發制人，發兵進軍齊國。而攻打齊國，必須首先消滅衛國。

一天，懿公駕著豪華的馬車，前呼後擁，準備載鶴出外遊玩。宮中侍衛慌忙送來狄國入侵的情報。懿公聽了大吃一驚，立即召集人馬，準備迎敵。可是，老百姓沒有一個願意響應，青壯年紛紛逃跑。懿公派兵捉回百餘人，責問道：

「大敵當前，你們為什麼逃跑？」

眾人說：「鶴可以對付敵軍，要我們老百姓有什麼用？」

懿公說：「鶴能作戰嗎？」

眾人說：「既然不會作戰，養牠幹什麼？」

這時，懿公方知道一心玩鶴，不理國政，是大錯而特錯了。忙向宮僕傳令，將鶴統統放了。幾十隻鶴騰空飛了幾圈，又飛回原處。

石祁子和寧速上街宣傳，說懿公已經悔過自新，不再玩鶴，百姓這才肯當兵準備迎敵作戰。懿公親自帶兵，陷入狄兵埋伏，將士見敵勢兇猛，丟掉戰車兵器，紛紛逃命。

剩下懿公和幾名侍衛，被狄兵包圍，懿公被砍成了肉泥，全軍覆沒。

仙鶴雖美，卻不能禦敵，這是衛懿公得到的教訓，但玩鶴總還不失為一種雅好。而歷史上那些荒淫無恥的帝王在後宮中玩樂，不僅敗國喪家，而且為人所不恥。

商紂王是個荒淫無度的昏君，一天到晚，不是與婦人淫戲，就是喝酒狂飲，把皇宮鬧得烏煙瘴氣。還嫌這樣的淫樂、狂歡沒什麼意思，又下令在沙丘建立一個專供淫樂狂飲的逍遙宮。

逍遙宮修成了，方圓有數里大，宮室不計其數，裏面的擺設更是令人瞠目結舌。數個大池裏面灌滿了酒，號稱酒池；宮裡到處懸掛著各種香肉，號稱肉林。紂王又選出數百名美女，讓她們一絲不掛地住進逍遙宮；紂王也赤身裸體，與美女們追逐在酒池肉林之中；一玩就是十多天。

為了滿足他淫樂的開支，他下令增收各種賦稅，搞得許多百姓家破人亡。他又一再下令選美，選得絕色美女蘇妲己後，更是終日沈迷於女色，不理朝政。

一些正直的大臣都憂心忡忡，不斷向紂王進諫。紂王根本不聽，反而對進諫者不是貶官，就是廢為平民，嚇得群臣們都不敢再進諫了。後來，紂王乾脆設立各種酷刑，如炮烙之法，刳脛之刑……用來對付勸諫他的大臣和不服從他統治的庶民。

每一次施刑，紂王和妲己坐在上面，飲酒取樂，在調笑中看著受刑的人痛苦萬分地死去。炮刑時，望著受刑者被炭火燒化為焦煙時，紂王和妲己還發出陣陣狂笑。

老百姓日夜祈禱，四方諸侯也一個接一個地舉起了反殷的義旗。但這些消息傳到商紂王那裏，他只是不屑一顧地狂妄冷笑說：「我是天命選定的真命天子，他們怎麼奈何得了我！」

一天，比干又一次冒死勸諫，商紂王竟然命令人把他的心肝挖了出來。

微子聽說後，馬上匆匆地逃離了京師。箕子也只好裝成瘋子，但紂王仍不放過他，還是把他關進了監獄。

紂王殘害三賢的消息一傳來，周武王就率領大軍浩浩蕩蕩地出發了；各諸侯國的軍隊也紛紛加入了討伐商紂王的戰爭。大軍所到之處，人民像久旱盼春雨一樣歡迎官兵們；一遇到商紂王的軍隊，商軍官兵都紛紛倒戈。

很快地，周武王的軍隊攻到京城。幾天前還是不可一世的商紂王，這時變成一隻人人喊打的過街老鼠，被狼狽地燒死在大火中。

商紂好淫，簡直到了不可思議的程度。除了淫樂，他已經什麼都顧不得。這樣「玩物」，豈止會「喪志」，死無葬身之地是必然的。

當今世界，日新月異，可玩之物，層出不窮。「少壯不努力，老大徒傷悲」，「玩」丟了的歲月，再也無法找回。如果你正處在一生成敗的關鍵時刻，切記一點：玩物喪志，將使你跌入終生的痛悔之中。

貪欲是眾惡之本

見到利益，就想要得到，而且希望得到越多越好，這是人們共同的心理。看到別人賺錢，自己也想發財，這也是正常的現象。但是君子愛財，取之有道，不能貪心不足。作為國君如果太貪婪，那麼滅亡的日子就不遠了；作為一個官員，如果貪無止境，那麼他的政治前途也將要喪失；作為一個商人如果貪心不足，那麼他在商戰中很快就會敗下陣來。人由於貪欲不止，往往只見利而不見害，結果是「利」也沒有得到，「害」反而先來臨了。

貪欲是眾惡之本。人一旦貪欲過分，就會方寸皆亂；計劃謀慮一亂，欲望就更加多；貪欲一多，心術就不正，就會被貪欲所困，離開事物本來之理去行事，就導致將事情做壞、做絕，大禍也就臨頭了。

春秋末年，晉國有一個當權的貴族叫智伯。他名叫智伯，其實一點都不聰明，卻是個蠻橫不講道理、貪得無厭的人。他本來有很大一塊封地，卻平白無故地向魏宣子索要土地。

魏宣子也是晉國一個貴族。他很討厭智伯的這種行為，不肯給他土地。他的一個臣子叫任章，很有心計，任章對宣子說：「您應該答應給智伯土地。」

宣子問：「我憑什麼要白白地送給他土地呢？」

任章說：「他無理求地，一定會引起鄰國的恐懼，鄰國都會討厭他；他如此利欲薰心，一定會不知滿足，到處伸手，這樣便會引起整個天下的憂慮。您給了他土地，他就會更加驕橫起來，以為別人都怕他，他也就更加輕視他的對手，而更肆無忌憚地搔擾別人。那麼他的鄰國就會因為害怕他、討厭他而聯合起來對付他，那時他的死期就不遠了。」

任章說到這裏，頓了一下，見宣子似有所悟，又接著說：「《周書》上說，『將要打敗他，一定要暫且給他一點幫助；將要奪取他，一定要暫且給他一點甜頭。』所以，我說您還不如給他一點土地，讓他更驕橫起來。再說，您現在不給他土地，他就會把您當作他的靶子，向您發動進攻。您還不如讓天下人都與他為敵，他便成了眾矢之的。」

宣子非常高興，馬上改變了主意，割讓了一大塊土地給智伯。

智伯嘗到了不戰而獲、不勞而獲的甜頭，接下來，便伸手向趙國要土地。趙國不答應，他便派兵圍困晉陽。這時，韓、魏聯合，趁機從外面打進去，趙在裏面接應，在裏應外合、內外夾攻之下，智伯很快地便滅亡了。

歷代都有不少清官，他們深知個人的貪欲會毀掉一切，所以不貪圖錢財，只真心為民辦事，受到百姓的好評。

東漢時，有一個叫羊續的人到南陽郡做太守。

南陽是東漢開國皇帝光武帝劉秀的老家，這個地方北靠河南省的熊耳山，南臨湖北省的漢水，土地平坦、氣候溫暖、水源充足，農業生產和工商經濟比較發達。由於生活安定富裕，當地郡、縣等各級官府之間請客送禮、講排場、比吃喝之風頗盛。

羊續到任後，對這種不良風氣十分不滿。但是，他知道要糾正一郡之風，得先從郡衙和郡守做起。於是，他下定了決心。

一天，郡裏的郡丞提著一條又大又鮮的鯉魚來看望羊續。他向羊續解釋說，這條魚並不是花錢買來的，也不是向別人要來的，而是自己在閒暇時從白河裏打撈上來的。接著他又向羊續介紹南陽的風土人情，極力誇讚白河鯉魚的鮮美可口。他又解釋說，這條魚絕非送禮，而是出於同僚之情，讓新到南陽的人嘗嘗鮮，增加對南陽的感情。羊續再三表示自己心領了，但是魚不能收。那郡丞無論如何不肯再把魚提回去，他說：「要是太守一定不肯收，就是不願意與我共事了。」羊續感到盛情難卻，只好把魚收下。郡丞放下魚，歡天喜地的告辭走了。郡丞走了以後，羊續提起那條魚想了一會兒，就讓家裏人用一條麻繩把魚拴好，掛在自己的房檐下邊。

過了幾天，郡丞又來家裏拜望羊續，手裏提著一條比上次更大的鯉魚。羊續很不高興，他對郡丞說：「你在南陽郡是除了太守以外地位最高的長官了，你怎麼好帶頭送禮給我呢？」郡丞聽了，不以為然地搖了搖頭。剛想再說幾句什麼，羊續已經讓人從房檐取下上次那條魚，並對郡丞說：「你看，上次的魚還在這裏，要不你就一塊拿回去吧！」郡丞一看，上次那條魚已經風乾得硬棒棒了，一下子臉紅到脖子根，很不好意思地離開了太守的家。從此，南陽府上下再也沒有人敢給羊太守送禮了。

這件事情很快就傳開了，南陽的百姓非常高興，紛紛讚揚新來的太守。有人還給羊續起了一個「懸魚太守」的雅號。

在以上兩則故事中，智伯因貪心不足，得寸進尺而自掘墳墓，羊續因清正廉潔、防微杜漸而得到百姓的擁戴，其正誤得失一見即明，實在用不著筆者再嘮叨什麼。但問題主要不在於是否懂得這個道理，而在於到了關鍵時刻能否把持住自己。

有人說貪欲須忍，我們認為這個說法不恰當，因為忍得了一時，忍不了永遠，況且忍心滋味頗為痛苦，本來就不是一個好辦法。我們認為要徹底杜絕嗜欲與貪欲的氾濫，不能揚湯止沸，而必須釜底抽薪。

關注心靈，並讓它得到昇華

在禪宗《碧岩錄》中有這樣一則故事：德雲禪師和一位癡人一起去挑積雪，希望能把井口埋起來。這引起了大家的譏笑，因為眾所周知即使再多的雪，都永遠不可能埋住井口。

其實，德雲禪師之所以這樣做，是想向世人說明一個深刻的道理：如果在你的心底有一口湧泉的井，那還怕被嚴寒冰封嗎？

「心中有一口不封凍的井」，這是多麼深刻的道理。它是突破冷漠世界的窗口，改變人們內心醜陋環境，讓心靈得到昇華，讓短暫的生命不斷充滿新的活力。

心井永遠不要乾涸，讓心靈永遠保持澄清，不隨俗世及物欲轉換而改變。

不羨慕別人門前的井，自己心底的井才最重要。

莊子名周，是戰國時的魏國人，也是中國歷史上的一位世外高人。他所著的《莊子》，被道教奉為《南華真經》，書中所講的寓言、哲理，數千年一直為人們津津樂道。

莊子崇尚自然遙逍自在，對什麼名啊、利啊，都不放在眼中。

戰國是一個重人才的時代。莊子的學問使他名揚天下，不少國家的國君都希望請他出來做官，都被謝絕了。為了逃避不斷的聘請，莊子逃到濮水去住。楚威王聽說後，馬上派了兩名卿大夫，數百名隨從，帶著豐厚的聘禮，準備以相國的高位把莊子請到楚國去。

兩位大夫來到濮水，兩位大夫說明要聘莊子為相的來意後，莊子仍然釣他的魚，只是淡淡地說：

「請二位不要打擾我的雅興。」

兩位大夫只好靜靜地待在一旁，等待莊子釣魚。

莊子釣了四五個鐘頭後，才收竿往家裏去。他就像沒人來訪似的，只顧走自己的路。

兩位連忙跟上去，邊走邊不停地講話，說什麼楚王如何如何仰慕莊子啊，他們一定要把莊子請到楚國去呀！

莊子實在聽不下去了，就對他們二人說：

「我聽說楚國有一神龜，因為神靈得很，被人殺死了。殺掉的神龜被楚王供奉在廟堂中，廟堂修得華麗極了，收藏神龜的箱子是純金做的，包裹神龜的是精美的錦緞。你們說，如果你們是它，是希望死後享受富貴呢，還是希望活著拖著尾巴爬行在泥土中？」

兩位大夫聽了莊子的話，知道不能勉強，只好掃興而歸，而莊子依然過著他淡泊自然、逍遙自在的隱士生活。

管寧是三國時魏國北海朱虛人，身高八尺，長得英姿雄偉，自小飽讀《詩》、《書》，很有學問，而且言行舉止，處處有禮，時時合節。周圍人家教育孩子，無不說「你看人家管寧」如何如何。

管寧十六歲時，父親去世了。管家很貧困，大家都敬佩管寧是個孝子，紛紛捐錢出物，供他安葬父親。鄉里捐的錢物很多，可管寧只收取了安葬父親的起碼費用，其餘都退了回去。一些鄉裏的浪子，都歎惜自己沒有這樣的好運，又罵管寧是個傻子。但鄉內多數人卻紛紛稱許說：「管寧真不愧是管寧啊！」

父親留給管寧的只有二畝田地。古代收成低，一畝只有三四百斤的收成，管寧全家幾口人都指望這二畝地過活。

陽春三月，管家的田地裏莊稼綠油油的，全家都高興今年有一個豐收年。可是，一位鄉鄰耕地後，沒把牛栓好，牛跑到管寧的田地，大口大口地啃起嫩綠的莊稼來了。不一會，就啃了一大片。

管寧來到田邊看見了，十分著急，他馬上把牛牽了出來。鄉鄰這時也趕到了，滿以為管寧要拿牛出氣，要找他賠償。就躲在一邊，靜靜地觀察。

管寧把牛牽到樹蔭下，找來嫩嫩的青草，竟餵起牛來了。牛吃飽了，管寧才牽牛向鄉鄰家裏走去，打算送牛回家。

這位鄉鄰見了，好不感動，一定要賠償管寧，但管寧說什麼也不要。

鄉鄰十分感歎地說：「管寧真是個少見的好人啊！」

管寧家鄉數百戶人口，吃的都是南山腳的一口井水，每到天旱年頭，只有一個汲水工具，鄉人常常為誰先汲水而吵嘴打架。這件事，管寧一直掛欠在心。

當他家有一點積蓄時，管寧把所有的積蓄都拿了出來，買了幾個汲水工具，放在井邊。人們來打水時，見多了幾個汲水工具，爭吵的事減少了。當大家知道是管寧買的時，都感動得掉下淚來，自此以後，鄉人汲水井井有條，再沒有發生吵架一類的事情了。

管寧就這樣在亂世獨守正道，鄉人都以他為楷模，他的名聲傳遍各地，連強盜到了他的家鄉都不願驚憂管寧。

《淮南子》說：對內符合自己的性情，對外合乎於天下的道義，遵循道理做事，不與外物相牽絆，這是正氣；喜好美味，沈溺於音樂美色而不能自拔，喜怒無常並且不顧忌後果的，這是邪氣。正氣與邪氣是截然對立的，一個樹立，一個便廢止，欲望與天性相互傷害，水火不容。聖人除掉了貪欲而順從天性。人的欲望與天性在心中交相鬥爭，用大義去控制它們，產生主宰作用的則是心靈。割去腐肉，會刺人心痛；喝下苦藥，不是很舒服的事。之所以這樣做，是因為對身體有極大好處。渴了去喝水，不是不痛快；飢餓時大吃大嚼，也很是需要。但不應該這樣做是因為這樣對身體有很大害處。耳、目、鼻、口這四個方面不懂得選擇、取捨，而需要依靠心靈的控制，使它們各司其責，各得其所。

由此可見，修養的手段、目的和對象，不出心靈之外，以心修心，才能使心靈得到昇華。有人說，君子善於修心，小人長於修嘴；君子調心後調身，愚人調身不調心，這話是很中肯的。

驕傲如滿月，日漸虧缺；謙虛如新月，日漸圓明

謙虛與驕傲，是人們在社會生活中因對自己的評價高低而形成的處世態度。中國人特別注意培養謙虛的美德，而反對驕傲，曾經提出「滿招損、謙受益」，「虛心使人進步，驕傲使人落後」等著名論斷，其中的道理是十分深刻的。

在中國古老的文化典籍《周易》中，更有這樣幾句名言：「天道虧盈而益謙，地道變盈而流謙，鬼神害盈而福謙，人道惡盈而好謙。謙尊而光，卑而不可逾，君子之終也。」意思是說，天道使盈滿者虧損而使謙虛者盈滿，如月象的變化；地道把凸出者削平而補向凹下者，如沙丘與窪地的變遷；鬼神不斷地給驕傲者降禍，而保佑並降福於謙遜的人；人類則喜歡謙虛的人，而嫌棄驕傲者。謙遜是崇高而光輝的美德，雖然居人之下，卻不可逾越，既是君子得到良好結局的保證，又是人們自我修養的最終表現。

這些話，很值得人們深思。

驕傲預示著可怕的險境

人生在世有各種各樣的險境，驕傲可能是最可怕的一種。處境卑微自然不幸，但卻沒有太大的危險，趴在地上的人是不會被摔死的。最可怕的情境是身處險峰而高視闊步，只謂天風爽，不見峽谷深。這正是人們驕傲時的典型情境。

其實，只要腳下的某塊石頭一鬆動，就有墜入深淵的危險，而那些不可一世的英雄卻全然不覺，兀自陶醉於「一覽眾山小」的壯景豪情中。殊不知正是這種時候，腳下的石頭是最容易鬆動的。

古往今來，一個「傲」字毀了多少蓋世英雄！

三國時候，禰衡很有文才，在社會上很有名氣，但是，他恃才傲物，除了自己，任何人都不放在眼裏。容不得別人，別人自然也容不得他。所以，他「以傲殺身」，被殺於黃祖。

禰衡所處的時代，各類人才是很多的，但他目中無人，經常說除了孔融和楊修，「餘子碌碌，莫足數也」。即使是對孔融和楊修，他也並不很尊重他們。禰衡二十歲的時候，孔融已經四十歲了，他都常常稱他們為「大兒孔文舉，小兒楊德祖」。

經過孔融的推薦，曹操見了禰衡。見禮之後，曹操並沒有立即讓禰衡坐下。禰衡仰天長歎：「天地這樣大，怎麼就沒有一個人！」

曹操說：「我手下有幾十個人，都是當今的英雄，怎麼說沒人？」

禰衡說：「請講。」

曹操說：「荀彧、荀攸、郭嘉、程昱機深智遠，就是漢高祖時候的蕭何、陳平也比不了；張遼、許褚、李典、樂進勇猛無敵，就是古代猛將岑彭、馬武也趕不上；還有從事呂虔、滿寵、先鋒于禁、徐晃。又有夏侯惇這樣的奇才，曹子孝這樣的人間福將。怎麼說沒人？」

禰衡笑著說：「您錯了！這些人我都認識，荀彧可以讓他去弔喪問疾，荀攸可以讓他看守墳墓，程昱可以讓他去關門閉戶，郭嘉可以讓他讀詞念賦，張遼可以讓他擊鼓鳴金，許褚可以讓他牧羊放馬，樂進可以讓他朗讀詔書，李典可以讓他傳送書信，呂虔可以讓他磨刀鑄劍，滿寵可以讓他喝酒吃糟，于禁可以讓他背土壘牆，徐晃可以讓他屠豬殺狗，夏侯惇稱為『完體將軍』，曹子孝叫做『要錢太守』。其餘的都是衣架、飯囊、酒桶、肉袋罷了！」

曹操很生氣，說：「你有什麼能耐？敢如此口出狂言？」

禰衡說：「天文地理，無所不通，三教九流，無所不曉；上可以讓皇帝成為堯、舜，下可以跟孔子、顏回比美。怎能與凡夫俗子相提並論！」

這時，張遼在旁邊，拔出劍要殺禰衡，曹操阻止了張遼，悄聲對他說：「這人名氣很大，遠近聞名。要是殺了他，天下人必定說我容不得人。他自以為了不起，所以我要他任教吏，以便侮辱他。」

一天，禰衡去面見曹操，曹操特意告訴看門人：「只要禰衡到了，就立刻讓他進來。」禰衡衣衫不整，還拿了一根大手杖，坐在營門外，破口大罵，使曹操侮辱禰衡的目的沒能達到。

有人又對曹操說：「禰衡這小子實在太狂了，把他押起來吧！」

曹操當然很生氣，但考慮後還是忍住了，說：「我要殺他還不容易？不過，他在外總算有一點名氣。我把他送給劉表，看看結果又會怎麼樣吧。」就這樣，曹操沒有動禰衡一根毫毛，讓人把他送到劉表那兒去了。

到了荊州，劉表對禰衡不但很客氣，而且「文章言議，非衡不定」。但是，禰衡驕傲之習不改，多次奚落、怠慢劉表。劉表又出於和曹操一樣的動機，把他送給了江夏太守黃祖。

到了江夏，黃祖也能「禮賢下士」，待禰衡很好。禰衡常常幫助黃家起草文稿。有一次，黃祖曾經握住他的手說：「大名士，大手筆！你真能體察我的心意，把我心裏要想說的話全寫出來啦！」

但是，後來在一條船上，禰衡又當眾辱罵黃祖，說黃祖「就像廟宇裏的神靈，儘管受大家的祭祀，可是一點兒也不靈驗。」黃祖下不了臺，惱怒之下，把禰衡殺了。禰衡死時才二十六歲。

曹操知道後說：「迂腐的儒士搖唇鼓舌，自己招來殺身之禍。」

禰衡短短一生，未經軍國大事，是塊什麼樣的材料，很難斷定。然而狂傲至此，即使有孔明之才，也必招殺身之禍。

關羽大意失荊州，同樣是歷史上以傲至敗最經典的一個故事。

西元二一九年七月，吳將呂蒙來見孫權，建議乘關羽和曹操作戰圍樊城的時候，偷襲荊州。這建議正合孫權之意，立刻委以重任。

可是，呂蒙發現鎮守荊州的蜀將關羽警惕性很高，荊州軍馬整齊，沿岸又有烽火臺警戒，互透軍情，很難正面攻破。正在苦思偷襲之計，陸遜來訪，教給呂蒙一條詐病之計。

陸遜說：「關羽自恃是英雄，無人可敵。唯一懼怕的就是將軍你了。將軍乘此機會可假裝有病，解去軍職，把陸口的軍事任務讓給別人，又使接你職務的人大讚關羽英武，使關羽驕傲輕敵。這樣，關羽就會把防守荊州的兵調去攻打樊城。假如荊州沒有防備，將軍只須用一旅的軍隊，出奇制勝偷襲荊州，便可以重新掌握荊州了。」

呂蒙大喜，說：「真好計也！」

後來，呂蒙果然請了病假，回到建業休息，並推薦陸遜代他守陸口。關羽得到消息知道呂蒙病重，已調離陸口，新來的陸遜又不見經傳，遂有輕敵之心。他還收到了陸遜送來的禮物，附上一封措詞卑謹的信函。信中說：「將軍（關羽）您在樊城一役中，把曹將于禁俘虜過來，水淹七軍，遠近讚歎，都說將軍的功勞足以流芳百世。雖是晉文公大勝楚軍的英勇，韓信打敗趙兵的謀略，也不及您老人家……這次曹操失敗了，我們聽到也很高興。但是，曹操很狡猾，不會甘心失敗，恐怕會增調援兵，以求一逞野心。雖說曹軍師老，還是很強悍的。況且戰勝之後，一般都會出現輕敵的觀念。所以古人用兵，勝利之後就應更加警覺。希望將軍您多方面考慮計劃，以獲全勝。我只是一介書生，沒有能力擔任現職，幸好有您老人家這樣強大的鄰居，願意把想到的貢獻給將軍做參考，希望將軍能多加指教！」

關羽看了這信，仰面大笑，命左右收了禮物，打發使者回去。他覺得這個年輕書生人不錯，用不著防範，於是，他下令把原來防備東吳的軍隊陸續調往樊城前線。

就在這時，曹操聽司馬懿之計派使來到吳國，要孫權夾擊關羽。孫權早已決定要襲取荊州，所以馬上覆信，表示同意。這樣，原來的孫、劉聯盟抗曹，一下子變成了曹、孫聯盟破劉，形勢急轉直下。孫權拜呂蒙為大都督，總制江東各路兵馬，襲擊關羽的後方。

呂蒙到了尋陽，命士兵們穿了白色的衣服扮作商人，藉故潛入烽火臺，攻取了荊州。

事情到了這個地步，關羽才知道自己對東吳的防備太大意。為了重振軍威，他帶著日益減少的人馬準備南下收復江陵。但是，在呂蒙、陸遜的分化瓦解下，他只能步步敗退，最後只有困守麥城。在小城既得不到西川的消息，又盼不來援兵，他只好帶一部分士兵偷偷地從城北小路逃往西川。但他哪裡知道，呂蒙早已派兵埋伏在那裏了，一陣鼓響，伏兵四出，關羽被生擒活捉。該年十二月，關羽被斬首，荊州各郡縣皆歸東吳。

關羽之死，可謂千古悲歌。其一生忠義，幾近完人。只為一個「傲」字，失地斷頭。雖然令人感歎，更為後人敲響了警鐘。英雄如關羽，尚且驕傲不得，其他人那裏還有驕傲的理由。

驕傲是成功者的絕症，是英雄頭腦中的惡性腫瘤，是天之驕子的致命剋星。人越是成功，就越容易染上這種病，而一旦沾染，極少不招致失敗的。

那些站在人生事業高峰上的人們，千萬要小心！

謙虛是無限積極的力量

老子曾經告誡世人：「不自見，故明；不自是，故彰；不自伐，故有功；不自矜，故長。」這句話的大意是，一個人不自我表現，反而顯得與眾不同；一個不自以為是的人，會超出眾人；一個不自誇的人會贏得成功；一個不自負的人會不斷進步。相反地，老子告誡世人：「企者不立，跨者不行。自見者不明，自是者不彰，自伐者無功，自誇者不長。」

的確，你謙虛時顯得他高大；你樸實和氣，他就願與你相處，認為你親切、可靠；你恭敬順從，他的指揮欲得到滿足，認為與你配合很有默契，很合得來；你愚笨，他就願意幫助你，這種心理狀態對你非常有利。相反，你若以高姿態出現，處處高於對方，咄咄逼人，對方心裏會感到緊張，做事就沒把握了，而且容易產生一種抗拒心理，使交往和工作難以繼續。

晉襄公有位孫子，名叫惠伯談，晉周是惠伯談的兒子。

這位晉周生不逢時，遇晉獻公寵信驪姬，晉國公子多遭殘害。晉周雖然沒有爭立太子的條件，更無繼位的希望，也同樣不能倖免。

為保全性命，晉周來到周朝，跟著單襄公學習。

晉是當時的大國，晉周以晉公子身份來到周朝。但晉周自小受父親教育，養成良好的品性，他的行為舉止完全不像一個貴公子。以往晉國的公子在周朝，名聲都不好聽，晉周卻受到對人要求嚴厲的單襄公的稱譽。

單襄公是周朝有名的大臣，學問淵博，待人寬厚而又嚴厲，是周天子和各國諸侯王都很尊敬的人，晉周很高興能跟著他，希望能跟著單襄公好好學習，以成長為有用的人才。

單襄公出外與天子王公相會，晉周總是隨從在後。單襄公與王公大臣議論朝政，晉周從來都是規規矩矩地站在單襄公身後，有時，一站幾個小時，晉周都從未有一絲不高興的神色。王公大臣都誇獎晉周站有站相，立有立相，是一個少見的恭謙君子。

晉周在單襄公空閒時，經常向單襄公請教。交談中，晉周所講的都是仁義忠信智勇的內容，而且講得很有分寸，處處表現出謙虛的精神。

人雖然在周朝，晉周仍十分關心晉國的情況，一聽到不好的消息，他就為晉國擔心流淚。一聽到好消息，他就非常高興。一些人不理解，對晉周說：「晉國都容不下你了，你為什麼還這樣關心晉國呢？」晉周回答：「晉國是我的祖國，雖然有人容不下我，但不是祖國對不起我。我是晉國的公子，晉國就像是我的母親，我怎麼能不關心呢？」

在周朝數年，晉周言談舉止的每一個細節，都謙虛有禮，從未有不合禮數的舉動發生。周朝的大臣都很誇獎他。

單襄公臨終時，對他兒子說：「要好好對待晉周，晉周舉止謙虛有禮，今後一定做晉國國君的。」

後來，晉國國君死後，大家都想到遠在周朝的晉周，就歡迎他回來做了國君，成為歷史上的晉悼公。

晉周作為一個毫無條件爭當太子的王子，僅以謙虛的美德，便征服了國內外幾乎所有有權勢的人，最終卻被推上了王位，可見謙虛的力量有多麼巨大。老子說：「上善善水，水利萬物而不爭；夫唯不爭，故天下莫能與之爭。」的確不是虛言。

許多人對於謙虛這項重要的特質，感到不以為然。事實上，謙虛是一項積極有力的特質，可以妥善運用，使人類在精神上、文化上或物質上不斷地提升與進步。

謙虛是基督教義的精髓，因為謙虛，甘地使印度獨立自由，曼德拉為南非人創造了更美好的世界。

不論你的目標為何，如果你想要追求成功，謙虛都是必要的物質。在你到達成功的頂峰之後，你會發現謙虛更重要。只有謙虛的人才能得到智慧。聰明的人最大的特徵是，能夠坦然地說：「我錯了。」

你必須要謙虛，才能在挫折和阻礙中找出「成功的契機」。每一次的挫折都具有某種意義，能夠使你成長。

雷托尼奧本來是停車場管理員，他的工作並不如意，後來開始承包工程。他承包胡佛水庫的部分工程，卻意外地碰到許多堅硬的巨石；為了移開這些巨石，他遭遇許多困難，並且造成延誤，使他耗盡所有。

雷托尼奧對於自己的損失，並沒有責怪別人，或是抱怨命運作弄他。他對自己負責任。每一次遭遇挫折，他都借著禱告得到安慰，祈求上帝指引他。後來他終於從一次挫折中找到「成功的契機」，他決定改行，生產足以移動地球上任何一種石頭的機器。

結果，世界各地都使用雷托尼奧的挖土機械。雷托尼奧擁有好幾個生產工廠，他個人的財富高達數百萬美元。但是他謙虛的故事還沒有結束。為了表示感恩，雷托尼奧把他大部分的收入都捐給教會，自己大部分的時間則用來傳教。

有些時候，謙虛會把挫折變成精神上的資產。許多年以前，他曾任北卡羅萊納州懷特維市的市長。當天他正好發現，由於合夥者的疏忽，造成一筆重大的財物損失，而對方是他多年來一直充分信賴的事業夥伴。

「由你一手創建及管理的事業，總數有多少？」

「總共有十五家公司，」布雷克頓先生說，「包括懷特維第一銀行。我從來沒有損失掉一分錢。所以這次對我的打擊才會這麼大。我再也驕傲不起來了。」

「我體會出失敗和成功一樣有意義。如果損失讓你懂得謙虛，對於你仍然保有的財富心懷感恩，那麼這次的損失將是一種幸運。你會比以前更成功。」

幾個月後，他的收入已經達到有始以來的最高峰，足以彌補上次的損失。

謙虛是無限的積極力量，謙虛者終能成大器。

驕傲的真正原因是無知

所有驕傲的人都認為，自己有學識、有能力，或有功勞；而謙遜的人卻總是說：我還差得很遠。驕傲者真的有其驕傲的資本，而謙虛者真的差得很遠嗎？這是一個耐人尋味的問題。

事實上，驕傲者雖然往往有一定的學識，但他驕傲的真正原因絕不是學識，而是無知。同樣，謙虛的真正原因也不是他差得很遠，而是他的確不比別人差。謙虛與驕傲的原因在於一個人的總體修養如何，而不在於是否多讀了幾本書、多做了幾件事。

這裏有希臘古代大哲學家蘇格拉底的一則小故事，可以充分地說明這個問題。

蘇格拉底是古希臘哲學家中最受人尊敬的一位。他不僅學識淵博，而且非常善於辨析；當時能夠提出的任何問題，只要到了他的手裏，沒有不迎刃而解的。但是他非常謙虛，從來不以權威自居，循循善誘，讓對方自己得出正確的結論。戴爾卡耐基與人交談時也總是曾經談到蘇格拉底的一個「小秘密」，即在辯論一開始，就不斷地說「是的，是的」，然後用「但是」和提問引導對方，這樣就使辯論變成了交談，讓對方心悅誠服於自己的觀點。

由於博學而謙遜，蘇格拉底被公認為最聰明的人。但是蘇格拉底卻一點也不這樣認為。他說：「不可能！我唯一知道的事情是一我一無所知。」

眾人仍異口同聲地稱讚他是天下最聰明的人，並建議他到山上的神廟去占卜，看看天神的意見如何。於是蘇格拉底來到神廟去占卜，占卜的結果明白無誤：他確實是天下最聰明的人。面對神諭，蘇格拉底無話可說了，但是口裏仍然喃喃自語：「我唯一知道的事情是一我一無所知。」然而世上總有一些人自以為有所知，甚至以為自己是「天下第一」。這樣的人，哪有不栽跟斗的。

楚漢相爭時，項羽勇將龍且奉命率領大軍，日夜兼程向東進入齊地，救援齊王田廣。

韓信正要向高密進軍，聽說龍且兵到，召見曹、灌二將，囑咐他們：「龍且是項羽手下有名的猛將，只可智取，不可跟他硬拚，我只能用計擒住他。」於是，命令部隊後撤三里，選擇險要的高地安營紮寨，按兵不動。楚將龍且，以為韓信怯戰，想渡河發起攻擊。屬下官吏向他建議：「齊王田廣數萬部隊已經吃了敗仗，又都是本地人，顧慮家室，容易逃散；他們潰逃，我們也支援不住。韓信來勢很凶，恐怕擋不住。最好是堅壁自守，不與他正面交鋒。漢兵千里而來，無糧可食，無城可守，拖他們一兩個月，就可不攻自破了。」

龍且性高氣傲，目空一切，他連連搖頭道：「韓信不過是一個市井小兒，有什麼本領？聽說他少年時要過飯，鑽過人家的褲襠。這種無用之人，怕他什麼！」

副將周蘭，上前進諫道：「將軍不可輕視韓信。那韓信輔佐漢王平定三秦，平趙降燕，今又破齊，足智多謀，還望將軍三思而行。」

龍且把手一擺，笑著說：「韓信遇到的對手，統統不堪一擊，所以僥倖成功。現在他碰上我，他才曉得刀是鐵打的，我管教他腦袋搬家！」

當下龍且派人，渡水投遞戰書。

為準備決戰，韓信命軍士火速趕製一萬多條布口袋，當夜候用。黃昏時分，韓信召部將傅寬，授與密計：「你帶兵各自帶上布口袋，偷偷到濰水上游，就地取泥沙裝進口袋裏，選擇河面淺窄的地方堆上沙口袋，阻擋流水。等明天交戰時，楚軍渡河，我軍發出號炮，豎起紅旗，即命兵士撈起沙口袋，放下流水，至關重要！」

韓信命眾將今夜靜養，明日見紅旗豎起，立即全力出擊。第二天，他又命曹參、灌嬰兩軍留守西岸，自己率兵渡到東岸，大聲挑戰道：「龍且快來送死！」

龍且本是火炮性子，他躍馬出營，怒氣沖沖，舉刀直奔韓信，韓信急忙退進陣中，眾將出陣抵擋。韓信拍馬就走，眾將也忙退兵，向濰水奔回。

龍且哈哈大笑，說道：「我早說過韓信是個軟腳蝦，不堪一擊嘛！」說著，龍且領頭追去，周蘭等隨後緊跟，追近濰水，那漢兵卻渡過河西去了。

龍且正追趕得起勁，哪管水勢深淺，也就躍馬西渡。周蘭看見河水忽然淺了，有些懷疑，急追上去，想勸住龍且。楚軍二三千人剛剛渡到河中，猛然一聲炮響，河水忽然上漲，高了好幾尺，接著便洶湧澎湃，如同滾筒捲席一般。河裏的楚兵，站立不穩，被洶湧的大浪捲走，不久便是滿河浮屍。這時漢軍陣中紅旗豎起，曹參、灌嬰從兩旁殺來。韓信率眾將殺回來。不管龍且如何驍勇，周蘭如何精細，也突不出漢軍的天羅地網。結果是龍且被斬，周蘭被擒，二三千楚兵統統當了俘虜。

聽龍且對韓信的評價，幾乎完全不瞭解對方，所言種種，非出身低微、忍胯下之辱等讒言。以此為據而戰韓信，豈有不敗之理？

列夫托爾斯泰曾經有一個巧妙的比喻，用來說明驕傲的原因。他說：一個人對自己的評價像分母，他的實際才能是這個分數的值，自我評價越高，實際能力就越低。

托爾斯泰的比喻，生動地說明了一個人的自我評價與其真才實學之間的關係。願這個比喻能牢記在讀者心中，並時時產生警惕的作用。

善戰者，立於不敗之地而後戰

在世界軍事史上，有一本出自中國的軍事著作歷久不衰，這就是《孫子兵法》。這本書，不但一直被作為最高軍事經典而來學習和應用，而且被列為哈佛商學院MBA的必修課。

在《孫子兵法》中，孫武提出了勝在戰先的原理，他說：「昔之善戰者，先為不可勝，以待敵之可勝。不可勝在己，可勝在敵。」「不可勝者守也，可勝者攻也。」「善戰者，立於不敗之地，而不失敵之敗也。」孫子的意思是：善於作戰的人，先立於不敗之地而後戰，這樣才能抓住擊敗敵人的每一個機會，戰而勝之。

孫子在這段話裏所提出的，實際上是一個提高自身素質的問題。

素質高才能戰無不勝

魏文侯立小兒子摯為嗣子，而封長子擊到中山，三年不讓他入國都朝見。擊的舍人趙倉唐對他說：「做兒子三年不看望父親，不算孝敬；做父親三年不過問兒子，不算慈愛。你何不派人到國都去請安呢？」

擊說：「我早想派人去，沒找到合適人選。」

倉唐說：「我願奉使，不知道文侯有什麼嗜好？」

擊說：「他老人家嗜好晨雁、北犬。」

於是，趙倉唐帶上晨雁、北犬去敬獻給魏文侯。文侯很高興，說：「兒子極愛我，他曉得我的嗜好。」

倉唐說：「臣來時，中山君有書信拜送國主。」

文侯指著他的左右輔臣說：「你的中山君與他們相比，誰更賢德？」

倉唐答道：「按照《禮經》，同輩才能相比，中山君是您的長子，諸侯、大臣不能與他相提並論。」

文侯問：「中山君平時學習些什麼？」

倉唐回答：「他愛學習《詩》。」

文侯問：「他愛讀《詩》的哪幾篇？」

倉唐回答：「《晨風》、《黍離》。」

文侯也愛讀《詩》，這時，他情不自禁地吟唱《晨風》：「晨風飛快地吹過蓊郁的北林，我很久不見君子，實在憂心難忘，君子啊，你為什麼忘記了我呢！」文侯心有所悟，對倉唐說：「你的中山君好像說我忘記了他！」

倉唐說：「他不敢說國主忘記了他，他只是表示對國主非常想念。」

文侯又吟哦《黍離》：「黍熟了穗下垂，粟苗兒肥，慢慢地走著，心裏搖搖無所定。知道我的人說我憂愁，不知道我的人說我還有什麼要求。遼遠的蒼天啊，我到底是怎麼啦？」

文侯說：「你的中山君在埋怨我呢。」

倉唐說：「他不敢埋怨，他只是時刻在想念國主。」

於是，文侯送擊一個衣篋，命倉唐趕到雞叫時送給中山君。中山君迎拜受賜。打開衣篋一看，是一件衣服，顛倒著放。中山君高興地說：「快點備車，君侯要召見我了。」

倉唐奇怪地說：「臣回來時沒有得到召見你的命令呀。」

中山君說：「君侯賜我衣服，不是為了禦寒。他想召見我，不便與近臣透露心事，所以派你雞叫時趕到，要我自解其意。《詩》裏不是說：『東方無光一片昏暗，顛顛倒倒把衣裳穿。忙亂裏哪曉得顛倒了，國君派人把我召喚。』」

中山君快快西去謁見魏文侯。文侯非常欣喜，設酒席招待，稱讚說：「想瞭解兒子，要看他母親的表現；想瞭解其君主，要看他的使臣。你們是賢主有賢臣。我疏遠賢者而親近自己偏愛的人，不是保住江山的長久之策。」

於是，魏文侯把少子摯派往中山，恢復長子擊的儲君之位。

《詩經》、《尚書》、《禮經》是古代儒家宣揚聖王之道的主要經典。趙倉唐和擊是以熟練運用這些經典來向魏文侯進行諷諭，證明他們是賢君賢臣的最佳組合，進而改變了擊被疏遠的地位的。故事說明不必為成功或失敗憂心忡忡，重要的是自身的素質，如果擊和趙倉唐缺德少才，不學無術，他們能得到魏文侯的垂青嗎！

臨淵羨魚，不如退而結網

任何人都渴望成功，渴望過上幸福的生活。嚮往成功和幸福，這是人類的天性。然而，天下沒有白吃的午餐，沒有足夠的學識和能力，是無法達到目的的。所以與其臨淵羨魚，不如退而結網；與其沈浸於失敗的痛苦之中，不如埋下頭來，提高自己的素質和能力。因為只有當一個人具備了實現某一目的的素質和能力，那一目標對他來說才是現實的。

蘇秦是東周洛陽人，年輕時在齊國留學，曾拜鬼谷子先生為師，學當時最時行的縱橫之術。經過幾年艱苦的學習，蘇秦辭別老師，走向社會。

蘇秦先到秦國，遊說秦惠文王實行連橫的策略：先爭取齊、楚等六國親秦，然後乘機各個擊破，一一兼併。不巧的是，惠文王剛處決了從衛國來的主張變法的商鞅，對那些遊說之士非常反感，因此對蘇秦的遊說反應冷淡。

蘇秦前後十次上書，全無下文。就這樣，他在秦都耽擱了一年之久，所帶盤纏耗盡，無法繼續維持生計，只好回老家去。

一到家，父母見他那副落魄的模樣，便拉下臉來責備他說：「我們蘇家一向做工經商，將本求利，可是你非要不務正業，想憑口舌取得富貴！現在弄得這個樣子歸來，不怕人笑話嗎？」

不光是父母責備，妻子也不下織機相見，嫂子則不給他做飯。這一切，都深深地刺痛了蘇秦的心。他心裏明白，造成這種情況的原因，是他沒有把榮華富貴帶回家，而這又是由於自己學識還不夠精深，沒有能遊說成功的緣故。

於是，他決心重新開始學習，並決定精心研讀姜太公的兵法書——《太公陰符》。

精心研讀《太公陰符》，要花費很多的時間和很大的精力。蘇秦日夜不息地邊閱讀邊思考，記下自己的研讀心得。累了想歇息一下，眼前浮現父母責備、妻子不下織機相見、嫂子不給做飯的情景，便想起要爭回這口氣，重新振作起來研讀。

有時實在累得要打瞌睡了，他便用錐子刺自己的大腿。流出的鮮血，一直淌到腳背上。他讓疼痛來迫使自己興奮起來，繼續研讀。

與此同時，蘇秦還仔細研究各國的地理形勢，歷史發展過程，政治情況和軍事實力，使自己對各國各方面的情況了如指掌。

經過一年多的苦讀，蘇秦的學識突飛猛進。於是他第二次離家遊說。他考慮到秦國不會任用自己，這樣，不能再遊說連橫的策略，是應該遊說合縱的策略。

蘇秦以他淵博的學識及富有實踐意識的合縱學說，先後說服了燕、趙、齊、楚、韓、魏等六國的國君聯合起來抗擊秦國，並一致同意訂立合縱盟約。

從蘇秦的例子我們可以知道，人人都看重的成功，其實只是提高素質的必然結果，是末而不是本，作為根本的乃是人的素質。一個人之所以會遭受挫折，原因在於素質不夠，只有回過頭來，務這個根本，才能臨事不慌，克敵制勝，正如有了良好的網不愁打不到魚一樣。

很多人總以為讀書是年輕人的事，年紀大些之後，就很難學有所成了。這種想法是完全錯誤的。豈不聞「亡羊補牢，未為晚也？」我們以三國時代東吳呂蒙的故事來說明這個問題。

三國時，吳國有位將領，名叫呂蒙。這位呂蒙不愧為英勇的戰將，然而，自小未曾讀書，所以，文墨沒有，行事粗魯，又全不懂禮儀文飾。大家都戲稱他為「吳下阿蒙」。

一次，孫權與呂蒙在一起時，孫權說：「呂將軍，你現在與我一起執掌國家大政，應該多讀點書，學點歷史和文化知識，這樣才好。」

呂蒙一聽，馬上說：「我一天軍務都忙不過來，哪有時間讀書？以前，我不讀書，不是照樣帶兵打仗嗎？」

孫權笑著回答：「要說忙，你不會比我忙吧？我自渡江以來，就抽空讀了《史記》、《漢書》和各種兵書。要說讀書與不讀書，那可大不一樣。書中有很多道理，可以使人聰明；書中的歷史經驗教訓，可給人啟示警惕。我治國理政，許多都是從書中受到教育啟發的。」

聽了孫權的這一番話，呂蒙才知讀書的重要，從此以後，每天軍務再忙，他都要抽一些時間來讀書，他還聘請了二位文士作指導，後來竟成為一位飽學之士。

周瑜去世後，孫權任命魯肅為大都督。這位魯肅是吳國一位名士，學問淵博，讀書破萬卷。他與呂蒙都在周瑜手下做過事，常戲謔呂蒙，「吳下阿蒙」就是由他叫出名的。

一次，魯肅到呂蒙的駐軍去巡視。空閒時，呂蒙主動與他談起學問來，魯肅大感意外。開始，呂蒙是以請教者的身份與魯肅交談；不一會，呂蒙提了幾個問題，魯肅都答不上來；後來，魯肅只有聽呂蒙一個人講的份了。

聽完呂蒙高談闊論，引經據典，魯肅十分驚歎地說：「想不到你這位昔日阿蒙，今日竟學富五車了！本人敬服萬分！」

魯肅去世前，推薦呂蒙接替了他的職務，深受孫權的器重。

東吳自立國後，一直想奪回關羽鎮守的荊州，但一直沒有成功。而荊州一日不奪回，就對東吳有一天威脅。

呂蒙當上統帥後，一面採取各種軍事步驟，一面聯合魏國，終於使一代名將關羽敗走麥城，奪回了荊州。

臨時抱佛腳，不如平時多燒香

既然知道臨淵羨魚，不如退而結網，就不如平時多努力，不斷地學習和充實自己了。事實上，任何一門學問要想達到比較高深的層次，都不是一蹴而就的；要在某個方面形成高強的素質，不可能在短時間內實現。孔子曾總結他一生的學習經驗說：「吾十五而有志於學，三十而立，四十而不惑，五十而知天命，六十而耳順，七十而從心所欲，不逾矩。」可見他一生的成就，是以「吾十五而有志於學」為基礎的；而且他直到四十歲才沒有了疑惑，七十歲才能把一切處理得恰到好處，更可見孔子是靠長期的學習不輟，才成為偉大的思想家和教育家的。

至於說到學習的勤奮，以學習《周易》為例，他是「居則在席，行則在裹」，以致「葦編三絕」，才獲得了卓越的成就。而他猶有所不是，說「假我數年，五十以學《易》，可以無大過矣。」可見學習不易，形成高強的素質更加不易，所靠的全是平時的努力。

讀書並不是件容易的事，沒有苦讀的精神，書是很難讀好的。韓愈有過一句著名的話：「業精於勤荒於嬉，形成於思毀於隨。」

古往今來，凡讀書有成就的，都很刻苦。想舒舒服服的就把書讀好，幾乎是不可能的。因而，我們在讀書上仍提倡一種「傻勁」。

宋濂，字景濂，潛溪（今浙江金華）人。生於西元一三一〇年，卒於一三八一年。這個人很有學問，散文寫得很生動。明太宗起用他做翰林學士，當時朝廷上的重要文章都是他寫的。他編修過《元史》，著有《宋學士集》七十五卷，在當時被人們譽為「開國文臣之首」。不知道底細的人，一定認為他大概有很好的學習條件，其實不然。他自己曾說：

我從小就特別愛學習、好鑽研。那時候家裏窮，沒錢買書，我只好到有書的人家裏去借；借來以後，就抓緊時間抄寫，以便按預約時間送還人家。

有時天氣特別冷，硯裏的墨汁都凍成了冰，手也凍得彎不過來，但我還是趕著抄寫，不敢有半點怠惰。抄寫完了，總是趕快把書送還，絕對不敢稍稍超過還書的時間。

因為我守信用，所以好多人家都肯把書借給我看，我也因此能夠遍覽群書了。

到了成年，就更加羨慕學者們的成就和品德，想學到更多的東西，但苦於沒有好的老師作指導，也沒有知名的朋友，互相切磋，只好趕到百里之外，去找有名望的老師請教……

我向百里外的老師去求教的時候，自己要背上書籍和行李，爬過高山，越過深谷。那天氣寒冷極了，又刮著大風，飄著大雪，腳下的積雪有好幾尺深，腳上凍裂了口也不知道疼痛。等趕到老師的家裏，凍得四肢僵直，簡直動彈不得了。老師家裏的人端來熱水為我燙洗，又在我身上蒙上被子，好長時間才總算暖和過來。住不起學校，便和一個窮店主一起吃住，一天只吃兩頓飯，談不上有什麼魚肉。和我一起讀書的人，都穿著繡花的綾羅綢緞，戴著鑲嵌明珠珍寶的帽子，腰裏繫著白玉環，左邊佩帶著寶刀，打扮得光彩照人，神仙似的，而我卻穿著舊衣破袍，夾雜在這些闊學生中間。但自己從來沒羨慕過這些人，因為我自己得到了知識的極大樂趣，什麼吃的不如人呀，穿的不如人呀，這些便根本不去理會了。

凡有成就之人，都是曾經全心投入學習的人，正由於他們的勤奮，才在某些領域成為極優秀的人才。但從常人看來，他們卻是又「呆」又「笨」。誰能想到大數學家陳景潤上街不會買菜，李四光這位一代大地理學家竟在大街上不認識自己的女兒。其實這種「呆」、「笨」，正是用心極專的表現。

王羲之小的時候，練字十分刻苦。據說他練字用壞的毛筆，能堆成一座小山。他家的旁邊有一個水池，他常在這水池裏洗毛筆和硯臺，後來以致水都變黑了，人們便把這個水池叫做「墨池」。

長大以後，王羲之的字寫得相當好了，還是堅持每天練字，有時連吃飯都忘了。有一天，丫環送來了食物，催著他吃，他好像沒有聽見一樣，還是埋頭寫字。丫環沒有辦法，只好去告訴他的夫人。夫人和丫環來到書房的時候，看見王羲之正拿著一個沾滿墨汁的饃饃往嘴裏送，弄得滿嘴烏黑。她們忍不住笑出了聲。原來，王羲之邊吃邊練字的時候，眼睛還看著字，錯把墨汁當成蒜泥蘸了。

夫人心疼地對王羲之說：「你要保重身體呀，為什麼要這樣苦練呢？」

王羲之抬起頭，回答說：「我的字雖然寫得不錯，可那都是學習前人的風格。我要有自己的風格，自成一體，那就非下苦功夫不可。」

經過長時間的艱苦摸索，王羲之的書法終於形成了一種妍美流利的新風格。大家都稱讚他寫的字像彩雲那樣輕鬆自如，像飛龍那樣雄健有力，最終成為中國歷史上最傑出的書法家之一。

一個人如能在平時具有宋濂、王羲之的勤奮與癡迷，何愁素質提不高，不能大有作為呢？

讀書切莫空對空

要增長學識，提高素質，讀書雖然是必不可少的，但是假如從書本到書本，以致四體不勤、五穀不分，那反倒是一種偏頗。我們認為，社會這個廣闊天地，這才是真正的課堂，讀書的人必須能夠走出書齋，走向生活。

古往今來，凡有大成就的學者、人物、科學家都是以天地為書，以人生為舞臺，以社會為其對象展開自己的研究的。離開了社會，知識社會就成為無源之水。在這方面，中國著名醫藥學家李時珍給我們留下了寶貴的借鑑。

李時珍出生於現在的湖北省蘄春縣蘄山鎮的一個世代行醫的家庭。他是中國古代偉大的醫學家、藥物學家和植物學家，他集畢生精力所完成的名典巨著《本草綱目》，被世人稱為「天下第一藥典」，並被譽為「古代中國的百科全書」。李時珍不僅對中國，而且對世界醫藥學和生物學作出了重大的貢獻。李時珍跟父親學醫後也讀了不少醫書，但他不久就發現了書中的錯誤。怎麼辦？以後李時珍走遍了山山水水，以天地為課堂，展開了自己的研究。

李時珍這樣的經驗說明，治學的天地不僅僅在三尺講臺，二尺書桌，要放開眼光，走出書齋，走出課堂。因為所有的知識都是天地、社會的知識，離開了這個源泉還有什麼別的知識嗎？沒有！

但恰恰是這樣簡單、根本的道理容易被人忘記，被人忽略。戰國時的趙括「紙上談兵」的故事就是一個深刻的教訓。

趙奢的兒子趙括，自幼喜歡談論兵法，家中所傳的《六韜》、《三略》等書，都讀盡了，曾經和父親談論用兵，指天畫地，目中無人，就是趙奢也不能駁倒他。但趙奢自以為天下莫及，這就是他不能當大將的道理。用兵打仗，是生死存亡的大事，戰戰兢兢，集思廣益，還恐遺忘什麼，而你卻大言無忌。如果有了兵權，一定剛愎自用，好的謀略計策都不能採納，必敗無疑。後來，趙奢病重，臨終時對趙括說：「兵凶戰危，這是古人所告戒的。父親為將數年，今日才不用擔心失敗的恥辱，死也可以瞑目了。你不是大將之才，切記不可妄自為將，敗壞家門。」又囑咐趙括的母親說：「他日趙王點趙括為將，你一定詳細述說我的臨終遺言。喪師辱國，這不是小事！」說完就死去了。

不久秦國攻打趙國，趙國大將廉頗嚴守趙營，秦、趙兩軍相持了四個月，秦軍無可奈何，就派人告訴了秦王。秦王召范睢商議對策。范睢說：「廉頗打仗很有經驗，知道秦軍強大，不輕易交戰，他認為秦軍遠道而來，不能持久，想拖垮我們，而後趁機攻擊。如果這個人不除掉，我們最終也攻佔不了趙國。」於是，范睢用反間計散佈謠言說：「聽說趙括勇猛超過了他的父親，如果用他為大將，必將勢不可擋！廉頗年老而膽怯，屢戰屢敗，死亡的士卒已有三四萬，如今又被秦兵所逼迫，用不了多久就會投降秦國。」

趙王本來對廉頗堅持堅壁固守的政策心存疑惑，聽到這些謠言後信以為真，於是任命趙括為上將，賜給黃金彩帛，派他帶著符節去替代廉頗。趙括檢閱完軍隊，用車裝載著黃彩帛，回家拜見母親。他母親問道：「你父親臨終留下遺言，告誡你不要作趙將，你今日為何不推辭？」趙括說：「不是不想推辭，無奈朝中沒人能比得上我！」他母親親眼看到兒子這志得意滿的樣子，於是謁見趙王說：「趙括父親臨終時，曾告誡我說：『趙括若為將軍，趙兵必敗！』我十分贊同，請大王另選良將，萬萬不可任用趙括！」趙王說：「我的決心已下定了。」趙括母親說：「大王不願聽我的勸告，若是兵敗，請不要連累我們一家。」趙王答應了。趙括於是率領軍隊出邯鄲，往長平進發。

秦王知道後秘密改派白起為上將，王齕為列將，統率秦軍。

趙括來到長平關，和廉頗交換了軍符。趙括一上任，就把廉頗的計劃、制度全部更改，軍壘合併成大營。此時馮亭正在軍中，幾次規勸趙括，他都不聽。又把以前的將領撤掉，換上自己所帶的將士。還嚴厲命令道：「秦兵若是前來，每個將士都要奮勇當先。如果得勝，立即追逐，不讓一個秦兵逃回去！」

白起聽說趙括更改了廉頗的計劃和命令就先派出三千士卒出營挑戰探明虛實。趙括則一下出兵一萬來戰，秦軍大敗逃回。白起在高處觀看對王齕說：「我知道怎麼戰勝他了！」

趙括黎明時列陣前進。前進不到五里，就遇見秦兵先鋒傅豹出馬，秦將王賁應戰，不到三十多個回合秦將敗退。趙括率領大軍追擊。馮寧又勸告說：「秦人多奸詐，他們的失敗不可信。元帥不要再追擊了！」趙括不聽，繼續追擊。就在追擊過程中，秦將胡傷將趙軍截為兩段，趙括指揮軍隊向東路轉移，隨便找了一處有水草處安營。馮亭又一次勸告說：「作戰靠的是一股銳氣，現在我們雖然失利，但若能拚命戰鬥，還可以脫身回歸本營，在那裏盡力抗擊敵人。若在這裏安營，前後都受到夾擊，困境重重，以後再也不可能逃脫出去！」趙括依然不聽。集合軍士築成長型營壘，堅壁固守。趙括被秦軍圍困了四十六天，軍中無糧，士卒自相殘殺而食。趙括把士兵分為四隊，分別突圍。但白起早有準備，都被弓箭手射回。又過了一個月，趙括挑選上等精銳兵卒五千人，穿戴上重鎧甲，騎坐駿馬，拚死突圍。但遇見秦將王翦、蒙驁阻擊，無法衝出，突然趙括的馬摔倒墜地，被亂箭射死。趙軍大亂，四十萬軍士先後被白起殺死。

紙上談兵，一旦實施，必然一敗塗地。像趙括這種照書打仗，全然不顧客觀情況的人，失敗是他們必然的結果。

趙括的故事說明，那種死讀書、讀死書，誇誇其談，卻不重實用的學習方法，無法形成好的素質。真正好的素質是在學習書本知識的基礎上，在實踐中鍛鍊和考驗出來的。只有這樣的素質，才能使人立於不敗之地。

缺乏自制力的人，百無一成

所謂自制力，是指人們依照自己的良知和理性運用其潛在力量的能力。人的潛在力量，具有原子彈般的爆炸威力，運用得好，可以使人完成偉大的事業，創造不可思議的奇蹟，而一旦失去控制，也可能把人摔進痛苦和失敗的深淵。要想有效地控制這種力量，必須依靠理性和良知，也只有理性和良知，才能使之發揮於適當的領域，並控制在適當的程度。

要敢於「戴起鐐銬舞蹈」

戴起鐐銬來舞蹈？讀了這個標題，讀者也許會感到莫名的驚詫：戴起鐐銬還怎能舞蹈？在這裏，鐐銬所比喻的是事物的規律、做事的規則、言行的規範。它雖然具有約束和限制人的作用，但同時也因其約束和限制的作用而使人有所遵循。假如沒有這樣的鐐銬，世界就無法存在。試想社會生活和人們的言行全無規範，這個世界將會怎樣？能設想一種沒有規則的遊戲嗎？假如能這樣設想，那麼請問這種遊戲怎樣玩法？

古人的所謂「沒有規矩，不成方圓」，是一句極為明智的話，因為正是規矩成就了人世間的一切。聞一多先生曾經把詩歌比作戴著鐐銬的舞蹈，並且認為正是表現為格律的鐐銬使詩成其為詩，是很值得玩味的。詩歌如此，任何其他事物也都是一樣。

孔子曾經問他的兒子孔鯉說：「你學詩了嗎？」孔鯉回答：「沒有。」孔子告訴他說：「要學詩，不學詩無以言說。」另一次，孔子問兒子：「你學禮了嗎？」兒子說：「沒有。」孔子又告訴他說：「要學禮，不學禮無以立。」這說明，從說話到做人，都不能沒有規則。

規則或規矩的作用，在軍隊和戰爭中表現尤為突出。

漢文帝劉恒改元後的第六年，北方的匈奴糾集軍隊大舉侵入漢朝邊境。文帝採取了緊急的措施：加派管理皇族的宗正劉禮為將軍，駐紮在霸上；派祝茲侯徐厲為將軍，駐紮在棘門；派河內守周亞夫為將軍，駐守細柳。這三處是京城長安附近的戰略據點，文帝要求他們提高警惕，嚴格治軍，牢固把守，防備匈奴進攻。

不久，文帝親自到各駐兵軍營去慰勞將士，以便鼓舞士氣。在霸上和棘門這兩個駐地，他的車駕直馳軍營，都沒有受到任何阻攔。將軍以下的軍官，都騎馬迎送。

後來，文帝一行人又到細柳的營地去慰勞將士。那裏的將士都披甲戴盔，刀擦得雪亮，箭搭在弓上，完全處於戒備狀態。

皇帝的先行隊伍到了細柳駐軍的營門前，領頭的高聲喊道：「皇上駕到！」

按常規，皇上駕到是件大事，營門守將應立即去向主將報告，以便出門迎接。但在這兒守營門的軍門都尉沒有這樣做，而是回答說：「將軍有令：『軍中只聽軍令，不聽皇帝的旨意。』」

過了一會，文帝的車駕到達營門口，仍然被擋住，不能直接進入。在這種情況下，文帝只得派人拿了節（皇帝給的憑證），進營向周亞夫傳話說，皇帝要入營慰勞將士。周亞夫這才下令打開營門，放車駕進來。

車駕進門後，管營門的軍營又通知文帝的隨從武官說：「將軍規定，軍營內車馬不准奔馳。」文帝知道後，只好吩咐放鬆馬轡繩，讓馬車慢慢地進行。快到營部，文帝遠遠望見周亞夫全副盔甲，手執兵器，挺直地站著。文帝到了跟前，他一面拱手相迎，一面說道：

「軍裝在身之士不跪拜。請允許我以軍禮相見。」

文帝聽了大為震驚，臉色也變得嚴肅起來，就靠在車前的橫木上答禮，同時命人向周亞夫致意說：「皇上特來慰勞將軍！」一直到慰軍儀式結束，文帝才離開細柳營。

一出營門，文帝對周亞夫的做法讚不絕口：「這才算是真正的將軍啊。」

由於周亞夫治軍嚴明，文帝去世前對景帝說：「你今後遇到緊急情況，可任用周亞夫統帥大軍。」

漢景帝即位的第三年，七個侯王打著「清君側、誅晁錯」的旗號發動叛亂，周亞夫率領大軍僅用三個月的時間，就取得了平叛戰爭的勝利，為西漢王朝的鞏固起到了中流砥柱的作用。

平時紀律嚴明，訓練有素，使周亞夫擔當起平叛大任，並在極短的時間內取得偉大的勝利這件事，極好地說明了紀律、法規等「鐐銬」對人生和事業的重要性。

君子謹言慎行，不越雷池

一個人的自制力不僅要表現在遵守法紀方面和臨大事之時，平時在言行舉止上也應該表現出來。古語講「論言如汗」，意思是說出的話絕無挽回的餘地，就像身體流出的汗一樣，一旦流出來了，就不可能再回到體內。因此，不能不嚴格自制謹言慎行。

有一次，唐太宗告訴眾臣：「有人說當了皇帝就可以得到最崇高的地位，沒有任何畏懼。事實上，我卻是常懷著畏懼之心，傾聽臣下的批評與建議，一向以謙虛的態度處理政事。倘若因為自己是一國之君，就不肯謙恭而以自大的態度來對待臣下，那麼一旦行事偏離正道時，恐怕就再沒有能夠指正過失的人了。

「當我想說一句話，做一件事的時候，必定先想一想如此一來是否順了天意？同時也要自問有沒有違反了臣民的意向。為什麼呢？因為天子是那樣高高在上，對底下的事一目了然，而臣民們對君王的一舉一動十分注意，所以我不僅要以謙虛的態度待人，更要時時反省自己的一言一行是否順應天意與民心。」

旁邊的魏徵接著說：「古人說過：『靡不有初，鮮克有終。』有好的開始並不一定能有好的結束。但願陛下常懷畏懼之心，畏懼上天及人民，且謙虛待人，嚴格地自我反省，如此必能長保社稷，而無傾覆之虞了。」謙虛的態度，也是唐太宗受後世景仰的原因之一。

唐太宗說過：「與人交談實在是一件十分困難的事情，即使是一般百姓，在與人交談時若稍微得罪對方，對方因而談時，更不容許有一點失言。因為即使微不足道的失言，也有可能導致極重大的影響，這種影響是庶民的失言所萬萬及不上的，我心中一直牢記著這一點。」他還說：「昔日，隋煬帝第一次進入甘泉宮時，對宮中的庭園十分中意，但是認為有一美中不足之處，即庭園中看不到螢火蟲。於是隋煬帝下令捉一些螢火蟲來代替燈火。負責的官吏趕緊動員數千人去捕捉螢火蟲，最後捕捉了五〇〇車的螢火蟲。連這樣的一件小事都能演變到這種田地，又何況是天下大事，更不知道要受到多大的影響呢。為人君王的又怎能不謹言慎行呢？」

的確，身為領導者不能有戲言，因為他的每一句話都會對部下產生巨大的影響，甚至會影響一件事情的結局。言行謹慎不但是身為領導者修養的重要方面，也是個人修養的重要方面。

注意給自己的頭腦降溫

自制力和「忍」字有著密不可分的關係。在某種意義上所謂自制力就是忍耐力。在這方面，孔子曾留下：「小不忍而亂大謀」的古訓，說明了忍耐心理和生理上的痛苦對於做事成功的意義。它告訴我們，一個人只有把眼光放遠，而不爭一日之短長，忍人所不能忍，才能保全大局和長遠的利益。

西漢大將韓信，青少年時代家裏很窮，他雖然有幹一番大事的雄心，無奈流落街頭，只好得過且過，將就過日子。他家裏再沒有別的東西，只有一把隨身寶劍，常常掛在腰間。

有一天，韓信在街頭溜達，碰見一個屠夫的兒子，那是個小無賴，他挑逗地說：「韓信，你小子平時出門，總是帶著刀劍，究竟有什麼用處？我看你小子長得牛高馬大，膽子怎麼像老鼠那樣小呀！」

韓信不回答，走自己的路。那小無賴又對著旁觀者嘲笑道：「各位，別看韓信佩劍弄刀，像個英雄的模樣。你韓信是好漢，敢不敢拿劍刺我們？你要是孬種，就從我的褲襠底下鑽過去！」說著，小無賴便叉開兩條腿，立在街中間。

旁邊的人，有的喊：「刺呀，刺穿那小子的胸膛！」有的喊：「是孬種，你就鑽褲襠呀！」

韓信把小無賴上上下下打量了幾遍，終於按下了滿腔怒火，趴下身子，從小無賴胯下鑽過去，在一陣嘲笑聲中走了。

韓信能忍胯下之辱，表現了他不與小人爭的胸懷和智慧，他日後的成功與甘受胯下之辱有著密切的關係：假如當時他與對方爭鬥起來，不是自己被殺，就是因殺人而獲罪，這樣一來，還有何前程可言呢？

拿破崙．希爾在事業生涯的初期，也曾經缺乏必要的自制。就因缺乏自制，希爾得到了一生當中最重要的一次教訓。

有一天，希爾和辦公大樓的管理員發生了一場誤會。這場誤會導致了他們兩人之間彼此憎恨，甚至演變成激烈的敵對狀態。這位管理員為了顯示他對希爾的不悅，當他知道整棟大樓裏只有希爾一個人在辦公室中工作時，他立刻把大樓的電燈全部關掉。這種情形一連發生了好幾次，最後，希爾決定進行「反擊」。某個星期天，機會來了，希爾到書房裡準備一篇預備在第二天晚上發表的演講稿，當他剛剛在書桌前坐好時，電燈熄滅了。

希爾立刻跳起來，奔向大樓地下室，他知道可以在那兒找到這位管理員。當希爾到那兒時，發現管理員正在忙著把煤炭一鏟一鏟地送進鍋爐內，同時一面吹著口哨，彷彿什麼事情都未發生似的。

希爾立刻對他破口大罵。一連五分鐘之久，他都以比管理員正在照顧的那個鍋爐內的火更熱辣辣的詞句對他痛罵。

最後，希爾實在想不出什麼罵人的詞句，只好放慢了速度。這時候，管理員站直身體，轉過頭來，臉上露出開朗的微笑，並以一種充滿鎮靜與自制的柔和聲調說道：

「呀，你今天有點兒激動吧，不是嗎？」

他的這句話就像一把銳利的短劍，一下子刺進希爾的心裏。

站在希爾面前的是一位文盲，他既不會寫也不會讀，雖然有這些缺點，但他卻在這場戰鬥中打敗了自己，更何況這場戰鬥的場合以及武器，都是自己所挑選的。

希爾的良心用譴責的手指對準了自己。他知道，他不僅被打敗了，而且更糟糕的是，他是主動的錯誤的一方，這一切只會更增加他的羞辱。

希爾轉過身子，以最快的速度回到辦公室。他再也沒有其他事情可做了。當希爾把這件事反省了一遍之後，他立即看出了自己的錯誤。但是，坦率地說，他很不願意採取行動來化解自己的錯誤。

希爾知道，必須向那個人道歉，內心才能平靜。最後，他費了很久的時間才下定決心，決定到地下室去，忍受必須忍受的這個羞辱。

希爾來到地下室後，把那位管理員叫到門邊，管理員以平靜、溫和的聲調問道：

「你這一次想要幹什麼？」

希爾告訴他：「我是回來為我的行為道歉的——如果你願意接受的話。」管理員臉上又露出那種微笑，他說：「憑著上帝的愛心，你用不著向我道歉。除了這四堵牆壁，沒有人聽見你剛才說的話。我不會把它說出去的。我知道你也不會說出去的，因此，我們不如就把此事忘了吧。」

這幾句話對希爾所造成的傷害更甚於管理員第一次所說的話，因為他不僅表示願意原諒希爾，實際上更表示願意協助隱瞞此事，不使它宣揚出去，對希爾造成傷害。

希爾向他走過去，握住了他的手，希爾不僅是用手和他握手，更用心和他握手。在走回辦公室途中，希爾感到心情十分愉快，因為他終於鼓起勇氣，承認了自己所犯的錯誤。

在這件事發生之後，希爾下定了決心，以後絕不再失去自制。因為一失去自制之後，另一個人——不管是一名目不識丁的管理員還是有教養的紳士——都能輕易地將自己打敗。

在下定這個決心之後，希爾身上立刻發生了顯著的變化。他的筆開始發揮出更大的力量，他所說的話更具分量。在他所認識的人當中，他結交了更多的朋友，敵人也相對減少了很多。這個事件成為他一生當中最重要的一個轉捩點。

拿破崙·希爾的這次經歷，應該使每個人從中受益，它教導我們，一個人除非先控制了自己，否則他將無法控制別人。它也使我明白了這兩句話的真正意義：「上帝要毀滅一個人，必先使他瘋狂。」

最重要的是培養定力

以上所談，沒有離開一個「忍」字。忍耐的確是很重要的，但是太難，也太痛苦了。有什麼辦法可以使事情既不那麼困難也不那麼痛苦呢？答案是有，這就是提高自己的定力。「定力」這個詞源自佛家，說的是人在進入心如止水的定境之後，使各種煩惱不能掛懷的能力，後來被引申為在社會生活中保持心態沈靜平和，不為外物和各種情感所擾的能力。很顯然，如果說忍或自制是一種勉強的抑制，那麼提高定力今後則可以無須努力便可以自然保持心態平和，兩者相比，後者才是治本的方法。所以與其著力於忍或自制，不如著力培養自己的定力。

從前在英國國會開會時，曾經有一個在野黨的議員，做了一段長達三十分鐘的質詢演說。當他結束質詢後，上臺的首相只用了一句「是的，先生」來回答。這位首相具備沈靜的美質，他的內心十分沈穩，比起那位質詢演說的在野黨參議員，在修養上高出一籌。

大丈夫不論得不得志，都應當泰然處之。孟子說：「窮不失義，達不離道。窮不失義，故士得己焉；達不離道，故民不失望焉。古之人，得志，澤被加於民；不得志，修身觀於世。窮則獨善其身，達則兼濟天下。」意思是在不得志的時候不能忘記義理，在得志的時候也不能違背正道。

孟子還認為君子是不受外界動搖的，只要不做欠缺仁德、違反禮義的事，則縱使有什麼突然降臨的禍患，也能夠坦然以對，不以為禍患了。

孟子本人就達到那種境界。有一次，公孫醜問他：「倘若夫子做到齊國的卿相，得以推行王道政治，則齊國稱霸諸侯。就不算什麼難事了。可是當您實際擔負這項重職時，也能夠做到毫不動心的境界嗎？」

孟子回答：「是的，我四十歲以後就不動心了。」

那麼，如何才能達到這個境界呢？孟子列舉了兩個方法，即「我知言」與「我善養吾浩然之氣」。

所謂「知言」是指能夠理解別人所說的話，同時也能明確地判斷說話者是什麼樣的人，有什麼樣的心理。《孟子》中講：「聽到不妥當的話，就知道對方是被私念所蒙蔽，聽到放蕩的話，就知道對方心裏有邪念；聽到邪僻的話，就知道對方行事有違反正道的地方；聽到閃爍不定的話，就知道對方已經滯礙難行了。」換言之，具有這種明確的判斷力，就不會被那些無關痛癢的小事所愚弄，更不會因而動搖自己的心意了。

公孫醜問孟子，何謂浩然之氣？孟子說：「難言也。其為氣也，至大至剛；以直養而無害，則塞於天地之間。其為氣也，配義與道，無是餒也。是集義所生者，非義襲而取之也。行有不慊於心，則餒矣。」這段話的大意是，這種氣極其廣大、剛健，若能對自己所行的正道抱著相當的自信，並加以涵養，就能使它充塞於天地之間。它是配合著道與義而存在的，若缺乏道與義，則浩然之氣也就蕩然無存了。只有在不斷實行道與義時，才能夠自然而然地獲得，如果僅是偶一為之，就不可能獲得。

從孟子以上的話中，我們也可以體會到，只有加強自我修養以提高定力，才能面對外物的誘惑和干擾而心不動，甚至「泰山崩於前而目不瞬」。試想這是任何所謂自制力或忍耐力所堪比擬的嗎？而且再好的自制或忍耐都難免有勉強感和屈辱感，而在定境中沒有這些東西，它是很自然的。

所以，奉勸讀者在加強自制力忍耐力的同時，在提高定力上多下功夫。

不能超越自己，便無法超越別人

當今社會，生存競爭日趨激烈，能否在社會生活中佔有一席之地，在很大程度上取決於能否戰勝他人。任何人，無論如何，都必須面對這個現實。然而要戰勝他人，首先必須戰勝自己，因為每個人都有自己的弱點，這些弱點在與他人的較量中往往被對手利用或擊中，使自己陷於被動或失敗的境地。這種自我的局限性是人們戰勝他人的主要障礙，誰能超越它，誰就會所向無敵。

比之於戰勝他人，超越自己是個更大的難題。由於人的自我肯定的本能，發現自己的缺點是件極其困難的事。自私是人的本性，然而很少有人承認自己是自私的；站在驕傲的懸崖邊上的人不易認識到自己身處險境。自知尚且不能，超越自己談何容易？這就向我們提出了一個嚴峻的問題，即怎樣才能在戰勝他人之前，首先戰勝自己？怎樣才能以一個全新的姿態投入激烈的生存競爭，迎接人生與事業的挑戰，並戰而勝之？

古人激勵我們：「知人者智，自知者明；勝人者有力，自勝者強。」又說：「改過遷善大丈夫。」儘管「人無完人，金無足赤」，但是我們可以克服缺點和弱點，追求卓越，力圖完美。

人人都處在自我局限中

人人都處在自我局限中，果真如此嗎？的確如此。如果讀者對這樣的說法感到意外，這本身就是處在自我局限中的證明。

如今已經進入了資訊時代，我們不妨以電腦為例，來說明這個問題。

我們都知道，電腦之所以能以不同的方式處理各種資訊，是由於輸入了不同的軟體，假如沒有輸入軟體，便不能以相關的方式來處理資訊。電腦本身處理資訊的方式的可能性本來是無限的，這種軟體在使電腦具備了某種能力的同時，也限制了原有無限可能性。除非不輸入任何軟體，否則它的可能性一定會受到限制。

人腦的情形正與此相似。每個人都有不同的性格、才能和經歷，它們在人腦中所起的作用與電腦軟體一樣，即使人具備了不同特點和能力，同時也使人局限其中，而難以自拔。不僅如此，甚至一種思想或情緒，也會把人引向一定的思維方向，而無法兼顧其他。正如古代一則寓言所說的，一個人丟了斧子，以為是鄰人的兒子偷了，於是看他說話、做事甚至一舉一動都像偷斧子的人。及至斧子在自己家裏找到，再看鄰居的兒子，卻怎麼看也不像偷斧子的人了。這就是所謂心理定勢。

從廣義上講，一個人的心理定勢，表現在方方面面，氣質、風度、才能等等無不是心理定勢的表現，不然他就無法區別於其他人。因此總結一個人特點的「性格」二字，可以說就是一個人所有心理定勢的總和。這樣，怎能說一個人會沒有自我局限呢？

當然，「江山易改，本性難移」，改易品性不僅極為困難，一般說來也沒有必要。但是那些認識和行為上的自我局限，卻是必須破除的，因為只有破除它，才能自由而理性地思考和行動。

卡耐基在他所舉辦的成人教育課堂中，經常講到下面這個故事：

「有一天，一個流浪漢來到我的辦公室，要求與我談談。他說，昨天下午他本已經決定跳進密西根湖，了此殘生。但不知是誰，也許是命運之神，把一本我多年以前寫的書放入他口袋。這本書給他帶來了勇氣和希望，並支持他度過昨天夜晚。他還說，只要他見到這本書的作者，他相信一定能幫助他再度站起來。我問他，我能替他做些什麼。

「在他說話的時候，我從頭到腳把他打量了一遍，我不得不坦白地承認，在我內心深處，我並不相信我能替他做些什麼。他臉上沮喪的皺紋、眼中茫然的神情，他的身體姿勢、臉上十天未刮的鬍鬚，以及他那緊張的神態，完全向我顯示出他已經無可救藥了。但我不忍心對他這樣說。因此，我請他坐下來，要他把他的故事完完整整的告術我。他說的很詳細，其中要點如下：他把他的全部財產投資在一種小型製造業上。一九一四年，世界大戰爆發，使他無法取得他的工廠所需要的原料，因此他只好宣告破產。金錢的喪失，使他大為沮喪，於是，他離開了妻子和兒女，成為一名流浪漢，他對於這些損失一直無法忘懷，而且越來越難過。到最後，甚至想自殺。」

「他說完他的故事後，我對他說：『我已經以極大的興趣聽完你的故事，我希望我能對你有所幫助，但事實上，我卻沒有能力幫助你。』

「他的臉立刻變得蒼白。他低下頭，喃喃地說道：『這下子完蛋了。』

「我等了幾秒鐘，然後說道：『雖然我沒有辦法幫助你，但我可以介紹你去見本大樓的一個人，他可以協助你東山再起！』我剛說完這幾句話，他立刻跳了起來，抓住我的手，說道：『看在老天爺的份上，請帶我去見這個人。』

「他會為了『老天爺的份上』而做此要求，這實在是很令人鼓舞的。這顯示他心中仍存在著一絲希望。所以，我引導他來到我的實驗室裏。和他一起站在一塊看來像是掛在門口的窗簾布前。我把窗簾布拉開，露出一面高大的鏡子，他可以從鏡子裏看到他的全身。我用手指著鏡子說：

『我答應介紹你跟他見面，就是這個人。在這世界上，只有這個人能夠使你東山再起，除非你坐下來，徹底認識這個人，否則，你只能跳到密西根湖裏，因為在你對這個人作充分的認識之前，對於你自己或這個世界來說，你都將是個沒有任何價值的廢物。』」

「他朝著鏡子向前走了幾步，用手撫摸他長滿鬍鬚的臉孔，對著鏡子裏的人從頭到腳地打量了幾分鐘，然後後退幾步，低下頭，開始哭泣起來。我知道我的忠告已經發揮功效了，便送他離去。」

「幾天後，我在街上碰見了這個人，我幾乎都認不出他來。他的步伐輕快有力，頭抬得高高的。他從頭到腳打扮一新，看來很成功的樣子，而且他也似乎有此感覺。」

「他解釋說：『我正要到你的辦公室去，把好消息告訴你。那一天我離開你的辦公室時，還只是一個流浪漢。但是，雖然我的外表落魄，我仍然替自己找到了一項年薪三千美元的工作。想想，老天爺，一年三千美元。我的老闆並且先預支了一些薪水給我，要我去買些新衣服，還讓我先寄一部分錢回去給我的家人。我現在又走上成功之路了。』」

『我正要前去告訴你，將來有一天，我還要再去拜訪你一次。我將帶去一張票，簽好字，受款人是你，金額是空白的，由你填上數字。因為你介紹我認識了自己，幸好你要我站在那面大鏡子前，把真正的我指給我看。』

「那人說完話後，轉身走入芝加哥擁擠的街道，這時，我終於發現了：在從來不曾發現『自立』價值的那些人的意識中，原來隱藏了偉大的力量和各種潛能。」

一個人沒有認清自己的真面目，就不能把命運掌握在自己手中，就不可能取得成功。人們的自我局限，總是與執著有關。因為單向思維總是更簡單。但一時障目，不見泰山，或只見樹木，不見森林，卻無論如何不是一種理想境界，甚至給人帶來危險，更不要說那種連自己都看不清的情形了。

要有足夠的自省意識

一九三一年五月七日，紐約發生了該市有史以來最轟動的一次剿匪事件。

經過了幾個星期的搜尋，「雙槍手」克羅里陷於窮途之境，被困於西尾街他情人的公寓裏。一百五十名警員和偵探，包圍在他頂樓的藏身之處。他們在屋頂穿洞，要以催淚彈把這位「殺警察者」克羅里燻出來。然後，他們把機關槍架在周圍的建築物上，於是有一個多小時，紐約一個最優美的住宅區，不斷地響著手槍聲和機槍聲。克羅里伏在一張堆滿雜物的椅子旁，不斷地朝警方開火。上萬名驚恐的民眾，看著這場槍戰。在紐約的人行道上，從來沒有發生過這類的事情。

當克羅里被捉到的時候，警察總督莫隆尼宣佈，這位雙槍惡徒是紐約有史以來最危險的罪犯之一。「他殺人，」總督說，「連眼睛都不眨一下。」

但是「雙槍手」克羅里對自己有什麼看法呢？我們知道他的看法，因為當警方朝他的公寓開火的時候，他寫了一封《致有關人士》的信。而當他在寫這封信的時候鮮血從他的傷口湧出，在信紙上留下一道紅色的血跡。在信中，克羅里說，「在我的衣服之下是一顆疲憊的心，但這顆心是仁慈的——一顆不會傷害任何人的仁慈之心。」

在這不久之前，克羅里在長島一條郊外的道路上跟一名女朋友溫存。出其不意地，一位警員走到停在那兒的汽車旁，說：「讓我看看你的執照。」

克羅里掏出他的手槍，一言不發地朝那位警員連發數槍。當那位警員倒下去的時候，克羅里從汽車裏跳出來，又朝那不能動彈的屍體發了一槍。而這就是自稱「在我的衣服裡面有一顆疲憊的心，但這顆心是仁慈的——一顆不會傷害任何人的仁慈之心」的兇手。

「雙槍手」克羅里不曾責怪自己任何事。

這並非匪徒中一種不尋常的態度。如果你以為是的話，那麼聽聽這段話：

「我一生中最好的時光，都花在提供別人輕鬆的娛樂、幫助他們得到快樂上，而我所得到的是辱罵，是一種被搜捕的生活。」

這是阿爾卡朋所說的，他是美國昔日的第一號公敵——橫行芝加哥最陰險的匪首。卡朋還自以為是一個大眾的恩人。在這一方面，辛辛監獄的監獄長劉易士說，「在辛辛的罪犯，幾乎沒有一個自認是壞人。他們跟你我一樣是人。因此他們辯護，他們解釋。他們會告訴我們為什麼要撬開保險箱，為什麼隨時要扣動板機。他們大多數人，都有意以一種不論是錯誤的或合邏輯的推理，來為他們反社會的行為辯論，甚至對他們自己也是如此，因此氣勢昂然地堅持他們根本不應該被下獄。」

這些事例說明，人們的自省意識是多麼難得。

談到自省意識，恐怕首先應該提到中國古代的大賢曾子，因為他是一個著名的勤於自省的人。他說：「吾一日三省吾身：為人謀而不忠乎？與朋友交而不信乎？傳不習乎？」意思是說，我每天之內都要再三地反省自己：有沒有為人謀劃卻不忠於人的地方？有沒有與朋友交往而不講信義的地方？老師所教給我的課業，有沒有怠惰而不勤加修習的地方？

曾子所反省的，看上去似乎都是一些小節，然而正是這種連小節也不肯輕易放過的自省，才使他成為一代賢人。有志於自我修養、成就事業的人，應該效法這種精神，從小處著手，切實而不斷地總結經驗教訓，以便不斷戰勝和超越自我。

能超越自我才是強者

人們往往以為認識到問題所在，超越自我這件事就完成了大半，其實還差得遠呢。事情不是明白怎樣做就能做得好，而是必須下定決心並能夠排除萬難才行。例如，許多人知道自己脾氣暴躁，容易發火，是一個很大的毛病，也有決心改，可是一遇到令他發火的事情，卻又舊病復發了。

再比如一個人身體有病，應該吃藥打針，可是怕藥苦，怕打針痛，尤其是怕麻煩，於是病重時吃藥打針，一見好轉，就停藥了，結果卻留下了病根。類似的事情很多，說到底，單是道理上明白還不行，必須說服整個的身心，套用幾句老話，是必須「銘刻在記憶裏，融化在血液中，落實在行動上」。人生的問題往往比這兩個例子的問題重大得多，它關係到生存、事業和人的自我完成，就更加是這樣。

在這方面，借鑑一下歷史，應該是有益的。

貞觀四年，唐太宗感到原來隋代修建在洛陽的乾元殿有些破舊，便下令徵調各地兵士前去修繕，以便用作巡視時居住的行宮。

侍御史張玄素聽說後，勸諫說：「豪華壯麗的阿房宮建成了，秦國的民心卻散了；楚靈王的章華台築好了，楚國也眾叛親離；糜費民脂民膏的乾元殿完工了，隋朝人民的心也就碎了。陛下今天的財力物力，比得上當年的隋朝嗎？」

唐太宗悶不作聲，露出不悅的神情。

張玄素接著說：「我看還比不上當年的隋朝。現在應該是休生養息，讓民眾重建被戰亂毀壞的家園的時候。如果役使飽受戰爭創傷的百姓，重犯隋朝滅亡的錯誤，恐怕比隋煬帝有過之而無不及吧？」

唐太宗瞪大眼睛，射出一絲怒光。朝廷眾臣也暗暗為張玄素有些過激的言詞捏了一把汗。唐太宗是最看不起以侈糜亡國的隋煬帝的，張玄素這不是揭了瘡疤又向上面撒鹽嗎！

唐太宗冷冷地說：「你認為我不如隋煬帝，那麼，跟夏代的桀、商代的紂相比又如何呢？」

張玄素從容不迫地回答道：「如果乾元殿修建好了，老百姓、士兵不堪勞役、重稅，同樣會導致天下大亂。」

唐太宗用冷如寒霜的目光直視著這個誠信忠直的諫官，一時氣氛十分緊張，彷彿一切暴風雨即將來臨。但是，過一會兒，唐太宗臉上漸漸雲開霧散，終於微笑著說：「你說得好啊！我沒有仔細考慮，以致於失誤到這般地步。所有的建造工程都應該馬上停下來。我有魏徵，有你這樣的臣子作鏡子，可以經常看見自己的過失，隨時改正。」

由於唐太宗的深明大義和自我克制，一場看來即將來臨的風暴終於轉為風和日麗了。

女皇武則天為了培植自己的政治力量，一方面親自殿試，採取武舉、自舉、試官等制，選拔了一批諸如狄仁傑、姚崇等才能之士，另一方面，她重用酷吏，鼓勵告密，大肆剷除異己，打擊政敵，濫殺李唐皇族、大臣。由於告密成風，冤枉了不少好人，使得朝臣人人自危，在恐怖中過日子，造成社會不安定。

為了擺脫由告密風所造成的社會危機，武則天開始起用剛直不阿、秉公辦案的執法官徐有功、杜景儉等。

徐有功擁戴武則天，他任執法官，以寬刑為治，不搞刑訊，累遷司刑丞。對於酷吏逼供誣構的冤案，他都察明，予以平反，前後救活近百家人。他曾在朝廷為一些案件強辯，遭到武則天的嚴厲斥責，但仍然神色不改，據理力爭。武則天知道他正直無私，也不深究。

天授元年，道州刺史李行褒兄弟被酷吏誣陷，被判處滅族之罪。秋官郎中徐有功堅決反對這個判決。酷吏、秋官侍郎周興乘機誣告徐有功包庇謀反的罪犯，罪當斬首。武則天聽信了周興的話，雖然沒有處死徐有功，但還是免了他的官職。

武則天很看重徐有功辦案的公正無私，不久又起用他為侍御史。他拜見武則天時，趴在地上痛哭流涕地說：「臣聽說鹿在山林裏自由自在地奔跑，可是鹿的肉卻經常被掛在廚房裏。這是為什麼呢？這是因為人們愛吃鹿肉的緣故。陛下讓臣做法官，臣不敢違背陛下的法令，這樣就一定會有貪贓枉法的人來陷害我，他們不害死我是不會罷手的。現在陛下還讓臣出來做法官，這不是要我的命嗎？」

武則天聽了，更加感到徐有功是合適人選，堅持要他上任。徐有功再次出任法官後，遠近的百姓都互相轉告慶賀。

長壽二年，潤州刺史竇孝諶的妻子龐氏被家奴密告詛咒皇上，武則天下令監察御史龍門薛季昶查處。薛季昶將龐氏定為死罪，稟奏時還鼻涕眼淚地說龐氏罪不容誅。武則天提升薛季昶為給事中，批龐氏當斬。

龐氏之子上訴侍御史鳴冤。徐有功複查，認為龐氏無罪，行文要求暫停處刑。薛季昶反咬徐有功袒護逆黨，請交法官定罪，判處徐有功絞刑。

吏員將這個判決告訴徐有功。他歎息道：「難道只有我一人要死，別人就永遠不死嗎？」說罷，不慌不忙地吃完飯，拿一把扇子遮了臉，躺在床上睡著了。

武則天立即召見徐有功，對他說：「你斷案子，錯放的人不少呀。」

徐有功慢條斯理地說：「錯放了有罪的人，不過是人臣的小過失；好生惡殺，才是聖人的大德啊！」武則天聽了，久久地沈思，便下令免除龐氏的死刑，但徐有功也除名為庶人。

過了三年，又重新起用了他，任命他為左台殿中侍御史、司刑少卿。徐有功對家人說：「現在我為大理寺命官，人命關天，不能因為順從皇上的旨意就亂殺無辜。」當時人說，如果法官都像徐有功這樣執法不阿而又平恕公允，法制就清明了。

唐太宗、武則天都是歷史上的賢君，之所以能夠成為賢君，與他們虛心納諫、改正缺點以超越自我分不開。但是即使是賢君，超越自我的過程也不是一帆風順的。唐太宗對張玄素的諫言有極大的受辱之感，其內心的怒火已經臨近暴發了；武則天對徐有功的任用反反覆覆，以致於三次，這些都是超越自己之難。但是唐太宗畢竟克制了自己的惱怒，和顏悅色地接受了張玄素的諫言，並誇獎了他的忠直；武則天畢竟還是任用了徐有功並矯正了自己任用酷吏偏頗。所以他們仍是了不起的帝王。在歷史上真正能不斷超越自己的強者，大概要首作孔子的學生顏淵了。孔子對這個門生極為得意，曾經誇獎他說：「顏氏之子，其庶幾乎？有不善，未嘗不知；知之，未嘗復行也。《易》曰：『不遠復，無濠悔，元吉。』這段話的意思是，顏淵這個年輕人，差不多已經完美了吧？他有了過失，從來不會不知道，知道了，從來不會犯第二次。《易經》說：『迷路不等走遠就回頭，這樣才不會有大的悔恨，這是大吉之道。』」

願今天的人們也能做個顏淵那樣的強者。

待人篇：教你一呼百應

交友之重，關於一生成敗

沒有朋友的人一生孤苦，得不到友情的溫暖，雖在人群之中，卻如獨處荒原之上，是不可理喻也不能忍受的；反之，一個人有眾多良友，則會包圍在友愛之中，幸福地生活。

沒有朋友的人在事業上得不到別人的幫助，獨力難支，而又只好單打獨鬥，慘澹經營，因此注定成不了大事，而朋友眾多的人則齊心協力，聲勢浩大，即使遇到再大的困難，也會眾志成城，使事業不斷向前推進。

沒有朋友的人由於眼界狹小，精神的孤獨，缺少必要的砥礪和促進，學問和道德修養難以進步，因此難免庸俗和心理病態，而有眾多朋友的人，則可以在互相交流和影響中共同使心靈得到昇華，走向人生的崇高境界。

種種跡象表明交友是人生的一件大事，好的朋友是人生的無價之寶。

事業成功靠合力

古人說：「大廈非一木所能支撐，大業非一人所能完成。」說的是偉大的事業必須有眾人的協助。在共同完成大業的人中，朋友的作用是尤其重要的，好比中流砥柱。

東漢光武帝劉秀是歷史上一位著名的帝王。他雖是劉邦後裔，卻沒有什麼地位，他能起兵光復和中興漢室，與他的朋友的幫助有莫大的關係。

劉秀手下有著名的雲台二十八將，這些人大都是劉秀的朋友和鄉親。雲台二十八將中第一名是劉秀青年時的朋友鄧禹，他們同在京師長安求學。更始政權建立，豪傑多推薦鄧禹，鄧禹不去。聽說劉秀帶兵駐紮河北，他便帶著乾糧，拄著棍子，從家鄉河南新野徒步走到河北臨漳，與劉秀同床夜談，向劉秀提出「延攬英雄，務悅民心，立高祖之業，救萬民之命」的大政謀略。他薦舉戰將、能臣，平定王郎、更始等，多立戰功。二十四歲即拜為大司徒。劉秀稱他是張良式的輔臣。

另一個是當地亭長，馬販子吳漢，原為更始下屬，後來投靠劉秀。吳漢奉派取河北幽州，率輕騎兵二十人，以閃電般飛速襲擊，斬殺陽奉陰違的幽州牧苗曾，使幽州軍民望風歸附。

一次戰鬥中失利，吳漢摔下馬，跌傷膝骨，眾將憂慮地說：「大敵當前，而主帥受傷躺下，軍心不穩呢！」

吳漢聽了，奮力撐起受傷的身體，命人殺牛犒賞軍士。他對大家說：「敵人雖然多，都是勝了互相爭功、敗了互相不救援的強盜，不是仗義死節的好漢，現在正是大家立功封侯的時候，諸君勉力奮戰呀！」於是士兵大振，突出敵圍，大敗敵軍。

大將岑彭是劉秀的棘陽老鄉。他曾說降更始大將軍，被拜為刺奸大將軍，督察軍紀。

那劉秀命他率大軍攻洛陽的時候，幾個月攻不下來。

岑彭曾經是洛陽守將朱鮪的部屬校尉。他在洛陽城下，向在城門上的朱鮪問候致意。岑彭說：「我過去曾在將軍身邊執鞭侍從，承蒙您提拔，常想報答您的恩德。現在光武皇帝已平定燕、趙、幽、冀之地，百姓擁護，賢才輔佐。將軍孤守空城，是長久之計嗎？」

朱鮪擔心他曾參與殺害劉秀兄長劉縯，又曾勸更始帝不要放劉秀去河北，罪過太深，得不到劉秀的寬恕。岑彭就帶著劉秀「不忌小怨，若降，官爵可保，決不誅罪」的口信，又去拜訪朱鮪見劉秀，岑彭感受到誠心，便傾城投降。

「大樹將軍」馮異是在劉秀最苦悶的時候給他帶去友誼的一個知己。

當更始帝劉玄殺了劉秀的哥哥劉縯之時，劉秀像案板上的肉，隨時可能被宰割，絲毫不敢流露出內心的悲哀，一個人在房裏偷偷哭泣。馮異前去安慰劉秀，他對劉秀說：「更始諸將，橫暴虜掠，百姓失望。將軍應在屬地，施行仁政。現在將軍應快派人到各郡縣，復查冤案，撫恤孤寡，從寬處理外逃自首的罪犯。」劉秀照辦，他所屬的河北民心大振，上下同心同德，力量增強。

馮異為人謙虛，行軍時不與諸將搶道。每次戰役結束，眾將在一起評功論賞，馮異並不爭功，只是獨自一人躲在一棵大樹底下，默默無言地沈思。軍中稱他為「大樹將軍」。攻破邯鄲後，給眾將增加編制，軍士們都說願意歸屬大樹將軍麾下。

劉秀就是依靠以雲台二十八將為主的文臣武將，平定天下，實現「光武中興」的。

任何事業的成功，背後都有一群同心協力的人。成功的光輝乍看屬於一個人，但仔細檢視，必定有一群人共同付出。

其實，兩個人以上結合在一起，往往就足以發揮致勝的力量。在這裏，「和諧」非常重要。兩顆心都受到鼓舞，溫暖起來，才能結合在一起，一旦兩個人的興趣開始分歧，就會各自為政。而導致和諧的力量，莫過於友情。

最重要的是心靈的相知

善於廣交朋友，這是好事，說明此人有公關能力，但專揀有用的交，未免人格卑下。任何時代，生存環境中，都有強或弱、有能力或沒能力的原則。假如人際關係中專以「好處」論親疏，最終必然會導致「人心不古」，風氣敗壞。這種友誼不是高山流水，而是沆瀣一氣。

朋友之間，貴在志同道和，心靈相通，而尤貴在道義和高雅情趣方面的相知。

漢武帝初當皇帝時，太皇太后竇氏還健在，竇氏在朝廷很有勢力，宰相一職就是竇嬰擔任的。但是不久，竇太后死了，王太后家的人又威風起來，王太后的同母異父的弟弟田玿作了宰相，紛紛投到田玿的門下。而竇嬰門前，原先車馬來往如鬧市一般，如今冷清得門可羅雀了。

田玿原本是竇嬰的手下，原先，他對竇嬰簡直就是兒子對老子一樣，溫順得不能再溫順了，經常趴在地上聽竇嬰講話。

如今，田玿做了宰相，見到誰都昂著頭，看到竇嬰，只是鼻孔中哼一聲就算完事了。

一位名叫灌夫的將軍，是位十分正直的人。他在平定七國之亂時，身受七十餘處傷痕，立下了大功。在原先竇嬰為相時，他只是一位平常的朋友。如今，他見人人勢利，都不與竇嬰交往了，又見田玢專橫跋扈，由狗變成了狼的樣子，心中十分反感，反而與竇嬰密切起來。

田玢聽說竇嬰家裏有一片良田，就派人傳話，要把良田買下來。正在此時，灌夫到竇嬰家來了。他聽見田玢想奪竇嬰的田地，就把傳話的人狠狠地罵了一通，傳話的人只好悻悻地回去了。

田玢知道後，想懲治灌夫，但灌夫手中有田玢犯罪的材料，田玢只好不了了之。

不久，田玢討小老婆，王太后讓武帝下了道詔書，命令大臣們都去道賀，好顯示田玢的威風。

竇嬰約灌夫一道前去，希望藉此消除他們的矛盾，以免灌夫遭到田玢的報復。

酒席上，田玢給人敬酒，一個個都趴在地上，表示不敢當。而老宰相竇嬰給人敬酒時，沒有一個人站起來，最多只是在座位上挪挪屁股。灌夫見了，一肚子都是氣。

輪到灌夫敬酒時，田玢只喝了一小口，有人甚至不理灌夫，氣得灌夫大罵起來。

竇嬰只得扶著灌夫離開相府，田玢卻令人攔住他們，把灌夫綁了起來，硬要他當眾賠不是。但灌夫根本不買帳，田玢就把他關進了監獄。這一下，可急壞了竇嬰。

竇嬰只好去求見漢武帝，請求放了灌夫。但因為王太后不同意，漢武帝只好把灌夫殺了，還滅了他的門。

田玢又派人造謠，說竇嬰因灌夫的死，罵漢武帝是個昏君，武帝一氣，下令把竇嬰也殺掉。臨刑的時候，竇嬰神態自若，他說，「灌夫死了，我還活著幹什麼呢？」

據說，田玢因為作惡太多，後來得了精神病，總覺得有兩個厲鬼拿鞭子抽他，這兩個厲鬼是竇嬰與灌夫。

如果說這則故事講的是道義之交，那麼「高山流水」這個典故，講的就是志趣之交了。

春秋時代，有一位琴師名叫俞伯牙。他曾向成連先生學琴，三年也沒學好。後來跟隨成連到東海蓬萊山，聽到海水澎湃、群鳥鳴叫之聲，心有所感，乃操琴演奏，琴藝大進。另外有一個人名叫鍾子期，他具有一種特殊的音樂欣賞能力，聽琴辨音水平之高，無人能及，遠近聞名。

一天，俞伯牙請鍾子期聽他演奏，俞伯牙彈了一支曲子，弦律中表現出高山的形象。鍾子期在一旁聽了，高興地說道：

「我好像見到了高聳入雲的泰山！」

俞伯牙為此興奮得兩眼放光，接著又彈了一支曲子，弦律中表現出流水的形象和聲音。鍾子期聽了，又喊道：

「我聽出來了，真好啊，如同見到浩浩蕩蕩的江河。」

俞伯牙和鍾子期成為好朋友。有一次，他們兩人一起遊歷泰山，遇上一場大雨。他們躲在岩石下面避雨。雨下個沒完，俞伯牙心情很沈悶，便奏起琴來。先演奏模仿淋雨的聲音，接著又演奏狂風怒吼、雷霆大作的聲音。鍾子期在一旁聽了，一一說出了琴曲的豐富內蘊。俞伯牙放下琴，滿懷感慨地說：

「真是難得呀，你的欣賞能力真是天下無雙，好像知道我的心一樣。你是我的真正的知音！」

後來，鍾子期不幸去世了，俞伯牙悲痛欲絕，以為天下再無知音，就扯斷琴弦，摔碎琴箱，再也不彈琴了。

灌夫與竇嬰、俞伯牙與鍾子期之間，以道義和志趣相從，以死相報，與今天普通存在的互相利用之交比起來，真令人感慨萬端！魯迅先生曾經有一副對聯，用來表達他與瞿秋白的友誼，即「人生得一知己足矣，斯世當以同懷視之」，也表現了同樣的內涵。也許唯其是道義與志趣之交，才這樣珍貴，這樣動人。今人的處世觀念與古人相比當然有了很大的變化，但是交友重真誠、重道義、重擇賢而從的精神，即使在今天也是值得推崇的。

交友本是人生的雅事與樂趣，切不可把它做為謀財取利的手段。

良友引你上天堂，惡友送你下地獄

友誼對於人生的意義，大概怎樣誇張也不過分，有太多的人就是被自己的朋友決定了一生的命運，或上「天堂」，或下「地獄」。一句「成也蕭何敗也蕭何」，令人從兩千年前一直感歎至今。兵仙韓信大起大落的人生經歷，幾乎成了一則萬古常新的寓言。

自有人類社會那一天起，人際關係就對每個人的人生具有了決定性的意義。而友誼正是一種最重要的人際關係。如果覺得大人物的經歷不足為憑，不妨問問你自己：是誰使你成為了現在的你？

春秋時期的齊國有兩個好朋友，一位名叫管仲，一位名叫鮑叔牙。

管仲與鮑叔牙做生意，自己分錢不出，賺了錢，他總是搶著要多些；打仗時，他每次都是衝鋒在後，退卻在前。因此，人人都看不起他。可是，鮑叔牙一直很尊重管仲，說他是王佐之才，天下少有。大家都笑鮑叔牙是個傻瓜。

後來，管仲與鮑叔牙分別做了公子糾、公子小白的老師。糾與小白雖都是庶出，但在公子中年齡最大，正宮又無所出，所以，管仲與鮑叔牙算定今後齊國君主非糾即小白，就各自輔助一人。

管仲見齊襄公淫亂無行，必定有禍亂發生，就帶著公子糾逃到魯國；鮑叔牙則帶著公子小白逃到莒國。

果然，沒有多久，齊國發生內亂，齊襄公被殺。公子無忌奪得王位，又被群臣用計殺死。齊國無主，大臣們決定迎立長公子糾。

齊國一面派人前往魯國，要管仲帶公子糾回國即位，一面靜候消息。

鮑叔牙也聽到齊國無君的消息，馬上向莒國借得三輛戰車，載著公子小白火急一般趕往齊國。

莒國緊鄰齊國，管仲料到公子小白會就近趕回，搶奪王位，就先帶人前往阻止公子小白先進齊境。

果然，公子小白被管仲攔住，管仲講了一通公子糾為長應立的道理，鮑叔牙與小白都根本不聽。管仲見事情如此，佯作退走，卻突然箭射公子小白。

公子小白知管仲是神射，這一箭射在小白的腰帶鉤上，小白怕再來第二箭，於是咬爛舌頭，口噴鮮血，佯裝中箭而亡。

這一招不僅蒙住了管仲，也騙了鮑叔牙，可見小白為人頗有韜略，後來成為五霸之首絕非偶然。

管仲見以為小白已死，就帶著公子糾緩緩向齊國進發。不料當他們回到齊國都城，小白已經即位，做上了齊國的國君，這就是齊桓公。

王位坐穩定後，齊桓公要封鮑叔牙為上卿，可是，鮑叔牙卻再三推辭，並推薦管仲為相，還勸齊桓公不要記箭射之仇。

這齊桓公真是位霸主的材料，果然胸懷寬廣，很快答應了鮑叔牙的要求。

管仲回到齊國不久，齊桓公馬上拜他為宰相，敬稱「仲父」，大小政事，一切由管仲決斷。管仲也不負所望，使齊桓公成為春秋五霸之首。

管鮑之交難得可貴。其中尤為可貴的是鮑叔牙的高風亮節。而管仲這樣一個人，能得鮑叔牙的友誼，真是他的運氣。不妨想想，像鮑叔牙這樣的朋友，你有嗎？

管鮑的故事令人感到溫暖，另一個關於友誼的經典故事，卻幾千年來它一直使人們冷汗不止。

戰國時，大兵法家孫武之孫孫臏與魏國人龐涓同向鬼谷子學習兵法。龐涓與孫臏結為八拜之交，情如兄弟，誓同富貴。龐涓學成離師，曾對孫臏許諾：「以後我若有進門之階，必當推薦兄長，同立功業。」

龐涓回到魏國，由相國王錯推薦給魏惠王，惠王見龐涓相貌堂堂，又聽他口若懸河，便拜他為元帥兼任軍師。

後來，魏惠王聽大學者墨翟介紹孫臏獨得先祖孫武兵法之秘傳，便要龐涓作書召見。

孫臏來魏後，魏惠王問龐涓：「我想封孫先生為副軍師，與你同掌兵權，你看如何？」

龐涓答道：「臣與孫臏，同窗結義，孫臏乃是臣的兄長，豈可以兄長為我的副職？不如暫時拜客卿，等以後有功績，我願意甘居其下。」實際上，龐涓是不想分兵權給孫臏。

過了幾天，魏惠王想考察孫臏的才能，在教場操練，命孫龐二人，各演用兵陣法。龐涓布的陣法，孫臏一見，就能說出是某陣，用某法可破。孫臏排成一陣，龐涓卻茫然不知。

龐涓見孫臏的才學遠遠超過了自己，便想：「若不除掉孫臏，我難以出頭。」於是，龐涓命手下心腹徐甲，冒稱是齊國商人丁乙，帶上偽造的孫臏哥哥孫平、孫卓書信，要他回齊國去。徐甲模仿孫臏筆跡，假作回書道：「弟今身仕魏國，心懸故土，不日一定想法回齊。如果齊王不嫌棄，自當盡力。」

龐涓入朝私見魏惠王，將偽造的書信呈上，說：「孫臏心向齊國，必定不肯替魏國出力。如果齊國任用他為大將，必然與魏國爭雄，這是大王日後的心腹大患，不如將孫臏殺了！」

魏惠王說：「孫臏是應召而來，現在罪狀不清楚，突然殺了，恐怕天下人議論我濫殺有才之士。」

龐涓又攛掇孫臏請假一個月回齊掃墓，惠王見了請假表章大怒，批示：「孫臏私通齊使，今又告歸，顯然有背魏之心，馬上捉來問罪！」

龐涓一面奏請魏惠王對孫臏「刖而黥之，使之殘廢，既全其命，又無後患」；一面又騙孫臏說是虧了拚命保奏，魏王才免予殺頭。但孫臏被砍去了雙腳——這就是刖刑；又被用針刺臉，成「私通外國」四個字，塗上墨——這就是黥刑。

後來，服侍孫臏的僕人誠兒告訴他龐涓嫉賢害能的奸計，孫臏才對自己被害的原因恍然大悟。

但他已是廢人，寸步難行，為了逃脫龐涓的魔掌，想出了「詐瘋魔」之計。
這天晚飯後，孫臏忽然昏迷。龐涓去看，他又趴在地上，痰涎滿臉，呵呵大笑，喊叫：「我有十萬天兵，誰能把我怎樣！」
龐涓怕孫臏裝瘋，想看出破綻，命人將他拖進豬圈裏。他披頭散髮，倒進豬糞堆裏就睡。
龐涓又派人送酒肉去，孫臏掀翻酒肉，別人遞過去狗屎泥塊，孫臏接過去就吃。龐涓拍掌說：「他真瘋了，這下我放心了！」
後來墨翟雲遊到齊國，聽說孫臏被害致殘，便向齊威王獻計營救孫臏。齊威王命客卿淳於棪以進茶為名，帶上墨翟弟子禽滑，拜見魏惠王。
禽滑私見孫臏，用車藏了他，又讓僕人王義穿上孫臏衣服，披頭散髮，泥土塗在臉上，裝作孫臏模樣。
淳於棪辭別魏王，又赴龐涓餞行宴會。他命禽滑趕車快走，宴會結束後，自己隨即趕上。孫臏這才逃出龐涓的魔爪。
後來，魏、趙交戰，趙國向齊國求救，孫臏為齊國軍師，打敗龐涓，迫使龐涓在一棵樹下自殺。
惡友如龐涓，也許並不多見，一旦遇上可就慘了。他們比敵人更可怕，他們刺過來的匕首是你無法防備的。
由管鮑之交、孫龐之鬥，不能不想到擇友的重要。這確實是一件決定命運的事情。那麼應該怎樣擇友呢？

首先，要選擇那些品行端正、寬厚善良的人做朋友，而決不能與那些自私自利、貪圖名利、惡意、反覆無常的人相交往。

第二，儘可能選擇那些注重修身、志趣高雅、有所不為、不屑於功名利祿的人為友，而決不能與利祿小人和庸俗之輩為伍。

以上兩點，是人們避免被惡友所害的保證，是自己受到良好影響、不斷完善人格而不至於墮落為害人之友的保證。

這兩點一定要堅決做到，不得含糊。因為「人心險於山川，難於知天」，惡友如狼如狐，更是這樣，一旦疏於防範，很難不落魔爪。關於這一點，不妨常想想伊索關於農夫與蛇的寓言。

一個農夫在路上遇到了一條蛇。這條蛇就要凍僵了，乞求農夫救他一命。農夫很可憐它，就把它揣在懷裏。但是蛇暖過身體之後，卻在農夫的胸口狠狠地咬了一口。

千萬不要憐惜蛇一樣的惡人！

送花的人周圍滿是鮮花，種刺的人身邊都是荊棘

看到這個標題，讀者眼前很容易浮現出如下兩個截然不同的鏡頭：

鏡頭一：一個人極富愛心，不斷地送鮮花給人，於是他逐漸為眾人所圍繞，每個人手裏都捧著他送的花，而他則為鮮花和笑臉所包圍……

鏡頭二：另一個人總是心懷惡意，不斷地播種帶刺的植物，越種越多，於是漸漸的，他被荊棘所包圍，以致動輒扎腳扎手，寸步難行……

不言所喻，這是一個怎樣待人才對自己更有利的問題，而答案非常簡單：在絕大多數情況下，善待他人終究有利於自己；而與人為惡，最終必定與己不利，甚至可能陷自己於萬劫不復的境地。

當然，沒有人只是為善或只是為惡，甚至不存在誰是好人或壞人的問題。因為人們總是在利害面前才見景生情般地產生善念或邪念的。但是，不設置極端的情境，就難以有力地說明問題，在這裏讀者應該注意的不是情境極端，而是這種情境所反映的規律性。

因果報應，並不玄虛

佛家語：「善有善報，惡有惡報」，並且強調「不是不報，時間未到；時間一到，一切都報。」

所謂「善有善報，惡有惡報」，聽來玄虛，其實是一句有關人性人情的至理名言。一個「報」字，表現了人性中類似「反作用力」的某種本能。給予善待，則尋求報償，結果是「多個朋友多條路」；施以惡毒，則伺機報復，結果是「多個仇人多堵牆」。人生在世，有如旅行，是暢通無阻還是寸步難行，全在自己怎樣待人。

也許有人覺得，與人鬥其樂無窮，可是仇遍天下如商紂王與希特勒，豈有善終之理？而如果你人生路上的每一個關鍵人物，都是你曾經恩惠過的人，那又將是一種多麼美妙的境地？

戰國時，魏昭王去世，其子魏安姞王即位。他聽說秦昭王新近採納丞相張祿之謀，將要攻打魏國，急忙召集群臣商討對策。

相國魏齊說：「秦強魏弱，打起來我們吃大虧。聽說秦國丞相張祿是魏人，他難道沒有一點老鄉的感情嗎？如果我們派使臣帶上重禮，先打通張祿的關節，然後謁見秦王，請求納貢、交人質講和，可保證中國安全。」

於是，魏安姞王派中大夫須賈出使秦國。

須賈到了咸陽，住在館驛裏。他求見張祿丞相，一連吃了幾次閉門羹。

一天，須賈見一個人，穿著破爛衣衫，蓬頭垢面，抖抖索索地走進館驛。

須賈一見，大吃一驚，說道：「是范叔呀！我以為你被魏相國打死了，怎麼還活在此地？」

范睢說：「他當時把我的屍首扔在荒野，我又甦醒，被人救了，不敢回家，到了秦國。不想能在這裏看見大夫。」

須賈上下打量他，問道：「范叔在秦國，靠什麼營生過日子？」

范睢裝出低眉順眼的樣子說：「為人幫工糊口。」

須賈動了幾分憐憫之情，請范睢同坐，一起喝酒、吃飯。

當時正值嚴冬，范睢衣服單薄，又破爛，凍得嘴唇發青，渾身哆嗦。須賈歎口氣，同情地說：「范叔竟然冷得這樣難受啊！」他命隨從取出一件綈袍叫范睢穿上。

范睢連忙拱手說：「大夫的衣服，我怎麼能穿！」

須賈說：「你我老朋友，不必過謙。」

范睢穿上綈袍，再三道謝。他隨口問：「大夫到此有何公幹？」

須賈愁眉苦臉地說：「現在秦國丞相張大人管事，我想求見他，幾回都碰了釘子，我正犯愁找不到打通關節的人。你在秦國，有沒有相識的替我在張大人跟前說好話，允許接見？」

范睢便說他主人與張祿丞相交往甚密，他因為隨侍主人，又善辯，也接近過丞相，得丞相賜酒食，他可以陪同前往。范睢又假稱從主人那裏借來四匹馬拉的大車，請須賈上車，他手拿轡繩當趕車人。

街上的人看見丞相張祿親自趕車，都拱立路旁，或者躲避，須賈還以為是尊敬自己。到了相府門前，范睢說：「大夫在這裏稍等，我先進去稟報。」

須賈立在門外，半天不見范睢出來，就向守門人打問，守門人大聲呵叱他：「那是中國丞相張大人，你敢亂說。」

須賈一聽，好像頭上響了一個炸雷，頓時身子癱軟，喃喃說道：「我死到臨頭了！」

須賈只得脫袍解帶，免冠赤腳，跪在相府門外，托守門人稟報：「魏國罪人須賈在外領死！」裏面傳話：「丞相召須賈入見！」須賈愈加惶恐，低頭跪著向前移動，從側門直到階前，連連叩頭，口稱：「死罪！」

范睢袍帶鮮麗，威風凜凜，坐在堂上，厲聲問道：「你知罪嗎？」

須賈接連磕頭說：「知罪！知罪！」

范睢問：「你有幾樁罪？」

須賈說：「比我的頭髮還多！」

范睢說：「你有三樁大罪：我根本不願在齊國做官，你卻在魏齊面前誣告我私通齊國以求官，激怒魏齊，這是第一大罪；魏齊發怒，打斷我的牙齒、肋骨，你沒有一句諫止的話，這是第二大罪；我已被打得昏死，扔進廁所，你又帶著門客朝我身上灑尿，這是第三大罪！今天本該砍下你的腦袋雪恨，我饒你不死，是因為你以綈袍相贈，還有點故人之情。我讓你苟全性命，你要知情！」

須賈接連叩頭稱謝。

這時秦國才知道張祿丞相就是魏國人范睢。范睢向秦昭王說了實情，秦昭王不但不追究他欺君之罪，反而同情他的冤情，想要殺了須賈。

范睢卻說：「須賈為公事而來，自古兩國交兵，不斬來使，臣豈敢以私怨而傷公義！」話是這樣說，范睢後來在給須賈的餞行宴會上，還是用餵馬的料豆「招待」他，並且告訴他：「秦王雖然允許與魏國講和，但你回去轉告魏王：快把魏齊的頭送來，將我家眷送進秦國，兩國通好，不然，我親自帶兵佔領大梁（魏都城），那時悔之晚矣！」

須賈的恩怨一一指明，各有回報，而無一糊塗，這與其說是范睢使然，不如說是客觀規律的作用。要想任何行為不產生它的結果，除非不做。

你怎樣對待別人，別人就會怎樣對待你，這是一個不以意志為輕物的客觀規律，不管你承認不承認，都是一樣。正統儒家「亞聖」孟子的說法，這叫作「出爾反爾」。

「出爾反爾」是一則典故，原文是「出乎爾者，反乎爾者也」，意思正是「你怎樣對待人，別人就會怎樣對待你」，只是後來，才轉變為自己前後矛盾的意思。

戰國時期，有一次儒家大師孟軻到鄒國去。鄒國與魯國剛剛發生過一場衝突，鄒國失敗了。這場衝突中，鄒國死了三十三個地方官吏，因為在危急時刻，下面的百姓不肯保護他們。鄒穆公為此甚是煩惱。見孟子來了，便向孟子請教，對此應當怎麼辦？

孟子沈思片刻，然後坦率地對鄒穆公說：

「孔子的弟子曾子說：『千萬記住呀，你怎樣對待別人，別人就將怎樣回報你。』還記得那一年鄒國鬧災荒的情景吧，人民吃不上飯，餓死的、病死的老人和孩子不計其數，屍首拋棄在山溝荒坡，無人掩埋；年輕力壯的小夥子四處逃荒，無家可歸……當時國君和大夫們又幹什麼了呢？糧倉中堆滿了糧食，倉庫中放滿了財物、珍寶……卻對百姓不聞不問，誰都不把下面的災情向國君報告，國君也不去察訪民情，不關心人民的疾苦。然而到了發生戰爭的時候，卻將百姓趕到前線去，叫百姓拼殺送死……你想一想吧，士卒、百姓怎麼能服你呢？這次發生的事件，是百姓得到了報復的機會而做出來的舉動。你即使責怪他們、懲罰他們都是無濟於事的。」

鄒穆公憂慮地問：「那麼如何改變這種現象，讓以後不再發生這種可悲的事件呢？」

孟子告訴他說：「只有一個辦法呀，那就是您在鄒國實行仁政，改變對人民的態度，關心他們，讓他們無憂無慮地過日子。這樣一來，人民自然會愛護他們的長官，戰爭時期也會心甘情願地為君主去拼死作戰……」

鄒穆公對孟子的話很讚賞，在鄒國開始實行仁德之政，這才使鄒國人心歸附，逐漸富強起來。

飛蛾撲火，自取滅亡，其招惹禍因的根源在自身；果子的種子播種後發芽開花，花又結出豐碩的果實，其福報的由來仍然在自身。種瓜得瓜，種豆得豆，因果報應是一種客觀規律，既不玄虛，也非迷信。

多做於人有益之事

既然因果報應既不玄虛，也非迷信，人們在社會生活中就應該儘可能多做於他人和社會有益之事，而杜絕於他人和社會有害之事。這既是一個必然的結論，也是人們事業成功、生活快樂的必然要求。

俗話說「要想人愛己，先須己愛人」，「我為人人，人人為我」，一個人應該時刻存有樂善好施、助人為樂、成人之美的心思。這在某種意義上很像金錢的儲蓄，一個人只有養成平時儲蓄的習慣，遇到不測時才不至於手忙腳亂，儲蓄越多，他的未來就越有保障，越可能幸福。同樣的道理，人們也只有在平時努力做於他人和社會有益之事，才能使生活的道路越走越寬，事業越做越大，以致仿佛預定了錦繡前程似的。

那麼，具體應該怎樣做呢？

首先，要善於散佈仁愛的種子

吉田忠雄是日本吉田工業公司的總裁，他所經營的公司，在日本拉鏈製造公司中規模最大。據說他們生產的拉鏈的總長度，足夠在地球到月球之間往返兩次半，難怪乎吉田忠雄被人稱為「拉鏈大王」。

吉田忠雄有自己一套獨特的經營方略，簡而言之，就是遵循「善的循環」。他說：「如果我們散佈仁慈的種子，給予別人以仁慈，仁慈就會返還給我們，在我們和別人之間不停地循環運轉。」他認為，企業賺錢多多益善，但是利潤不可由老闆獨吞。為此，吉田公司將利潤分成三部分，推行「利潤三分法」，即以質量較好的產品以低廉的價格，分紅三分之一給消費者，分紅三分之一給銷售公司產品的經銷商及代理商，分紅三分之一給自己企業的員工和股東。

根據這個經營原則，吉田忠雄請員工在本公司的儲蓄賬戶上存款，公司則每月按高於日本銀行的定期存款利率，支付給存款員工利息。在公司每年支付的紅利中，吉田忠雄本人占一六％，其家族佔有二四％，其餘均由本公司員工分享。不僅如此，公司還規定凡到本公司工作滿五年的員工，都可購買本公司的股票，並獲取每年一八％的股息。

《詩經．大雅》有曰：「投我以桃，報之以李」，說的是一方有所贈與，另一方有所報答。企業只有開誠佈公，誠實分紅，重視公共關係、人際關係，創造「人和」的條件，才能博得各方的褒譽，提高企業的自身形象，最終獲取長期穩定的鉅額利潤。那種「竭澤而魚」的經營方法，只能毀了企業的發展前程。

其次，要從小事入手，打動客戶的心

王永慶曾是臺灣第一巨富，人稱「塑膠大王」，管理著一個龐大的塑膠集團，他的這些財產並非來自家傳祖蔭。

王永慶的家原在臺北新店的一個小村裏，世代務農，以種茶為生。家中除了幾間茅屋外，幾乎一無所有，所以王永慶小學沒畢業就開始謀生了。

他隻身一人，背井離鄉，遠到臺灣南部的米店作伙計。他除了完成老闆交給他的送米工作外，他經常自己找些活以待在老闆身邊，悄悄觀察老闆如何經營米店，學習做生意的本領。

第二年，也就是十六歲的時候，王永慶請父親幫他借了二〇〇元，自己在嘉義開了家小米店。就是以這個小米店為基礎，王永慶開始了艱苦的創業。他自己回憶道：

我開始做米店生意是在昭和八年，當時，臺灣省在日本統治把持之下，經濟非常不景氣。米一斗十二斤，賣五毛一分錢，本錢是五毛，利潤非常薄，只有一分錢……

一般米店裏的米裏頭，難免夾些石子、米糠，我就特別注意，一定要揀乾淨。當碰到顧客上門來買米時，我就向他提出一個要求說：「您要買的米，我送到您家裏好不好？」顧客當然說：「好啊！」等我把米送到顧客家，放入缸裏，一定要把顧客缸裏的剩米拿出來，把新米倒下去之後，再將陳米放在上面，以避免陳米變質，造成客戶的損失。在這時，我還掏出一本小的筆記本，記下這家人的米缸容量。接著我就問主人，您能不能告訴我一些簡單的資料，您你們家裏有幾個大人？幾個小孩？每一頓飯大人吃幾碗？小孩吃幾碗？一天的用米量大概多少？於是我就依這些資料計算出這家客戶米的用量，而這次送來的米大概可以用多少天，在客戶吃完米之前兩三天，我就主動把米送到客戶家裏。

王永慶靠著對每一個用戶的一片真心，滿腔熱情，從點滴入手，從別人想不到的小事入手，打動了客戶的心。他的這種充滿人情味的經營作風，一傳十，十傳百，有口皆碑。於是他的生意便一天天興旺起來，終於成為名聞全臺灣的大企業家。

第三，雪中送炭，令人記憶終生

人的一生不可能一帆風順，難免會有面臨困境的時候，這時候最需要的就是別人的幫助，這種雪中送炭般的幫助會讓原來無助的人記憶一生。

德皇威廉一世在第一次世界大戰結束時，可算得上全世界最可憐的一個人。他的臣民都反對他，許多人對他恨之入骨，只好逃到荷蘭去保命。可是在這時候，有個小男孩寫了一封簡短但流露真情的信，表達他對德皇的敬仰。這個小男孩在信中說，不管別人怎麼想，他將永遠尊敬他為皇帝。德皇深深地為這封信所感動，於是邀請他到皇宮來。這位小男孩接受了邀請，由他母親帶著一同前往，他的母親後來嫁給了德皇。

「我不知道他那時候那麼痛苦，即使知道了，我也幫不上忙啊！」許多人遺憾地說。

這種人與其說他不知道別人的痛苦，不如說他根本無意知道。人們總是可以敏感地覺察到自己的苦處，卻對別人的痛處缺乏瞭解。他們不瞭解別人的需要，更不會花功夫去瞭解；有的甚至知道了也佯裝不知，大概是沒有切身之苦，切膚之痛吧。

雖然很少有人能達到「人飢己飢，人溺己溺」的境界，但我們至少可以隨時體察一下別人的需要，時刻關心朋友，幫助他們擺脫困境。當朋友身患重病時，應該多去探望，多談談朋友關心的感興趣的話題；當朋友遭到挫折而沮喪時，應該給以鼓勵，「這次失敗了沒關係，下次再來。」當朋友愁眉苦臉、鬱鬱寡歡時，應該多親切地詢問他們。這些適時的安慰，會像陽光一樣溫暖受傷者的心田，為他們帶來希望。

有時候不用很費力地幫別人一把，人也會牢記在心，投之木瓜，報你以桃李。

此外，幫助他人還要堅持不懈，不要一時興起才這也幫那也幫，不高興的時候就誰都不幫。在現代社會，在金錢的衝擊下，很多人一舉一動都在考慮著自己的利益，就別說幫助別人，更別說堅持不懈地幫助別人。無私地始終如一地幫助他人，一直是受社會的尊敬。

做好事不要希求回報

幫助別人，做於他人和社會有益之事，這用佛教的語言來說，就是「佈施」。佈施是不能要求回報的，因為一要求回報，就成了商業性的投資行為，這種作為雖然並非不可，但境界未免偏低。只有幫助了別人卻不要求回報，甚至不去記憶，才是一個高尚的人。

在佛教經典、著名的《金剛經》中，佛祖釋迦牟尼對弟子須菩提，是這樣談到佈施的：

「須菩提啊！菩薩對於世上的一切應當無所執著，應當以對一切都無所執著的心來進行佈施，應當不執著於各種相狀、聲音、香氣、味道、觸覺等來進行佈施。須菩提，菩薩應當這樣佈施，不執著於事物的相狀。

「為什麼呢？如果菩薩能夠不執著事物的相狀的東西來進行佈施，那麼他所積累的福德之多就不可思量。

「須菩提，你以為如何？東方的虛空可以思量嗎？」

「不可思量，世尊。」

「須菩提，南西北方、東北、東南、西北、西南和上下各方，它們的虛空可以思量嗎？」

「不可思量，世尊。」

「須菩提，菩薩不執著於事物的相狀進行佈施，所積累的福德也是這樣不可思量。」

有人把釋迦牟尼所說的這種佈施，概括為「三輪體空」，即雖然佈施，卻既不見自己為佈施者，也不見接受佈施的人所佈施的東西。這才是真正的多做好事而不圖報答，其中所表現的博大心胸，令人高山仰上。

如果你每一次幫助別人都刻意追求回報，別人可能就不樂意接受幫助，你的助人也就失去了光彩。幫助別人是件自然的事，應該像沒有幫助過一樣。

從小，卡耐基的家人每天晚上都會從聖經裏面摘出章句或詩句來復習，然後跪下來一齊念「家庭祈禱文」。他現在彷彿還聽見，在密蘇里州一棟孤寂的農莊裏，他的父親復習著耶穌基督的那些話：「愛你們的仇敵，善待恨你們的人；詛咒你的，要為他祝福；凌辱你的，要為他禱告，幫他渡過難關。

卡耐基的父親做到了這些，也使他的內心得到一般將官和君主所無法追求的平靜。

要培養平安和快樂的心理，請記住這條規則：

「讓我們永遠不要去試圖報復我們的仇人，因為如果我們那樣做的話，我們會深深地傷害了自己。讓我們像艾森豪威爾將軍一樣，不要浪費一分鐘的時間去想那些我們不喜歡的人，而是要盡力幫助每一個人，且不圖回報。」

卡耐基曾在德克薩斯州碰到一個正為某事而憤怒的商人。令他憤怒的那件事發生在十一個月以前，可是他的火氣還是大得不得了，簡直無法不談那件事——他發給三十四位員工一共一〇〇〇美元的年終獎金，但沒有一個人感謝他。「我實在很後悔，」他很尖刻地埋怨說，「應該一毛錢都不給他們的。」

他不該沈浸在憤恨之中，而應該問問自己：為什麼沒有人感激他？也許他平常付給員工的薪水很低，而派給他們的工作卻太多；也許他們認為年終獎金不是一份禮物，而是他們花勞力賺來的；也許他平常對人太挑剔，太不親切，所以沒有人願意來謝謝他。也許那些員工的確很沒禮貌。撒姆爾・強生博士說過：「感謝是良好教養的成果，在一般人中是找不到的。」但卡耐基想說的是：這個人希望別人對他感恩，這表現了一般人的共有缺點。

如果我們想得到快樂，就不要希望別人感恩，享受施予的快樂對我們已足夠了。不要因為別人忘恩負義而不快樂，要認為這是一件自然的事。讓我們記住：耶穌基督在一天之內治癒了十個痲瘋病人，而只有一個人感謝他。為什麼我們卻希望得到比耶穌基督更多的感恩呢？

沒有足夠的器量，便沒有做大事的規模

所謂「器量」，本指一件器物的容量，後來才引申為人的心胸之廣狹。人們所說的要有器量，意指對人對世要能夠寬容。

俄國作家列夫托爾斯泰曾經強調，人與人之間是不存在互相理解與否的問題的，因此重要的不是要彼此理解，而是彼此寬容。與托爾斯泰不謀而合的是，極重視人際關係的孔子也沒有說過關於互相理解的話，他強調的是「恕道」，而「恕」字的意思，也是寬容。

寬容是一種博大而深邃的胸懷，是人類的最高美德之一。寬容主要是指對於不同的生活方式、不同的價值觀、不同的思想、不同的言論、不同的宗教信仰等的理解和尊重，採取相容並包的態度，不把自己的看法強加給別人。我們可以不同意別人的所想所為，但我們應尊重別人的選擇，給別人以選擇思想和生活的權利。

寬容會帶來良好的人際關係，使生活輕鬆、愉快，事業易於成功，而且利己利人，益而不費。因此，寬容是建立良好人際關係的一大法寶，是不可以輕視與忽略的處世法則。

為人不可斤斤計較

荀子說過：「君子智而能容愚，博而能容淺，粹而能容雜。」在生活中，難免遇到別人說對不起自己的話，或做對不起自己的事。當別人對不起我們時，我們應當怎麼辦呢？是針鋒相對，以怨報怨，還是以寬容為懷、原諒別人呢？

每個人都生活在人群中，有人的地方自然會有矛盾，有了分歧，不和怎麼辦，很多人就喜歡爭吵，非論個是非曲直不可。其實這種做法很不明智，不如大事化小小事化了。俗話說家和萬事興，推而廣之，人和也萬事興。人際交往中切不可太固持己見，讓開一步於己於人都有利。

據說有一次，有一個人去拜訪老子。到了老子家中，看到室內凌亂不堪，心中感到吃驚。於是，他大聲咒罵了一通揚長而去。翌日，又回來向老子致歉。老子淡然地說：「你好像很在意智者的概念，其實對我來講，這是毫無意義的。所以，如果昨天你說我是馬的話我也會承認的。因為別人既然這麼認為，一定有他的根據，假如我頂撞回去，他一定會罵得更厲害。這就是我從來不去反駁別人的緣故。」

從這則故事中可以得到啟示：在現實生活中，對於別人的批評，對了要虛心接受，錯了也不應該抵賴，一定要心胸豁達，有涵養。

戰國時代有個名叫中山的小國。有一次，中山的國君設宴款待國內名士。當時正巧羊肉羹不夠了，無法讓在場的人全都喝到。有一個沒有喝到羊肉羹叫司馬子期的人懷恨在心，到楚國勸楚王攻打中山國。楚國是個強國，攻打中山易如反掌。中山被攻破，國王逃到了國外。他逃走時發現有兩個人手拿戈跟隨他，便問：「你們來幹什麼？」兩個人回答：「從前有一個人曾因獲得您賜與的一壺食物而免於餓死，我們就是他的兒子。臣的父親臨死前囑咐，中山有任何事變，我們必須竭盡全力，甚至不惜以死報救國王。」

中山國君聽後，感歎地說：「給與不在乎數量多少，而在於別人是否需要。施怨不在乎深淺，而在於是否傷了別人的心。我因為一杯羊羹而亡國，卻由於一壺食物而得到兩位勇士！」

中山君這段話道出了人際關係的微妙。一個人如果失去了少許金錢，尚不至於發此大怒。且一旦自尊心受到損害，就無法預測他的行為了。金錢上的損失猶可補償，而心靈受到傷害，卻非輕易就可彌補的。

人人都有自尊心，人人都有好勝心，為人處世，要儘量滿足別人的自尊心，抑制自己的好勝心。

從前某顯宦，公務之暇，喜歡下棋，自負是高手。某甲有一天與某顯宦對弈，一入手便咄咄逼人，比賽到後來，竟逼得某顯宦心神失控，不覺汗下。某甲見對方焦急的神情，格外高興。某顯宦發現破綻，立即進攻，本以為可轉敗為勝，誰知某甲突然出其殺手，一子落盤，很得意地說道：「你還想不死嗎？」某顯宦遭此打擊，心中不大高興，立起身來就走。據說某顯宦向來著意於修養，胸襟比普通人寬大，但也受不了這種刺激，因此對於某甲，始終介介，不能忘懷，而在某甲呢，始終不懂為什麼某顯宦不再與他下棋。某顯宦本能使某甲富且貴，為了這一點不快，老是不肯提拔某甲，只好鬱鬱不得志，自認命薄。

在這個故事中，某顯宦過分自尊，以致斤斤計較自然不對，但某甲忽略了對方的自尊心，抑制不住自己的好勝心，也是一個教訓。

對小人也要講包容

有些人痛恨小人，對小人疾之如仇，必欲除之而後快。應該說，這是一種正義感強烈的表現。但是，假使小人還沒有傷害別人，破壞事業，而只是見識短淺，品行不端，那就還要包容他們。《周易》說，「君子以遠小人，不惡而嚴」，又說：「包蒙，吉。」意思是包容蒙昧的人是吉祥的。為什麼這麼說？只因為君子如果不包容小人，也就不成其為君子了。君子不包容小人，難道讓小人包容君子嗎？

君子也好，小人也好，都是相對的。小人雖有缺點，並非不可救藥，一旦被教育好了，不也成了君子了嗎？能使小人成為君子，這才是大君子！

齊相國孟嘗君的一個門客，跟他的小妾發生了私情。有人把這事告訴孟嘗君，氣憤地說：「這傢夥是你的食客，端著你的飯碗，卻同你的小妾私通，太不夠義氣了。淫為大罪，你應該把他殺了！」

孟嘗君說：「男女之間，由於相貌、體態的美麗而互相愛悅，這也是人之常情。此事不要張揚，更不能動刀，我另外妥善處理。」

過了一年，孟嘗君對他小妾的男友說：「你跟隨我好久，沒有做大官，小官你又不想做。衛國嗣君跟我是貧賤之交，我準備車馬、虎豹皮包裝的五匹帛，你帶上禮物和我的書信到衛君那裏去，也許你將來會有些發展。」

於是，那門客去了衛國，見了衛君，後來很受衛國國君的重用。

後來，齊、衛兩國發生邊境糾紛，關係惡化，衛國國君很想約集幾個諸侯國的兵力來進攻齊國。

這位門客對衛國國君說：「以前我做了對不起孟嘗君的事，他反而把我當成賢才推薦給國君，這是欺騙國君。我聽說齊、衛國的先君，曾經先殺馬歃血，又殺羊，訂下盟約說：『齊、衛後代不要互相攻伐。如果互相攻伐，叫他們的生命也跟馬和羊一樣！』現在，國君糾結天下諸侯的軍隊攻伐齊國，就是國君背叛了先君的盟約而欺騙了孟嘗君。我懇切希望國君丟掉攻打齊國的念頭，與齊和好如初。國君如聽臣的勸告，那當然好；如果不聽臣的勸告，那就認為我不是好人，我就只有用我頸項的鮮血濺在國君的前襟，以死來表白我對齊、衛兩國和睦相處的誠意好了！」

那門客說罷，痛哭流涕，衛國國君深受感動，同意門客的意見，打消了約集諸侯進攻齊國的念頭。

齊國的官員聽說這件事，議論說：孟嘗君真可以說是善於處理矛盾衝突的人。他不因為門客私通小妾就殺掉他，通情達理，表現了愛士之情；這位門客以義報德，拚死說服衛國國君，避免了一觸即發的戰禍。他們都是有德有義之人。

還有什麼比這更好的辦法嗎？如果你是一個胸無大志的人，當然是出氣最要緊。但孟嘗君是齊國的棟梁，胸懷稱霸天下的雄心壯志。這件事在他看來，報仇何益，施恩何難？

《呻吟語》的作者呂新吾說：「處小人，在不遠不近之間。」這和孔子的想法如出一轍。過分地接近小人，對自己而言是一種負擔，冷落了他，又會招致嫉恨，不知其心懷何鬼胎。所以，保持適當的距離才是上策。

書中又說：「倘若由於喜歡而貿然出手去撫摸蛇，就會被蛇咬噬而中毒；倘若因為不喜歡而動手打老虎，同樣也會被老虎吞噬！」因此，必須遠離老虎和蛇，即所謂「敬鬼蛇而遠之」。這裏的老虎和蛇就是指小人。

不可一味「寬宏大量」

人與人之間，在非原則問題上應該寬容，在大是大非面前，則應該堅持原則，涇渭分明，而不能一團和氣。明明知道有人在行不義不善之事，卻因他是長輩、上司、朋友，即默許或縱容他們，是一種自私的表現。有時候，立定了腳跟做人，的確是會冒風險的，也可能會受到一些委屈和誤解，但是這種品德最終會贏得人們的尊敬。

有一次，唐太宗李世民在朝間與吏部尚書唐儉下棋。唐儉是個直性子的人，平時不善逢迎，又好逞強。與皇帝下棋卻使出自己的渾身解數，架炮跳馬，把唐太宗的棋打了個落花流水。唐太宗心中大怒，想起他平時種種的不敬，更是無法抑制自己，於是立即下令貶唐儉為潭州刺史，又派人找尉遲恭來說：「唐儉對我這樣不敬，我要借他而誡百官。不過現在尚無具體的罪名可定，你去他家一次，聽他是否對我的處理有怨言。若有，即可以此定他的死罪！」

尉遲恭聽後，覺得太宗這種張網殺人的做法太過分，所以當第二天太宗召問他唐儉的情況時，尉遲恭說：「陛下，請你好好考慮考慮這件事，到底該怎樣處理？」

唐太宗氣極了，把手中的玉版狠狠地朝地下一摔，轉身就走，尉遲恭也只好退下。

唐太宗回去後，一來冷靜後自覺無理，二來也是為了挽回面子，於是大開宴會，召三品官入席，自己則主宴並宣佈道：「今天請大家來，是為了表彰尉遲恭的品行。由於尉遲恭的勸諫，唐儉得以免死，使他有再生之幸，我由此免了枉殺的罪名，尉遲恭自己也免去了說假話冤屈人的罪過，得到了忠直的榮譽。因此賜尉遲恭綢緞千匹。」

唐太宗這樣說，當然主要還是為了顯示自己的「賢明」；同時，他也應該感謝尉遲恭。假使尉遲恭真的按他的話去陷害唐儉，又安知唐太宗「賢明」起來，不治罪尉遲恭呢？

晏嬰，春秋時齊國人，身材矮小，相貌醜陋，但能言善辯，反應敏捷。齊靈公二十六年，晏嬰的父親晏弱死後，他以齊國大夫的身份，繼承父位，擔任齊國國卿。

有一次，晏嬰奉齊王之命出使楚國。當時楚國比齊國強大，晏嬰身材矮小，其貌不揚，楚國根本沒有把他這個齊國使者放在眼裏，決定想個辦法讓晏嬰當眾出醜，以此羞辱齊國。楚王根據晏嬰身材特點，命在迎接賓客的宮殿正門附近，開設一個常人難以進入的小門，讓晏嬰從這裏進入楚王宮殿。

晏嬰坐著馬車來到楚王宮殿前，看見這特殊的小門，又好氣又好笑，想不到楚王會用這種低劣的方式迎接使者。楚王隨從迎著晏嬰說道：「晏大使，我王在殿內恭候多時。」說著領晏嬰向小門走去。

晏嬰不動聲色，裝著沒有聽見楚王隨從的話，徑直往楚王宮殿正門走去，守門的士卒們擋住晏嬰，不准他進去。晏嬰停下來，大聲說道：「出使狗國的人才會從狗門進入，現在我是出使楚國還是出使狗國呢？」守衛士兵回答：「當然是楚國囉！」「既是楚國，怎麼能不走大門呢？」衛士們無言以對，晏嬰洋洋得意地進了大門，去見楚王。

言辭的機智表現了說話者思維的機敏，出使狗國走狗門的見解雖然多少有一點耍嘴皮子的嫌疑，但畢竟在這個回合中戰勝了對手。

楚國在晏嬰面前出了醜，楚王很不甘心，顧不得外交禮儀和大國風度，不由羞辱晏嬰說：「堂堂的一個齊國，怎麼會派你這樣的小矮子來出訪楚國呢？看來齊國沒有更好的人才了。」楚王傲慢地說著。晏嬰盯著楚王，腦瓜一轉，說道：「我們齊國派使者出訪有個規矩，那就是，有賢才的人出使上等國家，沒有才能的人出使下等國家；大人出使大國，小人出使小國。我是個小人，又沒有才能，所以齊王派我到你們楚國訪問。」晏嬰巧妙地把楚國貶得一文不值。楚王十分尷尬，覺得晏嬰雖然短小，卻智力非凡，難以對付。

楚王沒有自知之明，仍想找機會挽回面子挫傷晏嬰。他絞盡腦汁，又想出了一條妙計。

第二天，楚王故意在宮殿前廳陪著晏嬰說話。突然，幾個威武的士兵，押著一個犯人穿過前廳，走過楚王面前。楚王故意命令將犯人押上，親自查問。

楚王大聲怒斥：「大膽賊人，你做了什麼壞事，從實招來。」

犯人戰戰兢兢，十分害怕，回答說：「大王，我該死，偷了人家的東西。」

楚王稍稍停了一下，問道：「家在哪裡？」

「我是齊國人。」說著犯人低下了頭。

聽了此話，楚王異樣地瞅了晏嬰一眼，說道：「晏嬰大使，你們齊國盜賊可真多啊，甚至跑到楚國來啦！」

晏嬰冷冷地觀察這一切，知道這又是楚王羞辱齊國的計謀，便針鋒相對地答道：「淮南有一種橘樹，把它移到淮北，就變成枳樹，雖然長得很像，但裏面的果實已不大一樣了。為什麼會這樣呢？那是由於各地水土不同，才會產生變化。這個齊國人，在本國不偷不摸，很守本份；到了楚國就胡作非為，大偷特偷起來，這大概是受楚國環境薰染的結果吧！」

楚王一連幾次出了醜，對晏嬰心悅誠服，改變了對他的態度，開始禮遇晏嬰。

在晏嬰使楚這個故事中，雙方的言來語往看來沒有涉及什麼原則問題，而實際上，卻是兩國的外交鬥爭。如果嬰子對楚人的侮辱忍氣吞聲，不予反擊，那麼就會使他和他所代表的齊國丟盡顏面，從而兩國的關係也必將受到影響，所以對楚國的侮辱還以牙眼，是完全必要的。

在人際交往當中，一定要善於劃分什麼是小節，什麼是大節，小節可以忍讓，大節決不能含糊。

善於利用人性，人能贏得人心

人人都知道贏得人心的重要性，古人更是留下了無數關於人心與事業之間關係的箴言，如「得人心者得天下，失人心者失天下」，「欲知天心，須看人心」，「得人心即天命所歸」之類。那麼，怎樣才能贏得人心呢？

在社會生活中，人們總是不斷地在跟各種各樣的人打交道。人雖然多種多樣，卻有著共同的特性，這就是人性。如果我們心目中只有具體的人和事，而看不到其背後共同的人性，那麼不僅要在抓不到重點多費許多精神，而且效果也不會好。反之，假如我們在注意到眼前的具體性的同時，十分清醒地意識到自己不僅僅是在跟人，而且是在和人性打交道的話，事情就簡單多了，這時，我們可以執簡御繁，綱舉目張，而又遊刃有餘。最重要的是，所謂性，乃是人類的本質性規定，它是不可改變的，而且順應者得到青睞而冒逆之者得白眼而亡，是無論如何都必須尊重與順應的。

這一點啟示我們，要贏得人心，必須善於利用人性，尤其是人性的弱點。

批評指責要慎重

戴爾・卡耐基曾經指出：人類的天性是渴望被肯定，不喜歡被否定。無論一個人錯得多麼離譜，在一百次中有九十九次，沒有人會責怪自己任何事。

世界著名的心理學家史京納以他的試驗證明，在學習方面，一只有良好行為就得到獎勵的動物，要比一隻因行為不良就受到處罰的動物學得快得多，而且更能夠記住它所學的。人類也有著這同樣的情形。我們用批評的方式，通常並不能夠使別人進步，反而常常會引起憤恨。

另一位偉大的心理學家席萊說：「我們極希望獲得別人的讚揚，同樣的，我們也極為害怕別人的指責。」

勿庸置疑，這是人性的一個巨大的弱點，雖然未必合理，卻是不可改變的。所以，我們只有承認並尊重人性的這個弱點，想辦法繞開它，而不是去冒犯它。

奧克拉荷馬州恩尼德市的江士頓，是一家工程公司的安全協調員。他的職責之一是監督在工地工作的員工戴上安全帽。他說他一碰到沒有戴安全帽的人，就官腔官調地告訴他們，要他們必須遵守公司的規定。員工雖然接受了他的糾正，卻滿肚子的不高興，而常常在他離開以後，又把安全帽拿了下來。

他決定採取另一種方式。下一次他發現有人不戴安全帽的時候，他就問他們是不是安全帽戴起來不舒服，或者有什麼不適合的地方。然後他以令人愉快的聲調提醒他們，戴安全帽的目的是在保護他們不受傷害，建議他們工作的時候一定要戴安全帽。結果是遵守規定規定戴安全帽的人愈來愈多，而且不會造成憤恨或情緒上的不滿。

哈定總統的內政部長亞勃・佛爾受權主掌政府在艾爾克山丘和茶壺蓋地區油田的出租事宜——那些油田是保留給海軍未來使用的。佛爾部長沒有讓別人公開投標，把那份優惠的合同交給他的朋友艾德華・杜韓尼，而杜韓尼給了佛爾部長他所謂的十萬美元「貸款」。然後，佛爾部長命令美國海軍進入該區，驅走了那些對手，免得周圍的油井汲走了艾爾克山丘的原油。那些對手在槍口下被趕走。之後，氣憤得衝進了法院，揭發了十萬美元茶壺蓋油田舞弊案。結果鬧得滿城風雨，毀了哈定總統的執政，激起全國的公憤，要弄垮共和黨，而且使佛爾陷入鐵窗。

佛爾被斥罵得狗血淋頭，從來還沒有一個公務員被斥責得如此淒慘。可是他並沒有後悔。好多年之後，胡佛在一次公開演講中，暗示哈定總統之死是由於一個朋友出賣他，令他焦心和憂慮過度。當佛爾太太聽到這段話時，從椅子上跳起來，淚流滿面，雙手握緊拳頭，尖聲叫道：「什麼！哈定被佛爾出賣了？才沒有！我先生從沒有出賣過任何人。整屋子的黃金，都無法使我先生起歹念。他才是被出賣而帶上刑場，釘上十字架的人。」

做錯事的人只會責怪別人，而不會責怪自己。我們都是如此。因此當你我明天很想批評別人的時候，我們要明白，批評就像家鴿。它們總會回來的。我們要明白，我們準備糾正和指責的人，可能會為自己辯護，反過來譴責我們；或者，像文雅的塔虎脫那樣，他會說：「我看不出我怎樣做，才能有更好的結果。」

一八四二年秋天，林肯取笑了一位自負而好鬥、名叫詹姆斯・史爾茲的愛爾蘭人。林肯在春田時報刊出了一封未署名的信，譏諷他一番，令鎮上的人都捧腹大笑起來。史爾茲是個敏感而驕傲的人，氣得怒火中燒。他查出寫那封信的人是誰，跳上了馬，去找林肯，跟他提出決鬥。對方給他選擇武器的自由。因為他的雙臂很長，他就選擇騎兵的長劍，並跟一名西點軍校的畢業生學習舞劍。決鬥的那一天，他和史爾茲在密西西比的一個沙堆碰頭，準備決鬥至死為止；但是，在最後一分鐘，他們的助手阻止了這場決鬥。

這是林肯一生中最恐怖的私人事件。在做人的藝術方面，他學到了無價的一課。他從此再沒有寫過一封侮辱人的信件。他不再取笑任何人了。從那時候起，他沒有為任何事批評過任何人。

南北戰爭的時候，一次又一次，林肯任命新的將軍統帥北軍，而每一個將軍——麥克時藍、波普、伯恩基、胡克爾、格蘭特——相繼地慘敗，使得林肯只能失望地踱步。全國有一半的人，都在痛罵那些差勁的將軍們，但林肯因為「不對別人缺德，只對大家祝福」，一聲也不吭。他喜歡引用的句子之一是「不要評議別人，別人才不會評議你」。

當林肯太太和其他的人對南方人士有所非議的時候，林肯回答說：「不要批評他們；如果我處在同樣情況之下，也會跟他們一樣。」

蓋茨堡之役在一八六三年七月的最初三天期間。在七月四日晚上，李將軍開始向南撤退的時候，黑雲密布，大雨傾盆。當他帶著挫敗之軍，退到波多梅克時，發現面臨了一條高漲而無法通過的河流，而身後又是一支勝利的北軍。李將軍被困住了。他無法逃脫。林肯看出這點——這是一個天賜良機，一個捕捉李將軍的軍隊立即結束戰爭的機會。因此，林肯滿懷希望地命令格蘭特不要召開軍事會議，而立即攻擊李將軍。林肯以電話下令，又派出一名特使去見格蘭特，要他立即採取行動。

而格蘭特將軍的做法，正好跟所接到的命令相反。他違反林肯的命令，召開了一次軍事會議。他遲疑不決，一再拖延。他打電話來，舉出各種藉口。他一口拒絕攻擊李將軍。最後，河水退去，李將軍帶著他的軍隊從波多梅克逃脫了。

林肯勃然大怒。「這是什麼意思？」林肯對他的兒子羅勃叫起來。「老天爺！這是什麼意思？他們在我們的掌握中，我們只要伸出手來，他們就是我們的了；但我無論說什麼或做什麼，都無法使我們的軍隊移動一步。在那種情況之下，幾乎任何一個將領都可以擊敗李將軍。如果我在那兒的話，我自己就可以把他殲滅。」

在痛苦、失望之餘，林肯坐下來，寫給格蘭特一封信。別忘啦，林肯這段時期用字總非常保守和克制。因此，他在一八六三年所寫的這封信，算是最嚴厲不過了。

我親愛的將軍：

我不相信你能體會李逃脫所引起的嚴重不幸。他本來在我們的輕易掌握之中，當時如果對他一擁而上的話，加上我們最近的一些其他勝利，就可把戰事結束了。結果現在呢，戰事可能會無限期地延長下去。如果你上星期一不能安全地攻打李的話，又怎麼能在渡河之後，在你只剩下少部分的兵士時——不到你當時手邊的三分之二兵力——去攻擊他呢？我無法期望你能改變形勢，若要期望你能的話，也是一種不合理的期望。你的良機已失去了，因此我感到無限的悲痛。

信雖然寫了，但是並未發出去，這封信是在林肯死後，在他的文件中被找到的。林肯把這封信放在一旁，因為他從痛苦的經驗中學到，尖刻的批評和斥責，幾乎總是無濟於事。

提奧多・羅斯福總統說，他當總統時，若碰到棘手的問題，他常往後一靠，抬頭望望掛在他白宮辦公桌牆上那張林肯的巨幅畫像，問他自己，「如果林肯在我這種情況下，他將怎麼做？他將如何解決這個問題？」

是的，假如林肯處在我們的位置，他會怎樣做？我們每個人在批評和指責別人之前，有必要這樣想，他大概會這樣做：

不輕於批評和指責，給他人同情和理解；

如必須批評，則首先說一兩句體諒的話，保住對方的面子；

先表揚，後批評；

間接地提醒他人注意自己的錯誤；

讓對方覺得他的過失並不難以改正；

……

總之，必須繞開人性的弱點，防止批評和指責所可能帶來的負面效果，這樣才能最大限度地減少人們的反感，這是贏得人心所至少必須做到的。

肯定並讚美別人

人類的舉止行動有一項絕對重要的定律，假如我們都能遵守這項定律，就差不多可以避免煩惱。事實上，奉行這項定律，常常會帶給我們無數的友誼和永恒的快樂。然而一旦違反了這項定律，立即就會遭遇到很多的困擾。

這項定律就是：「永遠使別人感覺高貴、重要。」

杜威博士有一句話說，「自重的欲望，是人類天性中最急切的要求。」

詹姆斯博士說：「人類天性的至深本質，乃是渴求受人重視和稱讚。」

人與動物不同之處，就在於高貴感的有無，而這既是人性弱點的又一個方面，也是所賴以產生的前提。

哲學家們對於人際關係的定律，思索考據了數千年，結果卻只能引證出一項定律。那項定律並不是新創的，它跟歷史一樣古老——三千多年前，波斯哲學家梭羅斯特把這定律傳給拜火教徒。二千多年前，中國的孔子講學傳給門人弟子。道教始祖老子也曾教過他的門徒。釋迦牟尼在紀元前五〇〇〇年前也把這個定律廣傳人間。

就是這種追求重要人物的感覺的渴望，使得一個沒受到教育、貧窮如洗的雜貨店店員，研讀一些從一個堆滿雜貨的木桶中找到的法學書本。你可能已聽說過這位雜貨店的店員，他的名字是林肯。

歷史上充滿著名人追求重要人物感覺而奮鬥的有趣例子。甚至喬治・華盛頓都喜歡人家稱呼他「美國總統閣下」；哥倫布為了一個「海洋大將印度總督」的頭銜而提出要求。凱薩琳女皇拒絕拆閱沒有稱呼她「女皇陛下」的信件。林肯太太在白宮裏，像母老虎似的對格蘭特夫人大喊：「你膽敢在我請你之前，就在我的面前坐下。」等等。

一些百萬富豪，資助拜爾將軍到南極去探險時，心中明白那些覆蓋白雪的山峰，將以他們的名字來命名。雨果希望巴黎市改為他的名字，小一點的城市都不能令他滿足。

如果有人這麼渴望得到重要人物的感覺，想想我們對別人，給予真誠賞識的話，會產生什麼奇蹟呢？

二〇年代，美國商界中年薪最先超過一百萬美元（那時候沒有所得稅，一個人周薪能夠有五十美元已經就是很不錯了）的人之中的一位是柯爾斯・史考伯。由安德魯・卡耐基選拔為新組成的美國鋼鐵公司的第一任總裁，而當時他只有三十八歲。

為什麼鋼鐵大王安德魯・卡耐基要付給史考伯一年一百萬美元，或一天三千多美元呢？

因為他對鋼鐵的製造，知道的比其他人多嗎？史考伯親口說，他的手下有許多人，他們對鋼鐵的製造，知道得比他還多。

史考伯說，他得這麼多的薪金，主要是因為他那跟人相處的本領。跟人相處的秘訣應該鐫刻在不朽的銅牌上，掛在全球的每個家裏和學校裏、每個商店和辦公室裏，因為這些語句將會改變你我的生活，如果我們能夠確實去實行的話。

「我認為，我那能夠使員工鼓舞起來的能力，」史考伯說：「是我所擁有的最大資產。而使一個人發揮最大能力的方法，是讚賞和鼓勵。」

「再也沒有比上司的批評更能抹殺一個人的雄心。我從來不批評任何人。我贊成鼓勵別人工作。因此我急於稱讚，而討厭挑錯。如果我喜歡什麼的話，就是我誠於嘉許，寬於稱道。」

「我在世界各地見到了許多大人物，」史考伯說，「還沒有發現任何人——不論他多麼偉大，地位多麼崇高——不是在被讚許的情況下，比在被批評的情況下工作成績更佳、更賣力。」

他坦白地說，這就是安德魯・卡耐基之所以有這種驚人成就的特殊理由之一。卡耐基不論是在公開或私下裏，都稱讚他的屬員。

卡耐基甚至在他的墓碑上都要稱讚他的屬員。他為自己寫了一句碑文：「這裏躺著的是一個知道怎樣跟他那些比他更聰明的屬下相處的人。」

真誠的稱讚，是洛克菲勒待人的成功秘訣。譬如說，當他的合夥人艾德華・貝佛處置失當，在南美做錯一宗買賣，使公司損失一百萬美元的時候，洛克菲勒大可指責一番；但他知道貝佛已盡了他的最大能力——何況事情已經發生了。因此洛克菲勒就找些稱讚的事；他恭賀貝佛幸而保全了他所投資金額的百分之六十。「棒極啦，」洛克菲勒說，「我們沒法每次都這麼幸運。」

保羅・哈威一次在他所主持的一項廣播節目「故事的結尾」中述說了表述真誠的讚揚和欣賞，是如何地可以改變一個人的一生。他說，幾年前，底特律的一位老師請史提夫・莫瑞士幫助她找尋在教室中跑失的一隻老鼠。她瞭解老天給了史提夫一雙了不起的耳朵，以補償他雙眼的失明。史提夫說，那次他得到的重視和欣賞，是他新生活的開始。從那時開始，他開始發展他聽力的天賦，終於成為七〇年代最偉大的流行歌曲歌手和作曲者。

我們這樣說，並不意味著提倡拍馬屁。拍馬屁是騙不了明白人的，那是膚淺、自私、虛偽的，它應該失敗。

恭維拍馬害多於益，就像假鈔一樣，如果你要使用，最後總會使你惹上麻煩的。因為恭維拍馬屁讚賞和一個是真誠的，另一個是不真誠的；一個出自內心，另一個出自牙縫；一個為天下人所欣賞，另一個為天下人所不齒。

我們通常會把我們時間的百分之九十五，用來想著我們自己。如果我們多想想別人的好處，我們就不會訴諸於那些廉價的、還沒有說出來就暴露出虛情假意的恭維拍馬屁了。在人際關係方面，我們應該永遠不要忘記我們所有的同事都是人，也都渴望別人的欣賞和讚揚。這是所有的人都歡迎的東西。

在你每天所到的地方，不妨多說幾句感謝的話，留下一些友善的小小火花。你將無法想像，這些小小的火花如何點燃起友誼的火焰，但當你下次再到這個地方的時候，友誼的火焰就會照亮你。

為了滿足人們自重感，除了努力發現人們的優點並真誠地加以肯定外，還應該注意：

保持溫情的微笑；

牢記他人名字；

學會傾聽；

談論別人感興趣的話題；

不與人進行無謂的爭論；

不指使別人，必要時把命令變成請求；

站在他人的角度來考慮和處理問題；

……

總之，給別人以充分的尊重和必要的同情，這是迎合人性的弱點以贏得人心做必須做到的又一個方面。

人性弱點的商業價值

今天，成千上萬的推銷員在人行道上奔波，他們疲憊不堪，垂頭喪氣，徒勞往返。為什麼呢？因為他們總是只想自己所想，他們並沒意識到別人有時候並不想買任何東西。每個人都一如既往地對解決自己的問題感興趣。如果推銷員們能夠向顧客表明他們的服務或商品將如何幫助顧客解決問題的話，他們就不必向顧客兜售了，顧客自己會去買的。因為顧客們喜歡感到他們是在買東西——而不是被賣東西。

毫無疑問，人性中是含有巨大的商業價值的，人性的自我中心，喜歡被尊重，迎合而反感被強迫、違逆等弱點，是一個銷售人員必須認真加以研究和利用的東西。

然而許多推銷員花了畢生時間兜售商品，卻從來不曾從顧客的角度看待事物。卡耐基說：「我在森林山街住了許多年，那是紐約市中心的一小片私人住宅區。有一天當我趕往東站時，偶然碰到一位不動產經紀人，他多年來一直在這一帶買賣房產。他很瞭解森林山街的情況，因此我急切地詢問他我那幢房子的建築材料是金屬板條還是混凝土預製板。他說他不知道，並且告訴我我已經知道的事情——即我可以給森林山街園林協會打電話瞭解這方面的情況。第二天早上，我接到一封他寫來的信。他問我是否已經瞭解到了我想瞭解的情況。按說他完全可以打個電話，用不了六十秒的時間就可以瞭解到此事。但他並沒有這樣做。他再一次告訴我說，我自己可以打個電話去瞭解，然後請我讓他處理我的保險事宜。」

他對於幫助卡耐基並不感興趣。他感興趣的僅僅是幫助他自己。

阿拉巴馬州伯明罕市的霍華德・盧卡斯是這樣談同一公司的兩個推銷員是如何處理同樣類型的情況的：

「幾年前我在一個小公司的經營管理組工作。在我們公司附近有一家大型保險公司的地區辦事處。他們的業務是按地域劃分的，因此我們這個公司被分派兩個代理商來負責，這裏我姑且把他倆分別稱之為卡爾和約翰。

「有一天早上，卡爾在我們的辦公室裏小坐，隨口提到他的公司剛剛為經理人員開設了一種新型的人壽保險，並且認為我們日後也許會感興趣，他表示當他在這方面瞭解到更多的情況時會來告訴我們。

「同一天，約翰在便道上看到我們正喝完咖啡小憩回來，他大聲喊到：『嗨，盧卡斯，等一下，我有一些重大的消息要告訴你們這幫人。』他快步走過來，非常興奮地把他的公司為經理人員開設的人壽保險告訴我們（同卡爾隨口提到的是同一件事）。他想讓我們做為第一批參加。他就投保範圍向我們提供了一些重要的情況，在結束時說：『這種保險形式很有新意，我打算明天從總部叫個人專門解釋一下。現在，咱們就在這兒先把申請表填一下，這樣他就在能在工作時有所依據。』他的熱心鼓動得我們急於參加這種保險，儘管我們並不瞭解具體細節。後來的情況證實的約翰對這種保險的初步理解，他不僅使我們每個人都參加了保險，而且後來還把我們的投保範圍擴大了一倍。

「卡爾本來是可以做成這筆交易的。可是他沒有設法激起我們參加這項保險的任何願望。」

這個世界充滿了鑽營和追名逐利的人。因此，那些不大多見的無私地盡力幫助他人的人便具有巨大的優勢。他沒有競爭對手。歐文・揚，一位著名的律師兼美國大企業的巨頭之一，曾經指出：「那些能夠設身處地為他人著想、懂得他人心理活動的人，從來不需要為前途未卜而憂心忡忡。」

想要推銷出產品，就要學會從他人的觀點著想，從他人的角度看待問題。要使顧客依照「你希望的那種方式」去做，就應該在銷售中充滿了人性和人情味。

在M市中心商業街一家百貨公司附近，有一家手工藝店。這家商店是由一女性經營者經營。根據目前一般手工藝店的陳設情形來看，這家商店應該用特價的手工藝品來招徠顧客，但是該店卻樹立了一種完全創新的風格，它使來此購物的顧客們對這個店留下深刻的印象。當然，這種特色也需要靠經營者的靈感，不過引發這種靈感的基礎，則完全來自經營者對商店的關懷。這個商店在這位女性經營者一心想使店裏充滿美夢的理想下，佈置得優雅細致引人入勝，店裏每一件商品經她安排之後，都顯得調和而恰到好處。這就是該店的特色。

由於經營者態度如此，因此這家商店裏也充滿了開朗、愉快的氣氛。該店的商品雖然與其他商店一樣是從批發商那裏訂購來的，商品可能會與其他商店相同，但是這家商店中，每一件商品都是由那位女性經營者精心挑選的。因此，商品給人的感覺是新鮮而富有感情的。

在該地區大約有六家百貨公司、大商店，而且差不多每一家都出售手工藝品，不但如此，還有不少頗負盛名的老店。然而該店在這些強勁的敵手之中，銷售金額卻仍十分可觀。他們的顧客從高中生到老年婦女，各種年齡、各種階層都有，而且不但市區內，連郊區的居民都專程來此挑選。這家商店的商品價格並沒有比其他商店便宜，但是生意卻十分興隆，原因在於經營者對手工藝品的感情充塞於店中，這種氣氛連客人都感覺得到，因此大家都喜歡這家商店。

在T市火車站前的一條商業街上有一家鐘錶店，是個占地不大的小型鐘錶店。這種店在任何地方都可以看到，但是來此光顧的客人卻像超級市場一樣的擁擠，銷售數量幾乎是一般商店的數倍。

這家商店的老闆無論在商品採購方面，或接待客人方面，都經過一段時間的摸索，才達到今天的成就，他可以說是這一行的老手。說起來，這家商店的經營方法並沒有任何特殊的地方，只是它從創業初始便實行一項服務工作，就是找給客人的錢都是從銀行裏兌換來的新鈔票。開業十幾年來他一直恪遵這項原則。

他說：「雖然新鈔與舊鈔同樣可以用，不過沒有皺紋的新鈔票客人拿在手裏會覺得比較舒服。我在剛開業的時候就瞭解自己不可能為顧客做太多的服務，因此就想以這種找還新鈔票的方式表示自己的一點心意。」這位老闆找錢的時候，即使只是十塊二十塊，他也一定換成新鈔，而且銀行方面也知道這個老闆的作法，所以隨時都會有新鈔供他換用。

他雖然無法連硬幣都用新的，可是，硬幣也都經過精挑細選，凡是污穢變形的他都不用。

這家鐘錶店雖然只做這麼一點點事，可是顧客卻因為他們所找的錢都是沒有皺紋的新鈔票，而且整齊地放在小碟子上雙手捧出來，因此封給他們一個「找新鈔的商店」的美譽。有些客人雖然未買該店的鐘錶，但是為了替女兒繳鋼琴學費，也到這裏來換新鈔。對於這種客人，那位老闆同樣會客氣地應付著，絕對不會因為對方沒有購買該店的商品而不肯兌換，這種做法和一般商店有著很大的差異。

這種細心招待客人的態度，使得他的店時充滿人情味。如果你對這種作法不以為然，認為新鈔和污穢骯髒的舊鈔價值相同，一百就是一百，一千就是一千，沒有必要換來換去，那麼你所經營的商店必然沒有什麼人情味。因為這些並不僅僅是從小處著眼以爭取顧客，這實際上是在進行一場人性的戰爭，你只有以你所展現的人性優點——智慧，去利用對方人性上的弱點，才能贏得顧客的心，進而實現經營致勝的目標。

語言的力量，足以傾倒世人

關於語言的力量，中國有句老話，叫作「馬好在腿，人好在嘴」，筆者曾經頗不以為然：馬也好，人也罷，難道竟可以以一點決定全體嗎？而且「馬好在腿」倒還罷了，因為馬的用處畢竟主要在腿跑得快不快，遠不遠；「人好在嘴」這後半句，難道人的好歹不取決於才能與德行，卻取決於十分表面的言談嗎？但是隨著社會閱歷的增加，對這句話中的道理卻越來越折服了，因為倘非深交，人人不過憑外在表現來評價一個人而已，有誰會關注你的內在呢？而人的外在表現，最重要的就是言談。

但真正令筆者意識到語言的力量的，卻是希特勒。早在維也納流浪時期，這位後來的納粹黨魁、戰爭狂人就對語言的作用有了深刻的瞭解。他說：「前此歷史上一切群眾性的運動，都是語言的力量」；「宣傳，只要宣傳，愚蠢者比比皆是。」他是這麼說的，後來也的確是這麼做的，並且獲得了巨大的成功。儘管希特勒是一個十惡不赦的歷史罪人，他的說法也很難令人苟同，但他的確說出了一個事實，那就是語言對人們的呼風喚雨般的作用。在這一點上，我們不必以人廢言，法國偉大作家雨果不是也說過「語言就是力量」這句話嗎？

「語言就是力量」這個道理，在人際交往中尤其值得注意，它可以引導我們思考和掌握語言的藝術，並用來征服人心，戰勝對手。

話題是關鍵所在

談話首先必須有話題。談什麼這個問題對於一個談話者來說至為關鍵，因為如果話題錯了，就是有再高明的口才也無法取得好的效果。一位將軍不能不選擇他的戰場，同樣，一個高明的談話者也不可能不選擇他的話題。

但是，談話的對象千差萬別，談話的時間、地點等外在因素也在不斷地變化，怎樣才能選好話題呢？

我們當然不能不分對象和時間地點地去談論一個不變的話題，但是無論情況怎樣變化，卻有一個根本原則不會變化，這就是談論對方所感興趣的話題。

關於談論他人最以為重要或有趣的事情，耶魯大學教授費爾普早年就有過這種教訓。

「我八歲那年，有一個周末，我去拜望我的姑母林慈萊，並在她家度假。」費爾普在他的一篇關於人性的文章中寫道，「有一天晚上，一個中年人來訪他與姑母寒暄之後，便將注意力投向於我。當時，我正巧對船很感興趣，而這位客人談論的話題似乎特別有趣。他走後，我向姑母熱烈地稱讚他，說他是一個多麼好的人！對船是多麼感興趣！而我的姑母告訴我說，他是一位紐約的律師，其實他對有關船的知識毫無興趣。但他為什麼始終與我談論船的事情呢？

「姑母告訴我：因為他是一位高尚的人。他見你對船感興趣，所以就談論能讓你喜歡並感到愉悅的事情，同時也使他自己為人所歡迎。」

費爾普說：「我永遠記住了我姑母的話」。

一位名叫查利夫的人敘述了這樣一件事：

「歐洲舉行童子軍大露營，我要請美國一家大公司的經理資助我的一個童子軍的旅費。

「幸而在我去見這人以前，我聽說他曾開了一張百萬美元的支票，而這張支票退回之後，他把它置於鏡框之中。

「所以我走進他辦公室所做的第一件事就是談論那張支票——一張一〇〇萬美元的支票！我告訴他，我從未聽說過有人開過這樣的一張支票，我要告訴我的童子軍，我的確看見過一張百萬美元的支票了。他很欣喜地向我出示那張支票。我表示羨慕他，並請他告訴我其中的經過情形。」

你注意了沒有，查利夫先生沒有談論童子軍，或歐洲的露營，或他所要做的事？他談論的是對方所感興趣的。結果「稍過片刻，我正在訪問的人說道：『我順便問你，你要見我有什麼事？』所以我告訴了他。」

「使我非常驚訝地，」查利夫先生繼續說，「他不但即刻應許了我的請求，並且比我要求得還多得多。我只請他資助一個童子軍赴歐洲，但他竟資助了五個童子軍，另加上我，並讓我們在歐洲住七星期。他又給我寫了介紹信，介紹給他分公司的經理，讓他們幫忙。他自己又親自在巴黎接我們，引導我們遊覽城市。自此以後，他給那些家境貧苦的童子軍提供一些工作，而且現在仍在我們的團體中活躍地工作。

「但我知道如果我不曾找出他所感興趣的事，使他先高興起來，那麼我想接近他是多麼不容易！」

在商界，這不是一種很有價值的方法嗎？下面讓我們再看看另一個例子：

杜佛諾公司是紐約一家麵包公司，杜佛諾先生想把公司的麵包賣給紐約一家旅館。四年以來，他每星期去拜訪一次這家旅館的經理，參加這位經理所舉行的交際活動，甚至在這家旅館中開了房間住在那裏，以期得到自己的買賣，但他還是失敗了。

「後來，」杜佛諾先生說，「在研究人際關係之後，我決定改變自己的做法。我先要找出這個人最感興趣的是什麼——什麼事情能引起他的熱心。

「我後來知道，他是美國旅館招待員協會的會員，而且他也熱心於成為該會的會長，甚至還想成為國際招待員的協會的會長。不論在什麼地方舉行大會，他飛過山嶺，越過沙漠大海也要到會。

「所以在第二天我見他的時候，我就開始談論關於招待員協會的事。我得到的是一種多麼好的反應！他對我講了半小時關於招待員協會的事，他的聲調充滿熱情地震動著。我可以清楚地看出，這確實是他很感興趣的業餘愛好。在我離開他的辦公室以前，他勸我也加入該會。

「這次談話，我根本沒有提到任何有關麵包的事情。但幾天以後，他旅館中的一位負責人給我打來電話，要我帶著貨樣及價目單去。

「『我不知道你對那位老先生做了些什麼事，』這位負責人招呼我說，『但他真的被你搔著癢處了！』」

「試想一想！我對這人緊追了四年，想盡力得到他的買賣，若不費事去找他所感興趣的東西，恐怕我還得緊追不捨。」

有一位女歌星，從日本到香港，打算小住之後，便到東南亞表演歌舞。

她需要一兩個短劇本，而在她心目中，香港一位很有名的作家如果能夠為她動筆就太好了。這位作家學貫中西，文筆風趣，但他脾氣古怪，而且也很忙。

這位歌星打電話給她朋友，說她已得某導演的介紹，當晚要和某作家共進晚餐了，但她不知道怎樣向他開口提出請求。

「你究竟打算請他寫些什麼短劇？」

「隨便他好了，只要他肯寫就行。」

「這樣是不好的，他不明白你的需要，可能寫得不理想，等到他寫之後，你發覺不理想而又要請他修改時，問題便會變得嚴重了！」

「我最希望他替我寫啞女奇緣，不過要有新的內容，不要以前的故事。」

「這樣很好，他以前寫過不少這類東西，你只須說知道他寫過這些劇本，十分崇拜就行……」

過了兩天，這位女歌星給他朋友打電話，很高興的說：「他不等我提出要求便答應替我寫兩齣短劇了。」

她朋友說：「你們在晚餐時，你一直在談論他過去那些得意之作，是麼？」

「你猜得對，我主要是講起他的作品在日本如何受人喜歡。」

「對了，這是應酬中迎合別人的興趣所產生的成功。」

只要有心與別人接觸，話題實在很多。一個人所看到、聽到、感受到的事物都是很好的話題。你可以談理想、談社會責任感、談生活哲理；可以談工作體會、談同事關係、談友誼、談愛情；可以談書籍、電影、電視、戲劇，把你的欣賞感受發揮一番；可以談天氣、談遊樂、談衣食住行。

但是，有一些話是要小心避開的，例如：

對於你不知道的事情，不要冒充內行；

不要向陌生人誇耀你的成績，如個人成就，你的富有，你兒子特別聰明等；

不要在公共場合去議論朋友的失敗、缺陷和隱私；

不要談容易引起爭執的話題；

不要到處訴苦和發牢騷，這不是爭取同情的正確方法。

有時，對方談了一些你不願意談的話題，這時你就要採取迴避的辦法。一是開誠佈公地告訴對方：「也許這個問題一時難以說明白，以後再討論吧。」二是引開對方的注意力，如接過對方話中某個枝節問題，藉請教、闡發等辦法把話題引開。

我們再說一遍，選擇話題就像一位將軍選擇他的戰場，不能不充分考慮談話的對象、時間、地點等因素，但整體原則是不變的，這就是：你必須談對方感興趣的話題。

語而當，還要默而當

「語而當，難；默而當，尤難。」中國古人的這句話越琢磨越覺得對勁，因為從人性的本質來看，我們每個人當然最為關心的是自己，喜歡講述自己的事情，喜歡聽到與己有關的東西。由於這種心理，有些人便經常犯這樣一種錯誤——不喜歡聽人講話，他們要麼滔滔不絕地一人說個不停，不顧他人作何反應；要麼當人講話時，注意力不大集中，總是心不在焉。這種習慣實在有礙於人際交往。

要使人喜歡你，那就要做一個善於靜聽的人，鼓勵別人多談他們自己。傾聽在某種意義上也是一種交談，甚至是更重要的交談。

一位富於談話經驗的人談到這樣一件事：

「我最近被邀請去參加一個橋牌集會。我個人不玩橋牌——在場的一位金髮女郎也不玩，她發現我以前曾是羅維爾‧托馬斯進入無線電業之前的經理，也發現我在幫助他準備生動的旅行演講的時候，曾在歐洲各處轉過，因此她說：『啊！先生，我要請求你把所有你到過的那些美妙的地方，以及你所見過的那些美麗景色，全部告訴我。』」

「坐在沙發上，她說她和丈夫最近剛從非洲旅行回來。『非洲！』我叫起來，『多麼有意思！我一直想看看非洲，但除了有一次在阿爾及利亞待了二十四小時以外，我從沒去過。告訴我，你是否去過那個狩獵王國？真的，我多羨慕你，請把非洲的情況告訴我』。」

「四十五分鐘就這樣解決了。她一次也沒有問我到過什麼地方，看到什麼。她不想聽我談論我自己的旅行，她所要的只是一個感興趣的聽眾，她滔滔不絕地告訴我她到過什麼地方，這樣她才能提高她的自尊。」

「最近在紐約出版商格林伯所主辦的一個晚宴上，見到了一個著名的植物學家。我以前從沒有跟植物學家談過話，我發現他很有意思。我專注地坐在椅子邊沿傾聽著他談論大麻、印度以及室內花園。他還告訴我有關馬鈴薯的一些驚人事實。我自己有一座室內花園——他真好，教我如何解決我的一些難題。」

「我剛才說過，我們是在一個晚宴上，在場的還有十多個人。但是我違反了所有的禮儀，忽略了其他所有的人，只顧聽那位植物學家談話，聽了好幾個小時。

「午夜來臨了，我向每一個人道了別，走了。那位植物學家接著轉向我們的主人，說了幾句讚美我的話。說我是『最有意思』的人。他最後說，我是一個『最有意思的談話家』。」

一個最有意思的談話家？我？哈，我幾乎沒有說過什麼話；如果我要說話而不改變話題的話，我也說不出什麼，因為我對植物，就像我對企鵝解剖一樣一竅不通。但是我做到了這點：專心地聽講。因為我真誠地感興趣，而他能夠感覺到這一點。自然，這使他高興。

「專心地聽別人講話，是我們所能給予別人的最大的讚美。傑克烏弗在《陌生人在愛中》裏寫道：『很少人經得起別人專心聽講所給予的暗示性讚美。』我不只是專心聽他講話，我還『誠於嘉許，寬於稱讚。』

「我告訴他，我感到非常有意思，受益良多——我的確是如此。我告訴他，我希望擁有他的知識——我的確是如此希望。我告訴他，我想同他漫遊大地——我真的是那麼想。我告訴他，我必須再見見他——我真是必須如此。」

因此，我使他認為我是一位優秀的談話家，而事實上我只是一位好聽眾，鼓勵他開口而已。」

上述經驗是富於啟示性的。專心地注意那個對你說話的人是非常重要的，再也沒有比這個更有效的了。

一位貧窮的荷蘭移民小孩，在放學之後為一家開麵包店的寡婦擦洗門窗，一週五十美分。他家實在太窮了，他經常提著一個籃子到街上去，拾取來往的運煤車掉在地上的煤屑。這個小孩——愛德華·巴克，一生中沒有受過六年以上的教育，但他終於使自己成為美國新聞業中最成功的雜誌編輯之一。他怎麼做到的？他十三歲的時候就休學了，在西聯公司當學徒，周薪六元二十五分，但他從沒有一刻放棄受教育的念頭。於是，他開始自學。他節省車資，不吃午飯，直到他節省了足夠的錢，買了一套美國名人傳記大全。接著他做了一件前所未聞的事。他讀了那些名人的傳記，然後寫信給他們，請他們進一步提供孩提時代的資料。他是一名好的聽眾，他鼓勵名人談論他們自己。他寫信給當時正在競選美國總統的詹姆斯・格爾弗將軍，問他以前是否當過運河上的拖船員，格爾弗回信了。他寫信給格蘭特將軍，請教他某一個戰役，於是格蘭特畫了一張地圖給他，邀請這位十四歲的小男孩吃晚飯，並且跟他談了一個晚上。

他寫信給愛默生，鼓勵愛默生談談他自己。這位西聯公司的學徒，不久之後就跟許多美國著名的人物通信了：愛默生、菲利普・布洛克、奧利佛・霍姆斯、林肯夫人、路易莎・亞爾克特、謝爾曼將軍、傑弗遜・戴維斯。

他不只跟這些名人通信，而且一到假期就造訪他們中的許多人，成為座上客。這些經歷使他樹立了一種金錢無法換取的信心，並且有事業家的遠大眼光——就是這些決定了他的一生。而這些之所以變成可能，主要是因為應用了談論對方感興趣的話題這個原則。

因此，如果你想成為一名優秀的談話家，就做一個注意聽話的人。請記住：傾聽也是一種交談方式，甚至是更主要的交談。

說服他人的方法

語言的重要作用之一，是用來說服別人。語言的這個作用，是任何人都離不開的，因為人不可能只是傾聽，也不可能只談論別人感興趣的話題，總有些意見需要別人的認同。假如不必說服人，語言的用處就大打折扣了，而許多事情也將因而無法統一協調地進行，那樣還談什麼工作與事業？甚至連日常生活也會因人們的各行其是而混亂不堪。

說服的工作如此重要，那麼怎樣才能有效地說服別人呢？

戴爾・卡耐基有一個著名的比喻，即想要釣魚，就要問問魚想吃什麼。也就是說，唯一能影響別人的方法，是站在對方的立場上，教他怎樣去實現自己的願望。

卡耐基曾談到他自己經歷的一件事：

「我向紐約某家飯店租用大舞廳，每一季用二十個晚上，舉辦一系列的講課。

「在某一季開始的時候，我突然接到通知，說我必須付出幾乎比以前高出三倍的租金。我得到這個通知的時候，入場券已經印發，發出去了，而且所有的通告都已經公佈了。

「當然，我不想付這筆增加的租金，可是跟飯店的人談論我不要什麼，又有什麼用？他們只對他們所要的感興趣。因此，幾天之後，我去見飯店的經理。」

「『收到你的信，我有點吃驚，』我說，『但是我根本不怪你。如果我是你，我也可能發出一對類似的信。你身為飯店的經理，有責任儘可能地使收入增加。如果你不這樣做，你將會走路，而且也真的該走路。現在，我們拿出一張紙來，把你可能得到的利弊列出來，如果你堅持要增加租金的話。』

「然後，我取出一張信紙，在中間劃一條線，一邊寫著『利』，另一邊寫著『弊』。

「我在『利』這邊的下面寫下這些字：『舞廳空下來』。接著我說：『你有把舞廳租給別人開舞會或開大會的好處。這是一個很大的好處，因為像這類的活動，比租給人家當講課場地增加不少收入。如果我把你的舞廳佔用二十個晚上來講課，對你當然是一筆不小的損失。

「『現在，我們來考慮壞處方面。第一，你不但不能從我這兒增加你的收入，反而會減少你的收入。事實上，你將一點收入也沒有，因為我無法支付你所要求的租金。我只好被逼得到別的地方去開這些課。』

「『你還有一個壞處。這些課程吸引不少受過教育、水準高的群眾到你的飯店來。這對你是一個很好的宣傳，不是嗎？事實上，如果你花費五千美元在報上登廣告的話，也無法像我的這些課程能吸引這麼多的人來看看你的飯店。這對一家飯店來講，不是價值很大嗎，對不對？』」

「我一面說，一面把這兩項壞處寫在『弊』的下面，然後把紙遞給飯店的經理，說：『我希望你好好考慮你可能得到的利弊，然後告訴我你是最後決定。』

「第二天我收到一封信，通知我租金只漲百分之五十，而不是百分之三百。

「請注意，我沒有說出一句我所要的，就得到這個小減租。我一直都是在談論對方所要的，以及他如何能得到他所要的。

「假設我做出平常一般人所做的：假設我怒氣沖沖地衝到他的辦公室去說：『你這是什麼意思，明明知道我的入場卷已經印好，通知也已經發出，卻要增加我三倍的租金？增加三倍！豈有此理！荒謬！我不付！』

「那麼情形會怎樣呢？一場爭論就會如火如荼地展開——而你知道爭論會有什麼後果。甚至即使我使他相信他錯了，他的自尊心也會使他很難屈服和讓步。」

關於做人處世，這是一句至理名言。「如果成功有任何秘訣的話，」亨利・福特說，「就是瞭解對方的觀點，並且從他的角度和你的角度來看事情的那種才能。」

這段話真是太好了，可以說放之四海而皆準，中國古代惠施的例子就是證明。

戰國時期，西元十六年，魏惠王駕崩，即將繼位的襄王以太子的身份主持喪禮。不料在即將按規定日期下葬的時候，突降大雪，積雪很快高達三四尺，國都大梁的內城和外城都有不少地方崩坍了。

惠王的陵墓選在北部山區，送葬隊伍經過狹窄陡峭的棧道，十分危險。大臣們紛紛向太子建議推遲下葬的日期，他們說：「這麼大的雪，如果按期下葬，必定勞民傷財，損失太大，國家恐怕也擔負不了這樣的開支，應以改期為好。」

太子堅持原定的計劃，不肯改期。他認為，做兒子的必須謹守傳統的禮儀，克盡孝道，不能因為雪大和費用而破壞禮儀，這樣做是不符合原則的。

太子的態度十分強硬，毫不讓步。

大家看到誰也沒有把握能說服太子，覺得這事確實很困難，決定請當時著名的哲學家惠施勸太子不要固執己見，使國家人民遭受損害。惠施爽快地接受了大家的要求。

惠施進入宮廷，望見四處白幡飄揚，又觸動了對舊日君主惠王的思念，感到自己今天為減少國家和人民的損害來見太子，說服他修改葬期，這是對死去惠王應盡的責任，精神不禁為之一振。惠施緊趕幾步，走入內宮，拜見太子。惠施以悲痛與無限關注的口吻詢問太子說：「下葬的日子定了嗎？」

「定了！」

惠施接著慨歎地說：「過去周文王把父親安葬在雩縣的南山腳下，不料，鸞水沖刷了墓地，使棺柩的前頭露了出來，大家都很驚慌。文王卻別有所悟地說：『嘻！這是先君還想見一見他的臣屬和子民，所以讓鸞水把他的棺頭沖刷出來。』文王於是把父親的棺柩挖出來，重設在靈帳裏讓大家朝拜，三天後改葬在別的地方。這就是文王處理事情的方法啊！」

「文王真是一位有頭腦、有辦法的人物啊！」太子讚佩地說。

惠施感到太子的思路已有可能向自己的方面靠攏，隨即靠近正題說：「現在我們先王下葬的日期已經定了，無奈雪太大，積雪這樣厚，難以行走。太子殿下堅持不更改原定的日期，是不是略為性急了一點呢？我的意思是最好更改一下日期。因為我覺得這是先王有意要在地面上多停留幾天，看看他的江山社稷和眾多的臣民，所以使雪下得這麼急、這麼大。由此而推遲一下時日，讓先王的意願能夠實現，這正是當年周文王的做法啊。太子如果不這樣做，難道是不佩服周文王了嗎？」

太子聽了，連連點頭說：「好，好！我一定領會先王的意願，推遲下葬，等雪化後，再重新選定日期。」

惠施所用的說服方法，就是站在對方的立場來設身處地為之謀劃的方法。太子雖然一時衝動，把話說絕了，但是作為即將登基的新君主，顯然不願把自己和群臣的關係搞僵，何況君臣的意見是有道理的。他要改正所作決定，又必須有一個臺階，而惠施的做法就是給他一個臺階。正是這個臺階，使看似與太子意見相左的勸說被欣然接受，進而解決了一個進諫的難題。

讀到這裏，讀者或許已經完全明白說服力的奧秘所在了，那就是站在對方的立場，設身處地地為他謀劃。但是讀者會提出一個問題：替對方設想雖然能提高說服力，但是這與語言又有什麼相干呢？

的確，這個問題和語言幾乎不相干，因此似乎難以說明語言的力量這個問題。但是，豈不聞「功夫在詩外」這個說法？

寫詩的功夫在詩外，說服的語言也是同一道理。如果我們在這裏置設身處地為對方謀劃這個要點於不顧，卻有板有眼地大談語言修辭之類，豈不是捨本逐末？顯得雞零狗碎，況且既然談的是說服的立場和角度，既然說服必須使用語言，又怎能說和語言不相干呢？語言如果脫離了立場和角度，還哪裡談得到藝術呢？

當然，語言本身的力量也是必須加以重視的，這包括語言的錘煉、修辭的運用、給語言注入情感、注意語氣和婉風趣等等。然而這些屬於語言學本身的問題，還是讓語言學家去談論好了。

特立獨行難用世

超凡脫俗，特立獨行，是許多青年的人生理想。偶像們的表演和傳媒的妙作，使這種卓而不群的品格變得更加令人嚮往。然而不具有這種風格也許是你的福氣，因為那些真正的特立獨行者命運都很悲涼。

我們生活在一個被「多數」主宰的世界上：權力是「多數」賦予的，法律是「多數」通過的，明星是「多數」捧紅的，富翁是「多數」養肥的。而「多數」的實質就是平庸。在這樣一個平庸具有否決權的世界上，即使你真是一個超凡脫俗的人，也要把真相掩藏起來，力求和大家融為一體。

木秀於林，風必摧之

人性中有妒嫉的一面。誰都不願意別人比自己強，無論是在才能上、名譽地位上，還是在品德上。妒嫉的結果是遠離乃至圍攻那個鶴立雞群的人，因為在鶴的反襯之下，雞實在顯得太鄙俗而缺乏光彩和神韻了。在這個意義上，妒賢嫉能、黨同伐異可以說也是人類的天性。

屈原是戰國時期楚國的政治家、詩人。

屈原輔佐楚懷王，正在戰國七國爭雄之時。楚懷王即位初年，很想有一番作為，曾合縱之長。屈原希望變舊更新，懷王很信任他，委以起草、宣佈國家政令的重任。

當時楚國朝廷中佞臣充斥，與屈原同列的上官大夫就是其中的一個。他向懷王進讒言說：「大王派屈原起草憲令，眾官莫不知道。每次條令頒佈，屈原就得意洋洋地到處自吹自擂，說不是我屈原，誰也寫不出這樣好的憲令！」

楚懷王是個昏聵庸懦的國君，不加調查辨明，就疏遠了屈原。屈原的被疏遠，根本原因還在於他的政治改革計劃觸犯了貴族們的利益。

屈原被疏遠以後，秦國派張儀出使楚國，以「給六百里土地給楚國」誘惑楚懷王。楚懷王目光如豆，改變聯齊抗秦的政策為絕齊親秦的政策。秦國食言毀約，懷王惱怒，又輕率出兵攻打秦國。由於沒有外援，楚國大敗，還讓秦國佔領了漢中之地。在岌岌可危的形勢下，屈原被懷王再次派往齊國，以圖恢復楚齊交好，與秦國抗衡。

不久，秦昭襄王提出秦楚兩國聯姻，要與懷王會見。屈原對楚懷王說：「秦乃是虎狼之國，不可信。楚國被秦欺騙，不是一兩次。我擔心大王去了，一定回不來！不如不去！」

相國昭睢表示贊同：「屈大夫的話是對的。大王不要去。趕快派兵防守，以防秦國入侵。」

但楚懷王還是去了秦國。如屈原所料，楚懷王果然被扣留，最後死在異鄉。這時，屈原已被趕出朝廷，流放到漢水以北地區。

楚懷王死後，長子頃襄王繼位，以其弟子蘭為令尹。子蘭不但不自責勸懷王入秦的過錯，反而指使上官大夫向頃襄王誹謗屈原。

屈原不怕奸佞，屢次進諫，勸頃襄王進賢遠佞，選將練兵，以雪懷王客死暴秦之恥。

上官大夫乘機向頃襄王奏道：「屈原因為是大王同姓，卻沒有得到重用而心懷不滿。他還對人說大王忘記了秦國殺父之仇為不孝，子蘭等反伐秦為不忠。」

偏聽偏信的頃襄王大怒，再次把屈原流放到江南地區。屈原輾轉飄泊在沅、湘一帶大概有九年之久。他慢慢地順著沅江，向長沙走去。他看著滔滔江水，吟唱著他的理想和情感的結品——《離騷》。他怨恨楚王的昏昧，不辨忠奸；他憤怒斥責奸佞貴族把楚國引向絕境；他決不向黑暗勢力屈服，決不改變志向與世俗同流合污。

屈原披散長髮，臉色憔悴，形容枯槁，在江南迷蒙細雨中悲歎著，吟詠著他的千古絕唱。最後，這位忠貞愛國的偉大詩人和政治家投江而死。

屈原的被疏遠、被流放，以致最終投江而死，根本原因是他的品格太高潔了。在一片降秦之聲中獨自高呼抗秦，在一片反對聲中堅持有損反對者利益的改革，而又沒有任何權變和防衛措施，即使不遇小人，也是危險的。

天寶元年，唐玄宗詔令薦舉博學、文辭英秀及軍謀武藝者，李白因詩名震動京師而被推薦。當他在安徽南陵接到徵召去長安的詔書時，掩飾不住內心的狂喜和躊躇滿志的心情，在《南陵別兒童入京》的詩中說：「會稽愚婦輕買臣，余欲辭家西入秦。仰天大笑出門去，我輩豈是蓬蒿人！」

由於受玉真公主（唐玄宗的妹妹）、賀知章等人的稱譽，李白的《蜀道難》等詩作轟動長安，李白受到唐玄宗的隆重接見。接見那天，唐玄宗像漢高祖接待「商山四皓」一樣，以七寶床賜食，親手調羹給李白吃，並命人給詩人換便鞋。

李白便把腳向皇帝身邊的宦官高力士伸過去，叫道：「給我脫靴！」高力士不得不委屈地給詩人脫下靴子。

高力士本是唐玄宗身邊的紅人，連宰相李林甫、楊國忠、武將安祿山都要巴結他，太子李亨稱他為二兄。但在李白眼裏卻是比草芥還渺小。

後來，一次唐玄宗和楊貴妃在興慶宮沈香亭觀賞牡丹，把李白叫到營中，即席賦《清平調詞》三首，描寫了楊貴妃體態的美豔，楊貴妃很高興。

楊貴妃再三吟唱，高力士乘機挑出其中「借問漢宮誰得似？可憐飛燕倚新妝」兩句，悄悄說：「奴才原以為娘娘聽了李白此詞一定會恨入骨髓，娘娘怎麼反而這樣喜歡此詞呢？」

楊貴吃驚地問：「翰林學士會用此詞來侮辱我嗎？」

高力士陰險地挑撥說：「他以趙飛燕來比喻娘娘，對娘娘真是莫大的侮辱！」原來，趙飛燕是漢成帝的寵妃，又與燕赤鳳通姦。

從此楊貴妃常對玄宗說李白輕狂酗酒，無人臣之禮。寵妃、權貴的讒毀，使唐玄宗疏遠了李白，不召他侍宴，也不留宿殿中。李白內心十分苦悶，經常「停杯投箸不能食，拔劍四顧心茫然」，卻又想著國家大事：「長風破浪會有時，直掛雲帆濟滄海。」

天寶三年，李白知道留在長安已再也不能有所作為，便上疏請求還山。玄宗問他有什麼要求。

李白答道：「臣一無所需，但得杖頭有錢，日沽一醉足矣！」玄宗便給他一些賞賜。李白離開長安時，已四十四歲。

杜甫詩言李白「飛揚拔扈為誰雄」，寫盡李白的性格特徵。這種人如果能在長安城裏久事功名，那才不可思議。

莊子在其著作中曾經講到「意怠」，是一種以平庸為特色的鳥。別的鳥飛，它也跟著飛；傍晚歸巢，它也跟著歸巢。隊伍前進時它從不爭先，後退時也從不落後。吃東西時不搶食、不脫隊，因此很少受到威脅。表面看來，這種生存方式顯得平庸保守，但是仔細想想，這樣做也許是最可取的。看似平庸，但能有效自我保護的一種方法。

和光同塵的妙用

所謂「和光同塵」，語出《老子》，意思是如果自己的形象太光輝了，就使它柔和一些，而不至於太顯著；如果別人身上有塵土，那麼自己就不應該顯得太潔淨，而應該與別人保持一致。顯而易見，這是自我保護的又一種好方法。

司馬徽，字德操，號水鏡先生。松形鶴骨，器宇不凡，有濟世之才。劉備正是在水鏡先生指點下，才得臥龍、鳳雛的相助，從而建立蜀國，形成三國鼎立之勢的。

這位司馬德操雖有濟世之才，但眼見漢末戰亂，又居住在為人陰險、嫉賢妒能的劉表統治的荊州，為了避害，假裝成一個十足的鄉愿，也就是好好先生。

有人問他：「張三如何？」
他說：「好！」
又有人問他：「李四怎樣？」
他還是回答：「好！」
所有人問他，不管問什麼，他都說：「好！」
他的夫人勸他說：「大家有問題都來問你，是尊重你，看得起你。你應該認真答覆。什麼都說好，那人家還問你作什麼呢？」
水鏡先生淡淡一笑，回答說：「夫人所說，也說得好！」
令他夫人啼笑皆非。
就這樣，再也聽不到人們對他的稱譽了。一談起他，人人都說他是個好好先生。
然而，劉表手下有位謀士，深知司馬德操是位濟世之才，就向劉表推薦，希望劉表能夠重用他。
劉表聽後，喬裝去見司馬德操。問了許多話，只得到一個字的答覆，那就是：好。
回來後，劉表氣憤地對那位謀士講：「司馬德操只是個平庸的好好先生，有什麼用！」
就這樣，司馬德操免除了劉表對他的疑忌，無咎無譽地安隱於荊州。
見到劉備時，司馬德操已知劉備是「天命所歸」的人，仍然經常只說一個好字。請看羅貫中的描寫：

玄德求問姓名，水鏡曰：「好！好！」

玄德再問臥龍、鳳雛是誰，水鏡只言：「好！好！」

……

真是好一個活脫脫的好好先生！

對疾賢妒能的劉表，只答「好，好」是對的。對「天命所歸」的劉備也答「好，好」，就不可理解了。水鏡先生以濟世之才，終生一事無成，也許這正是隱者的理想吧。凡人如此是會吃不上飯的。如果司馬德操的例子屬於「和光」之法，那麼下面這一例就可以看作「同塵」之道了。

嬴政登位後，秦國東征西伐，不斷傳來捷報，版圖越來越大。

西元前二二四年，嬴政令王翦率六十萬大軍去攻打楚國，嬴政親自來給大軍送行，以鼓舞全軍士氣。

送行會後，王翦向秦王提出要求：

「大王，這次若是我攻下了楚國，請多多賞賜我良田湖池，金銀錢財。」

秦王嬴政說：「只要打了勝仗，我一定論功行賞。你放心帶兵打仗去吧？」

王翦好像不相信似地說：「希望大王到時候一定要兌現啊！」

六十萬大軍在王翦指揮下，節節勝利。每一次派人去報捷，王翦都要令人順便邀功請賞。

兒子王賁感到很羞恥，對他父親說：「人人都說你貪，連我這個做兒子的都無臉面了。你能不能不要這樣貪？」

王翦看了看，四周無人，才一本正經地說：「兒子，你太嫩了。你懂不懂，老子帶領六十萬大軍，稍不注意，就要引起秦王疑心，秦王生了疑，我的腦袋不保，全家性命也難保。你懂不懂功高蓋主的道理。我向秦王要賞賜，就是要他對我放心，認為我是貪戀財富、不貪權勢的人，只有如此，方可保我王氏榮華富貴。」

王賁這才知道父親的用心良苦。

王翦這次很快攻下了楚國，他馬上派人回去報信，又要人向秦王討封求賞。秦王接到王翦消滅楚國的消息後，親自出城迎接大軍，並封王翦做了武成侯，賞給他好大一片良田美宅。

不久，王翦告老還鄉。

在家鄉，他已是富甲一方的超級大戶了，可是，他還不滿足，用秦王給他的賞錢，又買了許多田地，說是為兒孫置辦產業。每天無事，王翦就帶著幾位嬌美的小妾，四處遊玩，喝酒調笑，一副浪蕩無羈的樣子。

就這樣，秦王對他從不懷疑，王翦因此平安度過一生。後來，他的兒子王賁也依照他老子的秘方，一副貪婪的樣子，沈迷於酒色，多置田產，也得秦王的放心重用。

這個故事不是教人做貪官，而是教給人一種自保的策略。功高名盛之時，不妨給自己描上些小小的污點，於己無害，叫別人寬心。

功名隆盛，何以招禍？道理很簡單：聲高蓋主則上司必疑，同事必妒，部下必敬而遠之。人非聖賢，孰能無過？欲加之罪，何患無辭？只怪人心險惡毫無意義，別人的心不會為你的命運而改變。聲譽和名望不可不求，它畢竟會給我們帶來諸多利益。也許，因此，如果無法「大隱於市」，只有把自己的功名與周圍人的利益聯繫在一起，才能在積極進取的同時一路平安。

「我的成績是在長官和同事們的幫助下才有這樣的成果，它不屬於我一個人的！」讓大家都沾光，最亮的還是你。

求同存異，和而不流

齊景公出外打獵，梁邱据與往常一樣，在齊景公周圍寸步不離。

看著梁邱据一副忠實的奴才相，齊景公十分高興地對晏子說：「唯有梁邱据與我相和。」

晏子反對說：「梁邱据只是與您相同罷了。」

齊景公疑惑地問：「和與同有什麼不同？」

晏子說：「和與同是根本不同的。比如做佳餚，要水要火，要各種佐料，要把這些都用得恰到好處，才能做出佳餚來，這些不同的東西和在一起，恰到好處，就叫做和。

「如果君主說是，人臣講還有不足的地方；君主講不是，人臣講還有可取的地方，使君臣不同意見相參照，這也是和。

「相反，君主講是，臣也講是；君主講不對，臣也講不對，這就是同了。猶如水上加水，火上加火，同一種事物簡單相加。

「梁邱据從來對你的話沒有反對意見，怎麼能說是和呢？」

聽了晏子這番著名的「和同之辨」，齊景公似乎才明白了過來。梁邱据在一旁聽了，臉色一陣紅，一陣白，氣得咬牙切齒。但他拿晏子沒辦法，只好忍受著。

齊景公轉頭問梁邱据：「你覺得晏子說得如何！」

梁邱据皮笑肉不笑地講：「晏子真不愧為當今的聖賢，把個和與同說得清楚極了。但是，齊王你是君主，我是臣子，作臣子哪能不聽君主的話呢？如果君主說一，臣子說二，君王還有什麼威信呢？我是君主的忠實臣子，當然什麼話都要按君王的調子來講，這樣，全國才會有你君主的統一權威呀！」

聽了梁邱据這番話，齊景公不住地點頭。

晏子在一旁見了，不住地歎息。

在這個例子中，晏子與梁丘據對和與同各有一番議論，其中晏子清楚地說明了和與同的區別，表明了君子和而不同的嚴正立場，揭示了小人同而不和的突出特徵，在歷史上非常有名。但是梁丘據這個小人卻根據應當服從君子這個前提，以詭辯的手法，為自己的諂媚之同找到了理由。君子與小人的原則，由此更加顯著。

所謂「和而不同」，就是在與人相處或共事時，雖然懷著求同之心，卻必須能夠存異，能夠堅持道義的立場而不苟同於人。這一點對今天的人們來說，仍有很強的指導意義。

孔子身高九尺六寸，魯國號稱「高人」。他在魯國招生授徒，弟子三千，賢人七十二。因才學甚高，各國國君都是無眼界的庸才，所以周遊列國而無所用，又回到魯國。

魯國由孟孫、叔孫、季孫三家當政，而季孫氏為宰相。孟孫氏的孟無忌向季孫氏的季斯推薦孔子，孔子被任命為中都宰，魯定公不久又任命孔子做了司空。

季斯家中有位家臣，名為陽虎，是為居心叵測的陰謀家。他勾結叔孫家中的叔孫輒、費邑，要想殺掉三家執政，由他們三人來代替。

陽虎知道孔子是位人才，要實現他的計劃，就得拉攏孔子。他於是傳話給孔子，要孔子去見他。雖然魯國除國君、季斯外，誰人都要給陽虎八分面子，但孔子理都未理。

孔子不來，陽虎又心生一計，派人給孔子送去一頭蒸豬。心想：你孔子是講禮的人，一定會來我家登門道謝。

陽虎的用心，孔子早就看出來了。孔子就派弟子去偵查，知道陽虎不在家時，專門跑去留下一張名帖給陽虎。

孔子知道陽虎作亂的陰謀就快實施了，他就找到孟無忌，悄悄告訴他預作準備。

聽了孔子的話，孟無忌開始佈置，在城南修起一坐營盤，在內隱藏著數百名武士。

在季斯祭祖的時間，陽虎串通黨羽、同謀要興風作浪了。季斯發覺了陽虎的行動，帶著戰車衝了出來，跑到孟無忌的軍營。

陽虎帶人攻到孟無忌的軍營，相持不下，後來，幸得助兵，才打敗了陽虎，平息了這場叛亂。

對陽虎那樣的壞人，孔子仍然以禮相待，但在以禮相待的同時，又堅持了原則和節操，這是君子與小人相處的著名例子。

在日常生活中，我們遇到的絕大多數人都並非陽虎那樣的人，在交往的過程中，也很少遇到原則問題。在這種的情況下，就應該儘量捨棄一些個性特點，謀求與不同的人友好相處了。在這方面，有如下意見供讀者參考：

首先，要承認差別。俗話說，花有幾樣紅，人與人不同。認識到這一點，就不會強求別人處處和自己一樣，就可能容忍相互間性格上的差別，不同性格的人之間，也就可能會減少一些反感和厭煩情緒。

第二，求同存異。共同的興趣和愛好能將人聚集在一起，共同的目標和志向能使人走到一塊。所以，人與人「合群」與否的關鍵，在於雙方是否能就相同之處產生「共鳴」。在人際交往中，要儘量尋找雙方的共同點，把相互間相左的性格特點放在交際的次要位置，求大同存小異。

第三，尊重別人的隱私。與人交往，最重要的是尊重對方的人格和權利，維護對方的自主權、獨主權。如果你強烈地感覺到對方有任何心事，哪怕是十分好奇，也有一種非常願意幫助朋友的動機，也不應去打聽對方的這種心事。不要以為朋友不說便是不信任自己、不願與自己交心。要容忍對方的這種沈默。

最後，多發現別人的優點，取長補短。急性子的人，不要看不慣慢性子的人，要看到慢性子的人考慮問題有時候可能比較周全，特別是做某種需要耐心的工作，他就很恰當。慢性子的人，也不要討厭急性子的人，要看到急性子的人做事往往不拖拉、很迅速。要多看到別人的優點，注意取長補短，這樣大家不僅能夠和睦相處，相互還會有所補益。

反覆無常的人，眾叛而親離

中華民族是十分看重「忠義」美德的，反覆無常的人歷來被看作小人而不齒。但是難道一旦與某人結成朋友，或投身某人或某種勢力，就一輩子不能改變了嗎？若是這個人或勢力是邪惡的？另一方面，如果一個人交錯了朋友，或投錯了勢力，就應該棄暗投明，甚至反戈一擊，難道這樣做了之後，竟還要背上叛徒或小人的惡名嗎？

這的確是一個很大的難題。

但是再難的問題也有解決的辦法，讓我們來討論一下，其中應該有什麼樣的原則和技巧。

背叛過去，往往會斷送將來

中國人特重倫理、道德，對人的評價也往往以道德為唯一標準。不是「忠臣」就是「奸雄」，不是「好人」就是「壞蛋」，不是「君子」就是「小人」，這種非此即彼的兩分法雖然簡單乃至孩子氣，卻幾乎成了一種定式。是「忠臣」、「好人」、「君子」則推崇備至，甚至頂禮膜拜，是「奸雄」、「壞蛋」、「小人」則恨不能食肉寢皮，視之為「不齒於人類的狗屎堆」。其中最典型的表現，可推對《三國演義》中的關羽和魏延的不同態度。

關羽，字雲長，人稱關公，為人忠義持重，武藝超群。值東漢末年，朝庭腐敗，戰爭連綿，關羽與劉備、張飛在桃園結為兄弟，決心振興漢室，從此成為劉備手下一員不可多得的戰將。

曹操為爭天下，蓄謀除掉劉備，發兵二十萬，分五路下徐州攻打劉備。劉備寡不敵眾，敗後隻身匹馬投奔青州袁紹。當時關羽護衛著劉備的兩個夫人死守下邳。曹操十分敬慕關羽的武藝人才，渴望關羽能夠成為自己的部將，便用計攻破下邳，又派自己的部將、與關羽有過一面之交的張遼去說服關羽暫棲曹營。而後，曹操費盡心機對其施以厚恩，企圖讓關羽歸順自己。

曹操安排關羽與劉備的兩個夫人同居一室，企圖以此擾亂劉備與關羽的君臣之禮、兄弟之義。但關羽手持燈燭守護於門外，通宵達旦，毫無倦色。曹操此計不成，愈加敬佩關羽。

到了許昌，曹操領關羽見過漢獻帝，獻帝下詔封關羽為偏將軍。曹操擺筵席請關羽坐上座，會見眾謀臣武士。曹操又撥給關羽一座府第，贈送早已準備好的綾帛，金銀器皿及十名美女。自此三日一小宴，五日一大宴地款待關羽。

關羽將府第分為兩院，內院請二位嫂嫂居住，派由下邳跟隨而來的將士十人把守，自己居於外院。又將曹操所贈金銀財帛都送到二位嫂嫂處收貯，並命十名美女好生服侍她們，自己每三日一次到內院門外施禮問安，直到二位夫人說：「叔叔自便。」方敢退回。

曹操見關羽穿的戰袍已舊，便估算其身量，選用上等織綿請人精心縫製一領戰袍贈與關羽。關羽穿上新衣，卻將舊袍罩在外面，曹操笑問關羽為何如此節儉，關羽說：「並非節儉，只因那舊戰袍是劉皇叔所賜，穿著它就好像看見了哥哥。」曹操聽罷又喟歎了一番。

關羽在曹營時思念劉備，有時理著鬍須自言自語：「活著不能報效國家，而今的處境又違背結義兄弟的初衷，真是白白地活著！」曹操便命人縫製一隻精美的沙綿袋，送與關羽護鬚。

曹操見關羽的馬瘦，便命左右牽來一匹馬贈送於他。只見那馬渾身赤如火炭，形狀高大雄偉，背上的鞍轡十分精致秀美。關羽一眼認出這是呂布曾經騎過的赤兔馬，立即躬身一再拜謝。曹操不解地問：「我送你那麼多的金帛和美女，你不曾拜放，而今送了一匹馬，你卻高興得一拜再拜，為什麼把畜牲看得比人還貴重呢？」關羽答道：「這馬一日可行千里，今天我很幸運能得到它。有朝一日如果得知兄長劉備的下落，我騎上這馬只需一天就能跑到兄長所在的地方。」曹操見自己如此厚待關羽，關羽卻毫無歸順之意，心中著時不樂，便將心事說與張遼聽了。

張遼去拜訪關羽並與他敘談。關羽說：「我自然知道曹丞相待我的厚恩。但我已與劉備、張飛誓共生死，決不背棄。我雖不能留在曹營，但一定要立功報答曹丞相的厚恩而後離去。」張遼又問：「如果劉備已經不在人世，您將做何打算？」關羽答道：「願隨兄長於九泉之下。」張遼知道關羽遲早要離開曹營，如實報告曹操。曹操長歎說：「事主不忘其本，真乃天下義士！」

不久，袁紹依劉備之見攻打曹操。袁紹的大將顏良連斬曹操兩名戰將。曹操心中憂煩，派人請關羽出馬。關羽辭別二位嫂嫂，領了幾個隨從，騎上赤兔馬，手提青龍刀，直衝入顏良軍陣。

顏良在麾蓋下遠遠見關羽跑來，還沒弄清情由，那赤兔馬已衝到面前，只見關羽手起刀落，將顏良刺於馬下，隨後翻身下馬，割下顏良首級拴於赤兔馬頸，飛身上馬出陣，猶如無人之境。顏良的軍隊不戰自亂。過了幾天，關羽又不費吹灰之力砍殺袁紹名將文醜，奪回曹操的兵馬糧草。曹操連稱關羽：「真神人也。」遂上表朝廷，皇上封關羽為漢壽亭侯，特鑄金印送給關羽。

後來，關羽知道了劉備的下落，便護衛著兩位嫂嫂，千里走單騎，過五關，斬六將，一路征塵來會。劉、關、張三兄弟和一處，重又開始了匡扶漢室的艱苦征戰。

由於關羽的忠義作為，他成了幾乎全國人民崇拜的偶像，近兩千年來香火不絕，甚至成了與孔子並駕齊驅的「武聖」。

如果說關羽的忠義是值得讚美的，那麼像魏延那樣棄暗投明的人就也應該得到讚美，然而不幸的是，魏延不僅死在了新陣營的刀下，而且留下了千古罵名。

魏延是東漢末年一位驍勇善戰的著名將領。關羽攻打長沙的時候，他是長沙太守韓玄手下部將。韓玄為人殘忍，統治暴虐，抵抗關羽時對主將黃忠極不信任，甚至要以莫須有的通敵罪名將黃忠處死。魏延由於義憤，率眾殺掉韓玄，開城迎接關羽，為攻打長沙，立下了功勞。

然而長沙剛剛佔領，論功行賞尚未完畢，諸葛亮便下了一道令人驚奇的命令：將魏延推出門外斬首。後來經眾人一再勸說，諸葛亮才饒魏延不死，但還是咬牙切齒地告誡：今後如有背叛之心，我早晚取你性命！

魏延投靠劉備之後，屢建奇功；由於劉備為人寬厚，也曾一再提拔重用。

建興五年諸葛亮準備北伐時，任魏延為督前部，領丞相司馬、涼州刺史。

諸葛亮在漢中召集將領商議北伐之事。魏延建議諸葛亮率主力去斜谷，由他自己率精兵從褒中出子午谷，直插長安，兩路人馬夾擊曹兵。他還詳細分析了行軍時間、敵我軍力情況及糧草供應情況。

當時，魏大將司馬懿也這樣分析，他說：「如果我來用兵，從子午谷直接進攻長安，早就拿下來了。」

但是，諸葛亮認為魏延的行軍路線是危險山道，不如走平坦道路安全，奪取隴古十拿九穩，所以沒有採納魏延的意見。

魏延勇猛過人，在重大戰役戰術上自己的獨立見解，他經常感到在諸葛亮手下自己的才能受到壓抑，得不到用武之地。

不採納魏延的意見，使蜀漢失去了一次出奇制勝的好機遇；而不信任魏延，更是諸葛亮的一個大錯誤。所謂「魏延腦後有反骨」，不過是魏延個性突出、行事果斷的表現而已。

長史楊儀是文官，原本是鼠肚雞腸的小器鬼，他對心高氣傲的武將魏延毫不寬容，兩人簡直是水火不相容。諸葛亮在病危時，命楊儀等主持他去世以後的退軍指揮，讓魏延斷後，這更造成蜀軍自相火拼。

諸葛亮死後，秘不發喪，楊儀派司馬費禕前去試探，揣摩魏延的意向。

魏延說：「丞相雖然死了，還有我在。你們可護靈回成都，我自該率領眾軍北伐，為什麼要為了一個人的死，就廢棄了國家大事呢？而且我魏延是什麼人，我怎該聽楊儀的指揮，來當撤退時的斷後將軍呢？」

後來，楊儀與魏延在南撤途中交兵，都派人向成都蜀後主告發對方謀反。侍中董允等力保楊儀，懷疑魏延謀反。

楊儀派部將何平當眾指責魏延：「丞相剛死，屍骨未寒，你竟敢這樣！」說得魏延部下士兵紛紛散去。魏延在去漢中途中，被馬岱斬首。其實，魏延南下，只是想與楊儀比個高下，哪裏是謀反呢！

倒是後來，楊儀只任沒有實權的中軍師，地位在資歷比他淺的尚書令蔣琬之下。他對費禕大發牢騷：「當初丞相死的時候，我如果帶兵投降魏，能夠像現在這樣窩囊嗎！真叫人後悔！」費禕密報後主，楊儀被廢為庶人；後楊儀又上書誹謗，被捕入獄，後來自殺。

單就信用楊儀和不用魏延來看，諸葛亮的失誤是很明顯的。

在人生的道路上，由於遇人不淑或盲目跟從，難免會些錯誤。這時，改弦易轍、棄暗投明本是題中應有之義，然而有過背叛經歷的人，不管他背叛的是什麼人，結果往往不幸。這種情況雖然不合情理，卻是不爭的事實。其中原由，值得深思。

看來為人不可以輕易背叛，因為有時候僅僅是背叛者的名聲，就足以決定人心相背和命運的吉凶。

腳踩兩條船，終無落腳處

既然不能輕於背叛，那麼腳踩兩條船行不行呢？

在江河湖海上，航行著的兩隻船，要麼相撞，要麼分開，以近在咫尺的距離並駕齊驅是絕無可能的，所以從未有人作過腳踩兩隻船這樣荒唐的狂想。然而在人生的激流中，卻總有人要玩弄這種注定失敗的伎倆。

冒此風險的原因無非是兩難割捨，又不敢一賭，所以擺來擺去，難以抉擇。

在人生的激流中，腳踩兩條船也許可以維持短暫的平衡，但只要你不想葬身波濤，到頭來還是得作出抉擇。不幸的是，如今無論你選擇哪一方，都再也不會成為你忠誠的盟友了。有過婚外情的人不妨自問，當你重新回歸家庭的時候，身邊那個人還是你原來的妻子或丈夫嗎？

戰國時代，趙武靈王忽發奇想，立寵妃吳娃為后，廢太子章，封以安陽之地，號安陽君，立吳娃所生幼子何為惠王。他自號主父，猶如後世的太上皇。

從此以後，他讓趙惠王上朝聽政，自己設便座在旁邊，觀察趙惠王的禮儀風度。

年幼的趙惠王戴著天子冠冕，穿著龍袍南面為王，安陽君這個高大魁偉的漢子，反而向北跪拜。趙主父見長兄屈於幼弟，不禁生出憐憫之心。

散朝後，趙主父對公子勝說：「你看見安陽君了嗎？他雖然隨朝臣一起跪拜，好像有點忿忿不平的樣子。我想把趙國土地一分為二，讓安陽君作代王，與惠王並立，你看怎麼樣？」

趙勝曾經勸阻過趙主父，請他不要廢長立幼。他說：「大王從前已經做錯事，現在君臣名分已定，又另生事端，恐怕會出現爭鬥。」

趙主父回宮，又同吳娃商量，吳娃也不同意。她還舉先輩晉穆侯兩個兒子爭位，弟弟殺哥哥的事，說：「你如果改變主意，立長壓幼，我們母子就成了人家砧板上的魚肉了！」

趙主父便不再提此事。誰知隔牆有耳，有侍者把消息傳給安陽君，他與田不禮商量對策，兩人準備找機會奪取王位。

太傅李兌和相國肥義也在密室商議。李兌擔心安陽君驕狂，黨羽又多，田不禮剛愎自用，遲早會造反，勸肥義趁早想辦法遠離禍事。肥義聽了李兌的話，夜不安眠，食不下嚥，想出一個對策，對近侍高信說：「今後凡有人邀請惠王，你先通知我！」

趙主父和趙惠王出遊沙邱，安陽君也隨行。趙主父和趙惠王各住一宮，相距五六里。安陽君住處恰在二宮之間。田不禮與安陽君密商，假說主父召見惠王，在中途埋伏士兵，殺掉惠王。

當夜，高信立刻報告相國肥義說：「使者稱主父得急病，召見惠王！」

肥義說：「主父平素沒病，事情可疑。」便向惠王請求自己先去，又對高信說：「緊閉宮門，不要輕易開門！」

肥義和幾名衛士隨使者先走，到半路，被伏兵殺害。田不禮舉火把一看是肥義，知道見事已敗露，便鋌而走險，與安陽君一起，乘夜色攻打王宮。由於高信命侍衛軍從屋頂射箭，又飛瓦投擲，叛軍多人死傷。

田不禮命人取巨石繫在大木頭上撞宮門，吼聲如雷。趙惠王危急，幸得司馬公子成與太傅李兌率兵來援，才打敗安陽君。

安陽君聽田不禮之言，騎馬奔趙主父宮中尋求庇護，趙主父把他藏在夾壁裏。李兌、公子成尋來，叩拜道：「安陽君反叛，法所不容，望主父把他交出來。」

趙主父矢口否認安陽君來過，兩人再三稟告，趙主父就是不認帳。兩人只好派親兵搜遍宮中，從夾壁裏抓出安陽君，李兌舉劍砍下他的頭。

他們出宮時，聽見趙主父的哭聲。李兌對公子成說：「主父打開宮門藏安陽君，他心裏已很同情安陽君了。我們圍宮殺安陽君，一定使主父很傷心。事情完了，主父以圍宮治罪，我們怕要滿門抄斬。惠王年紀，用不著與他合計，我們應該自己決定！」

李兌吩咐兵士：「不許撤圍！」又假傳趙惠王之令說：「在主父宮中的人員，先出來的免罪，後出來的就是叛黨，殺全家！」

於是，內侍們爭先出宮，單單拋下趙主父一人在宮中。趙主父想出門，門已上了鎖。他喊天天不應，叫地地不靈。餓了幾天，只有取庭院裏樹上鳥窩裏的蛋來吃。一個多月後，趙主父活活餓死在沙邱行宮。三個月後，他的屍首已成了乾癟的木乃伊。

趙主父曾經提倡胡服騎射，使國勢日強，也算得上是一個有作為的君王。然而在國勢強大起來之後，他竟讓兩個兒子分疆並立，自己則以太上皇的身份腳踩兩條船，以致眾叛親離，禍亂宮廷，敗國敗家，被活活餓死。曾經有一番作為的趙主父，何至於如此糊塗呢？

如果你要出海，就認真選擇一隻船。你甚至可以從一隻船跳上另一隻船，但決不要腳踩兩隻船。那是要以葬身波濤的代價的。

忠義不是搶殘守缺

為人不能輕於背叛，也不能腳踩兩條船，這並不意味著搶殘守缺，而不能棄舊圖新。那種愚忠愚義，不知變通的人，同樣沒有好下場。

春秋時虞國人百里奚，三十多歲，娶妻子杜氏，生了一個兒子。家中貧窮，他只好出去找事做。

百里奚到了齊國，想給齊襄公做事，沒有人引薦，只好幹粗活、要飯。有一位蹇叔見他不像乞丐，收養了他，結拜為弟兄，放牛為生。

四十歲時，百里奚輾轉回虞國，妻子杜氏已流落他方。蹇叔又向虞國賢臣宮之奇推薦百里奚，宮之奇又向虞國國君虞公推薦。虞公任命百里奚為中大夫。

蹇叔說：「我看虞公見識短淺又自以為是，他不是可以共事有所作為的國君。」百里奚歎息道：「弟久貧困，好比魚在乾地，急於想得一勺水來沾濕一下。」

以後，虞公受騙，被晉獻公滅國。百里奚跟隨著當了俘虜的虞公。有人笑百里奚為什麼死心眼，還要跟著一個亡國之君。百里奚說：「我得到虞君的俸祿很久了，應該還報。」

虢國人舟之僑滅虞有功，被晉獻公拜為大夫。舟之僑推舉百里奚的賢才，獻公讓舟之僑轉達他想任用百里奚的意願。但百里奚說：「只有虞公主國才行。」他還背後指責舟之僑替敵辦事，說：「我要做官，也不在晉國做。」舟之僑聽了，懷恨在心。

晉獻公要派人陪送長女伯姬出嫁秦穆公。舟之僑乘機說：「百里奚不願在晉國做事，讓他當陪送的臣僕吧！」

百里奚深受侮辱，在陪送途中逃跑，到了楚國的宛城，被獵人當作奸細抓起來。百里奚說自己是虞國人，因國家滅亡逃難到此地。

卻說秦穆公發現晉國媵臣名單中有百里奚，而無其人，便詢問起來。晉臣回答，他跑到楚國放馬去了。秦穆公問晉臣公孫枝：「你想必知道百里奚的德才謀略，他是個什麼樣的人？」公孫枝答道：「他是個賢人。他知道虞公聽不進勸諫就不諫，表明他有智；跟隨虞公到晉，而不為晉做官，表明他忠誠。他有治國之才，可惜沒有遇到明主。」

秦穆公求賢若渴，以追回逃媵拿五張公羊皮向楚王贖回了百里奚。

秦穆公召見百里奚，非常高興地問他：「多大年紀了？」百里奚說：「我才七十歲。」秦穆公歎了口氣說：「可惜老了一些。」百里奚答道：「你要我去射飛鳥、打猛獸，我確實老了。假如你要我坐下來策劃國家大事，我還年輕呢。我比起姜子牙八十歲協助文王定天下來，還要少十歲呢！」

秦穆公與百里奚一連談了三天，言無不合。他想拜百里奚為上卿。百里奚辭謝，推薦了蹇叔以自代。後來，百里奚與妻子杜氏、兒子孟明視團聚了，從此才過上了穩定的生活。

既然非虞公不事，只好回家與妻子團聚了。百里奚有治國之才，卻因迂腐的忠義而毫無作為，這樣的忠義是不可取的。

但中國人的忠義思想之濃厚，甚至連太平天國的傑出軍事人才石達開也不例外。

石達開是太平天國首批「封王」的人中最年輕的軍事將領。在太平軍金田起義之後向金陵進軍途中，石達開均為開路先鋒，他逢山開路，遇水搭橋，攻城奪鎮，所向披靡，號稱「石敢當」。太平天國建都天京後，他同楊秀清、韋昌輝等同為洪秀全的重要輔臣。後來又在西征戰場上，大敗湘軍，迫使曾國藩又氣又羞又急，投水尋死。在天京事變中，他又支援洪秀全平定韋昌輝、秦日綱的叛亂，成為洪秀全的首輔大臣。

但是，就在這之後不久，石達開卻獨自率領二十萬大軍出走天京，與洪秀全分手，最後在大渡河全軍覆滅，石達開本人也慘遭清軍駱秉章凌遲。石達開出走和失敗的歷史足以使後人深思。

一八五七年六月二日，石達開率部由天京雨花臺向安慶進軍，出走的原因據石達開在布告中說，因「聖君」不明，責怪洪秀全用頻繁的詔旨，來牽制他的行動，並對他「重重生疑慮」。因此，石達開不得不脫離洪秀全離開天京。

石達開為什麼會受洪秀全「疑忌」的呢？這主要是洪秀全任用私人，尤其是楊秀清、韋昌輝內訌後，洪秀全隱居深宮，過著腐化的生活，朝廷委託給眾人厭惡的洪氏兄弟洪仁發、洪仁達（二洪是洪秀全的同父兄長），而這兩人既無「才情」，又無「算計」，而且異常固執，洪秀全用這兩人來掣制石達開，進而加劇了洪石的矛盾。而朝中大臣對洪秀全重用洪氏兄弟也不以為然，而是傾順於石達開。洪秀全因此疑忌石達開，並發展到有加害石達開之意，這就使矛盾白熱化了起來。

怎樣解決這一日益尖銳的矛盾？一種辦法是石達開委屈求全，這在當時已不可能，心胸狹小的洪秀全已不能寬容石達開；一種是激流勇退，解印棄官來消除洪秀全對他的疑惑，這也很難，當時形勢已近水火，石達開解職的話恐怕連性命都難保；第三種是誅洪自代。謀士張遂謀曾經向石達開提出注意吸取劉邦誅韓信的教訓，面對險境，應「廢天王於深宮，誅諸洪於列朝，然後請旨上帝……南面稱制」。

擋當時實際情況看，第三種辦法應該是較好的出路。因為形勢的發展實際上已摒棄了像洪秀全那樣相形見絀的領袖，需要一個像石達開那樣新的領袖來維繫。但是，石達開的弱點就是中國傳統的「忠君思想」，他講仁慈、信義，他對謀士的回答是「予惟知效忠天王，守其臣節。」因此，考慮再三，石達開堅持認為率部出走是其最佳方案。這樣，石達開終於在完全可以走上一條光明大道的情況下走向了毀滅。

迂腐上的忠義思想在中國的歷史上，真不知道害了多少人啊！

棄舊圖新必須講究方法和時機

身處變幻無常的社會生活之中，究竟怎樣才能棄舊圖新而又不背上不忠不義的惡名呢？

在東漢末年，常山真定出了一位俊美人才，姓趙名雲，字子龍。人們將他比作人中之龍。

趙雲見漢末大亂，潛心習武，小小年紀，就有出入千軍萬馬如無人之境的高強武藝。閒暇時，趙雲又喜讀書學習，所以，深明大義，看重誠信，非一般魯莽武夫可同日而語。

時值袁紹與公孫瓚在冀州交戰。袁紹臭名遠揚，趙雲早有所聞，以為公孫瓚與袁紹作戰，應為有大志的明君，於是單槍匹馬前往投奔，希望能跟著公孫瓚幹一番事業。

公孫瓚不敵袁紹，只好修書請劉備支援。在劉備援軍未到，公孫瓚被袁紹圍困的危急之時，趙雲飛身殺到，救了公孫瓚一命。劉備援軍一到，公孫瓚反敗為勝。

但趙雲投在公孫瓚門下後，卻發現他與袁紹是一般的人物，十分失望。與劉備相處，發現劉備是位明主，就有心跟隨劉備。但因顧慮人家議論他反覆無常，只好暫時跟著公孫瓚。

劉備辭行時，趙雲相送。趙雲向劉備言及心事，劉備十分愛慕趙雲的才能，約定後會有期。

後來，公孫瓚敗亡。趙雲信守相約，要投奔劉備。但劉備遠在他方，一時間不能相會，就四處打探消息。

皇天不負有心人。劉備與趙雲終於在臥牛山相見。自此，趙雲跟定劉備，一直到老死蜀國，為劉備的蜀漢王朝立下了汗馬功勞。

劉備得趙雲後，一直信任有加。在趙雲投奔劉備後不久，劉備被曹操殺得七零八落，趙雲不知去向，劉備一班人馬都說趙雲投降了曹操，唯劉備堅信不疑，並下令：「有講趙子龍投降者，殺無赦。」

趙雲果然如劉備所信任的那樣，演出了一幕「長阪坡趙雲救主」的千古名劇。

劉備到東吳娶親，隨行的將軍就是趙雲。

建立蜀國後，趙雲被封為翊軍將軍，位置僅次於張飛。

趙雲早就心儀劉備，卻一直等到故主敗亡，才往投之。得知劉備遠在他方，一時不能相會，寧肯落草，也不去別人處落腳。凡此種種，只為遠離那個「叛」字。

有趣的是，趙雲和魏延，同樣是易主而歸劉備，同樣是易主後忠心耿耿，屢建奇功，命運卻大相徑庭。他們一個得到無限的信賴、殊榮的善終，另一個一直深遭疑忌，有志難伸、終至暴亡，其中的經驗教訓是十分深刻的。

棄舊圖新是人生的轉折，隱藏種種深刻的危機，要想避免這種危機，一定要講求正確的方法，並選擇恰當的時機。

事業篇：教你大展宏圖

積極萬事可為，消極一事無成

如果說有什麼樣的心態，就會有什麼樣的人生，很多人也許不以為然。他們相信謀事在人，但更相信成事在天。他們認為「心想事成」只是一種美好的願望，「人不能與命運爭」才是至理名言。從某種角度說，他們的觀點並不錯。問題在於命運女神究竟垂青於什麼樣的人呢？下面的事實不容置疑：所有的成功者都是積極進取型的人。有句話叫「天道酬勤」，對那些熱情勤奮的進取者，老天是不會無動於衷的。

從成功學的角度說，天下事無非三種情況：不可能不成、不可能成、可能成可能不成。前兩者都很少見，絕大多數屬於第三種情況。成敗兩可，事在人為。既如此，積極與消極就自然成了事業成敗的決定性因素。如果說成事在天，你自己的心態就是老天的旨意。「心想事成」決不只是一種願望，只要積極進取，它就會變成必然。

思想的重要性

在你所經歷的生活中，你所學到的最重要一課是什麼？

戴爾・卡耐基對這個問題的回答是：思想的重要性。卡耐基認為，只要知道你在想些什麼，就知道你是怎樣的一個人，因為每個人的特性，都是由思想造成的。我們的命運，完全決定於我們的心理狀態。愛默生說：「一個人就是他整天所想的那些……他怎可能是別種樣子呢？」

你我所必須面對的最大問題——在某種意義上可以算是我們需要應付的唯一問題——就是如何選擇正確地思想。如果我們能做到這一點，就可以解決所有的問題。曾經統治羅馬帝國的偉大哲學家，馬爾卡斯・阿理流士，把這些總結成一句話：「生活是由思想造成的。」

如果我們想的都是快樂的念頭，我們就能快樂；如果我們想的都是悲傷的事情，我們就會悲傷；如果我們想到一些可怕的情況，我們就會害怕；如果我們想的是不好的念頭，我們恐怕就會擔心了；如果我們想的淨是失敗，我們就會失敗；如果我們沈浸在自憐裏，大家都會有意躲開我們。「你並不是，」諾曼・文生・皮爾說，「你未必是你想像中的那樣，卻會變成你想像的那樣。」

這麼說是不是暗示：對於所有的困難，我們都應該用習慣性的樂天態度去看呢？不是的。生活不會這麼單純；不過我們卻鼓勵大家要趨向正面的態度，而不要採取反面的態度。換句話說，我們必須關切我們的問題，但是不能憂慮。每一次我們要通過交通擁擠的街市時，會很注意正在做的這件事，可是並不會憂慮。關心的意思就是要瞭解問題在哪裡，然後很鎮定地採取各種步驟去加以解決，而憂慮卻是發瘋似地在打著小圈子。

卡耐基這樣講述他親身的一次經歷：

一個人可以關心一些很嚴重的問題，同時在衣襟上插著花昂首闊步。我曾看過羅維爾・湯馬斯這樣做。有一次我協助羅維爾・湯馬斯主演一部關於艾倫貝和勞倫斯在第一次世界大戰中出征的著名影片。他和幾名助手在好幾處戰事前線拍攝了戰爭的鏡頭，而最好的是：用影片記錄了勞倫斯和他那支多彩多姿的阿拉伯軍隊，也記錄了艾倫貝征服聖地的經過。他那個穿插在電影中的演講——「巴勒斯坦的艾倫貝與阿拉伯的勞倫斯」，在倫敦和全世界都大為轟動。倫敦的歌劇季因此延後了六個禮拜，讓他在卡文花園皇家歌劇院繼續講這些冒險故事，並放映他的影片。他在倫敦得到盛大成功之後，又很成功地旅遊了好幾個國家，然後他花了兩年的時間，準備拍攝一部在印度和阿富汗生活的記錄影片。

「不幸的是，經過一連串令人難以相信的霉運後，不可能的事情發生了——他發現自己破產了。當時，我正好和他在一起，我還記得，那時候我們不得不到街口的小飯店去吃很便宜的食物。要不是一位蘇格蘭作家詹姆士・麥克貝借給湯馬斯錢的話，我們甚至連那點菲薄的食物也吃不到。

「當羅維爾・湯馬斯面臨龐大的債務以及極度失望的時候，他很關心，可是並不憂慮。他知道，如果他被霉運弄得垂頭喪氣的話，他在人們眼裏就會不值一錢了，尤其是他的債權人。所以他每天早上出去辦事之前，都要買一朵花，插在衣襟上，然後昂首走上牛津街。他的思想很積極而勇敢，不讓挫折把他擊倒。對他來說，挫折是整個事情的一部分，是爬到高峰所必須經過的有益訓練。」

我們的精神狀態，對我們的身體和力量，有令人難以相信的影響。著名的英國心理學家哈德菲，在他那本只有五十四頁但非常了不起的小書《力量心理學》裏，對這件事有驚人的說明。「我請來三個人，」他寫道，「以便實驗生理受心理的影響。我們以握力計來度量。」他要他們在三種不同的情況下，盡全力抓緊握力計。

在一般的清醒狀態下，他們平均的握力是一百零一磅。

第二次實驗則將他們催眠，並告訴他們，他們非常的虛弱。實驗的結果，他們的握力只有二十九磅——還不到他們正常力量的三分之一。

然後哈德飛再讓這些人做第三次的實驗：在催眠之後，告訴他們說他們非常強壯，結果他們的握力平均達到一百四十二磅。當他們在思想是很肯定自己有力量之後，他們的力量幾乎增加了百分之五十。

這就是我們難以置信的心理力量。

基督教信心療法的創始人瑪麗・貝克・艾迪，有一段時間，情緒很壞，以致一任丈夫，在他們婚後不久就去世了，她的第二任丈夫又拋棄她，和一個已婚婦人私奔，後來死在一個貧民收容所裏。她只有一個兒子，卻由於貧病交加，不得不在他四歲那年就把他送走了。她不知道兒子的下落，以後有三十一年之久，都沒有再見到他。

她生命中戲劇化的轉捩點，發生在麻省的理安市。一個很冷的日子，她在城裏走著的時候，突然滑倒了，摔倒在結冰的路面上，而且昏了過去。她的脊椎受到了傷害，使她不停的痙攣，甚至醫生也認為她活不久了。醫生還說，即使奇蹟出現而使她活命的話，她也絕對無法再行走了。

躺在一張看來像是送終的床上，瑪麗・貝克・艾迪打開一部書。她後來說，她讀到書裏的句子：「有人用擔架抬著一個癱者到耶穌跟前來，耶穌……就對癱者說，小子，放心吧，你的罪赦了……起來，拿你的褥子回家去吧。那人就站起來，回家去了。」

她後來說，耶穌的這幾句話使她產生了一種力量，一種信仰，一種能夠醫治她的力量。使她「立刻下了床，開始行走」。

「這種經驗」，艾迪太太說，「就像引發牛頓靈感的那枚蘋果一樣，使我發現自己怎樣好了起來，並使別人同樣做到這一點……我可以很有信心的說：一切的原因就在於你的思想，而一切的影響力都是心理現象。」

我們內心的平靜和我們由生活所得到的快樂，並不在於我們在哪裡，我們有什麼，或者我們是什麼人，而只是在於我們的心境如何。外在的條件沒有多大關係。

三百年前，密爾頓在瞎眼後，也發現了同樣的真理：

「思想的運用，和思想的本身，就能把地獄造成天堂，把天堂造成地獄。」

拿破崙和海倫凱勒，就是密爾頓這句話的最好例證：拿破崙擁有一般人所追求的一切——榮耀、權力、財富——可是他卻對聖海蓮娜說：「我這一生從來沒有過一天快樂的日子。」而海倫凱勒——又瞎、又聾、又啞——卻表示：「我發現生命是這樣的美好。」

愛默生在他那篇叫做《自信》的散文裏說：「一次政治上的勝利，收入的增加，病體的康復，或是久別好友的歸來，或是什麼其他純粹外在的事物，能提高你的興致，讓你覺得你眼前有很多的好日子，不要去相信它，事情絕不會是這樣的。除了你自己的思想以外，沒有別的能帶給你平靜。」

關於自信心，有個寓言可以給我們很大的啟示。一隻小老虎因母虎被殺而為一頭山羊收養。幾個月下來，小老虎喝母山羊的奶，跟小山羊玩，盡力去學做一頭山羊。

過了陣子，事情一直不對勁，儘管這頭老虎努力去學，它仍不能變成一頭山羊。它的樣子不像山羊，它的氣味不像山羊，它無法發出山羊的聲音。其他山羊開始怕它，因為它玩得太粗魯，而且它的身體太大。這頭孤兒老虎退縮了，它覺得被排斥，覺得自己差勁，不知道自己錯在那裏。

一天，發出一聲巨響！山羊四散奔逃，只有小老虎正坐在岩石上不動。

突然，一頭龐大的東西走進它所在的空地，它的顏色是橘色，還有黑色條紋，它的眼睛炯炯如火。

「你在這些羊群中做什麼？」那個入侵者問小老虎。

「我是一隻山羊」，小老虎說。

「跟我來！」那頭巨獸以一種權威的口吻說。

小老虎發抖地跟著巨獸走入叢林中。最後，它們來到一條大河邊。巨獸低頭喝水。

「過來喝水。」巨獸說。

小老虎也走到河邊喝水，它在河中看到兩頭一樣的動物，一頭較小，但都是橘色而有黑色條紋的。

「那是誰？」小老虎問。

「那是你——真正的你！」

「不，我是一頭山羊！」小老虎抗議道。

突然，巨獸拱起身子來，發出一聲巨吼，使整座叢林為之動搖不已，等聲音停止後，一切都靜悄悄的。

「現在，你也吼一下！」巨獸說。

最初很困難，小老虎張大嘴，但發出的聲音像嗚嘸。

「再來！你可以辦到！」巨獸說。

最後，小老虎感到有東西轆轆地響，一直下到它的小腹，逐漸地震動他全身。

「明白了嗎？」那頭大斑斕虎說：「你是一頭老虎，而不是山羊！」

小老虎開始瞭解它為何在跟山羊玩時感到不滿意。接連三天，它在叢林漫步。當它懷疑自己是老虎時，它會拱起身子來大吼一聲，它的吼聲雖不及那頭大虎那麼雄壯，但也可以了！

你自信心足嗎？你對現在的地位滿意嗎？你該認清：你是一頭老虎而不是一隻山羊！也許你現在該大吼一聲，來發展一個贏家的態度！

為什麼說你是老虎而非山羊？因為人具有比自己的想像大得多，幾乎可以說無限的潛力。

某位推銷員從一位受人尊敬的前輩處得到一句良言——「每個人都具有超出自己想像兩倍的能力。」當他聽取了這句話時便迫不及待地想要印證。

他首先思考自己以往的工作狀況及態度，並且試著調查每天平均的訪問次數，除以平均訂戶的件數，就是顧客可能訂立契約的機率。

結果發現一項重要的事實，那就是以前這位推銷員每次有和大顧客訂約的機會時，總是因為畏縮怠惰而白白喪失良機，甚至連訪問顧客的工作都不曾實行過。

從此這位推銷員不再專注於狹窄的利益，而決心鞏固遠大的利益：訪問可以訂立大契約的客戶；增加一天的訪問次數；努力爭取更多的訂單獲得率。

這位推銷員是否印證了兩倍能力的說法？是的，而且比兩倍還要多，就在放大目標後的五個月，他獲得了較從前多五倍的訂單。

一位做經營食品店生意的老闆，日常所賴以維生的就是販賣這些食品所得，生意十分清淡，日子過得單調而貧乏。他每天就是這樣坐在店內的椅子上，一邊聽著收音機，一邊等待稀稀落落的客人上門。

有一次，他偶然聽到了電臺廣播一段發人深省的話——任何人都具有超乎自己想像的能力，潛伏在我們的體內。這段話刺激了他呆滯的眼神，他若有所悟地思考後，環視一下自己的店，發現可以印證這句話之處多得是。於是，許多不同的想法，頓時浮現在他的腦中。目前的情況是：店內已經好幾個月不曾重新裝飾了，灰塵也到處都是，櫥窗的玻璃更是好久沒有擦拭了，擺設在裏面的物品都看不太清楚。

因此，他第一件要動手整理的便是這張長年使用的椅子，接著再將店內所有的陳列物品弄得乾淨整齊，紙箱罐盒全部排放得井然有序，貨架上當然也煥然一新。

店內門窗及櫥窗擦拭得閃閃發亮，陳列上吸引人的新商品。

他到底有沒有證實自己這項潛在的能力？有的，若以營業額來計算，成長了近六倍之多。他的生意越做越興隆。

到底是什麼原因使他們面貌煥然一新？

前面所舉的任何一例中，根本沒有因為外界的變化而造成其改變的因素。就拿那位小企業的經營者來說，做生意的環境條件仍然和從前一樣，他雖然一身是債，卻並未向人伸手求援。其他幾個例子也是一樣，環境一如從前，並無改變。

唯一改變的是這些曾經認為毫無辦法改變現狀的人。在他們相信「我也辦得到」的瞬間，整個情況馬上完全改觀。

信心是心靈最有力的觸媒。當信心結合了思想時，潛意識即接受其悸動，將之轉化為精神上的對等力量，並且如同禱告一般，揉入了浩瀚無盡的大智之中。信心、愛和性的情愫，是所有主要的正面情緒中，最有力的三者。一旦當三者融合為一體時，可以達到立即「顯化」思想的效果，並且直達潛意識，化為精神力量，成為引發無窮大智反應的唯一形式。

對潛意識來說，建設性的思考動力和破壞性的思考動力是沒有什麼兩樣的。我們經由思考動力傳輸給潛意識的資料，它都照單全收，依旨行事。不論是勇氣、信心，還是恐懼所驅役的動力，潛意識都隨時接收，轉化為事實。

推動工業巨輪的電力，如果用在建設性的方面，可以提供有益的服務；如果用在破壞性的方面，也可以終結生命。

自我暗示的運作法則也是一樣，端賴你運用它的方式，以及你的理解力，來決定是引導你走向和平繁榮，還是走向失意落魄和死亡。

如果你對自己連接宇宙大智的能力持懷疑、恐懼和不信任，自我暗示就會奉行這一個不信任的意念，你的潛意識就會遵循這個意念，將之轉化為實質的對應事物。

有數達百萬的人會自以為是「注定」要貧窮落魄失意的，因為他們相信有某種奇特的力量超乎他們的掌握。他們是創造自己「不幸」的人，因為這一觀念的負面思想，讓潛意識給接收，轉化為實質的對應事物了。反之，只要將你想轉化為事物、金錢的渴望傳輸給潛意識，滿懷期待、由衷相信，轉化的過程終將發生。你的信心、你的信念，正是主宰潛意識行動的因素。

任何下達給潛意識的指令，只要是出之以信念、信心的形式，潛意識就會執行命令，並以最直接的實際做法，化指令為相對應的事物。

歸根到底，建立自信就是在潛意識中建立起堅強的信念。

要有一顆積極的心

在推銷員中廣泛流傳著這樣一個故事：兩個歐洲人到非洲去推銷皮鞋。由於天氣炎熱，非洲人向來都打赤腳。第一位推銷員看到非洲人都打赤腳，立即失望起來：「這些人都打赤腳，怎麼會要我的鞋呢？」於是放棄努力，失敗沮喪而歸；另一位推銷員看到非洲人都打赤腳，驚喜萬分：「這些人都沒有皮鞋穿，這皮鞋市場大得很呢！」於是想盡方法，引導非洲人購買皮鞋，最後發大財而回。

這就是一念之差導致天壤之別。同樣是非洲市場，同樣面對打赤腳的非洲人，由於一念之差，一個人失望而回，不戰而敗，另一個則滿懷信心，大獲全勝。

戴爾·卡耐基曾講過這樣一個故事：

塞爾瑪陪伴丈夫駐紮在一個沙漠的陸軍基地裏。她丈夫奉命到沙漠裏去演習，他一個人留在陸軍的小鐵皮房子裏，天氣熱得受不了——在仙人掌的陰影下也有華氏一二五度。她沒有人可談天，只有墨西哥人和印第安人，而他們不會講英語，她非常難過，於是就寫信給父母，說要丟開一切回家去。她父親的回信只有兩行，這兩行信卻永遠留在她心裏，完全改變了她的生活：

「兩個人從牢中的鐵窗望出去，
一個人看到泥土，一個卻看到了星星。」

塞爾瑪一再地讀這封信，感到非常慚愧。她決定要在沙漠中找到星星。

塞爾瑪開始和當地人交朋友，他們的反應讓她非常驚奇，她對他們的紡織、陶器表示感興趣，他們就把最喜歡但捨不得賣給觀光客人的紡織品和陶器送給了她。塞爾瑪研究那些引人入迷的仙人掌和各種沙漠植物、物態，又學習有關土撥鼠的知識。她觀看沙漠日落，還尋找海螺殼，這些海螺殼是幾萬年前這沙漠還是海洋時留下來的……原來難以忍受的環境成了令人興奮、留連忘返的奇景。

沙漠沒有改變，印第安人沒有改變，但是這位女士的念頭改變，心態改變了。一念之差，使她把原來認為惡劣的情況變為一生中最有意義的冒險。她為發現新世界而興奮不已，並為此寫了一本書，以《快樂城堡》為書名出版了。她從自己造的牢房裏看出去，終於看到了星星。

生活中，失敗者平庸者居多，主要是心態觀念有問題。遇到困難，他們總是挑容易的倒退之路。「我不行了，我還是退縮吧。」結果陷入失敗的深淵。成功者遇到困難，仍然是保持著積極的心態，用「我要！我能！」「一定有辦法」等積極的意念鼓勵自己，於是便能想盡辦法，不斷前進，直至成功。愛迪生試驗失敗幾千次，從不退縮，最終成功地發明了照亮世界的電燈。

因此，一個人能否成功，關鍵在於他的心態。成功人士與失敗人士的差別在於成功人士有積極的心態，而失敗人士則運用消極的心態去面對人生。

積極萬事可為，消極一事無非。《三國演義》中的呂布之死可謂發人深醒。

東漢末年，曹操趁袁紹北征公孫瓚，暗約徐州守將陳圭父子穩住呂布，並約小沛劉備，協同夾擊呂布。呂布兵分三路出擊，卻不知道他的後院起了火。陳登設計，使呂布與部屬陳宮軍隊在黑夜中自相殘殺，丟了徐州。

呂布兵敗，據守下邳，他自恃糧食充足，又有泗水之險可守，於是墊高枕頭睡覺。陳宮向他建議：「現在曹兵剛到，可乘他尚未安營紮寨，我軍以逸擊勞，突然襲擊，必能取勝。」

呂布說：「我軍屢吃敗仗，不能輕易出兵。等敵人來進攻，然後還擊，叫他們掉進泗水當落水鬼。」他不聽陳宮的話。

陳宮又主張呂布帶兵突圍，卻被呂布的妻子嚴氏拖住後腿。呂布說：「我想突圍不如死守。」

呂布對陳宮說：「曹操詭計多端，我不敢隨便行動。」從此，呂布整天同嚴氏、貂蟬飲酒解悶。陳宮仰天長歎：「這樣下去，我們全都死無葬身之地了。」

呂布派謀士許汜去壽春，許諾把女兒嫁給袁術的兒子為妻子，請袁術發救兵。袁術說：「呂布反覆無常，不講信用，他先送女兒來，然後我才發兵。」

呂布背著女兒，衝出下邳城，被劉備、關羽、張飛各支軍隊圍堵上來。呂布縱然有萬夫不當之勇，恐怕傷著背上的女兒，只得退進城去，心中憂悶，只是喝酒。

曹軍決開沂水、泗水，波浪滾滾，只淹得下邳三道門街市成為澤國。眾軍飛報呂布。呂布毫不在乎地說：「我有赤兔馬，渡水如走平路，怕什麼！」

呂布因酒色過度，臉色難看，他照鏡子後，大吃一驚說：「我被酒色傷了身子。從今天起戒酒。」他下令，今後凡飲酒者斬！

他的部下侯成，因追回被盜馬十五匹，弄了幾斛酒想慶賀，請示呂布，被痛打背脊五十大棍。侯成當夜盜走呂布的赤兔馬，投奔曹操；又約呂布部將宋憲等插白旗，開門投降。呂布在睡夢中，被宋憲等捆綁。

呂布被繩索捆成一團，他叫道：「捆得太緊，請鬆一下！」

曹操說：「捆綁老虎，不得不緊。」

呂布見他的部將侯成、宋憲侍立在旁，便說：「我待眾將不薄，你們怎麼忍心背叛我？」

宋憲駁道：「你只聽老婆的話，不聽眾將的話，還說不薄嗎？」

呂布被曹操命人絞死在白門樓下。

呂布勇猛無敵，卻困守下邳小城，整日飲酒解悶，最終死於曹操之手。所缺的正是一種積極的心態，一種百折不撓的精神。

有積極心態的人全然不是這樣。著名的人壽保險推銷員法蘭克・派特的經驗之談是：

「當時是一九〇七年，我剛轉入職業棒球界不久，遭到有生以來最大的打擊，因為我被開除了。我的動作無力，因此球隊的經理有意讓我走人。他對我說：『你這樣慢慢吞吞的，哪像是在球場混了二十年。法蘭克，離開這裏之後，無論你到哪裡做任何事，若不提起精神來，你將永遠不會有出路』。」

「本來我的月薪是一七五美元，離開之後，我參加了亞特蘭斯克球隊，月薪試為二十五美元。薪水這麼少，我做事當然沒有熱情，但我決心努力試著積極起來。等了大約十天以後，一位名叫丁尼・密亨的老隊員把我介紹到新凡去。在新凡的第一天，我的一生有了一個重要轉變。」

「因為在那個地方沒有人知道我過去的情形，我就決心變成新英格蘭最具積極的球員。為了實現這點，當然必須採取行動才行。」

「我一上場，就好像全身帶電。我強力地投出高速球使接球的人雙手都麻木了。記得有一次，我全力衝入三壘，那位三壘手嚇呆了，球便給漏接，我就成功得分了。當時氣溫高達華氏一〇〇度。我在球場奔來跑去，極可能中暑而倒下去。」

「這種積極心態所帶來的結果，真令人吃驚，產生了下面的三個作用：

一、我心中所有的恐懼都消失了，發揮出意想不到的技能。

二、由於我的熱忱，其他的隊員也跟著熱忱起來。

三、我沒有中暑，我在比賽中和比賽後，感到從沒有如此健康過。」

第二天早上，我讀報時，興奮得無以復加，報上說：「那位新加進來的派特，無異是一個霹靂球，全隊的人受到他的影響，都充滿了活力。他們不但贏了，而且是本季最精彩的一場比賽。

「由於積極的態度，我的月薪由二十五美元提高為一八五美元，多了七倍。」

「在往後的二年裏，我一直擔任三壘手，薪水加到三十倍之多，為什麼呢？就是因為有一種積極的心態，沒有別的原因。」

後來，派特的手臂受了傷，不得不放棄打棒球。接著，他到菲特列人壽保險公司當保險員，整整一年多沒有什麼成績，因此很苦悶。但後來他又變得積極起來，就像當年打棒球那樣。

再後來，他是人壽保險界的大紅人。不但有人請他撰稿，還有人請他演講自己的經驗。他說：「我從事推銷已經三十年了。我見到許多人，由於對工作抱有積極的心態，使他們的收入成倍數地增加起來。我也看到另一些人，由於缺乏熱忱而走投無路。我深信唯有積極的心態，才是成功推銷的最重要因素。」

如果積極的心態對任何人都能產生驚人的效果，那麼，對於你我也應該有同樣的功效。

躺在床上上不了路

人生一世，遇事萬千，每件事都得從頭做起。萬事開頭難，動才是關鍵。比如旅行，無論近在咫尺，還是遠在天涯，躺在床上終歸上不了路，只有抬起雙腿開步走，才有到達目的地的可能。俗話說「天上不會掉餡餅」，等待是決不會有任何收穫的。

習慣於等待的人總有充足的理由：計劃不完善、條件不成熟、前途有風險……然而事物在不停地發展變化，計劃永遠不會最終完善，條件永遠不會徹底成熟。要遠航，就不可能沒有風險。歲月一去不復回，等待的理由永遠有。

為什麼不去找找行動的理由？有更充分的理由催促我們，已經到了開始行動的時候。計劃可以在實施中完善，條件只能靠創造去成熟。只有揚起帆，與風流搏鬥，才能到達彼岸。

也許，最大的風險是等待，最有把握的辦法是幹起來。

行動之前，必須計劃未來

在《愛麗絲夢遊仙境》一書中，當愛麗絲來到一個通往各個不同方向的路口時，她向小貓請教。

「小貓咪……能否請你告訴我，我應該走哪一條路？」

「那要看你想到哪兒去。」小貓咪回答。

「到哪兒去，我並無所謂——」愛麗絲說。

「那麼，你走哪一條路，也就無所謂了。」小貓咪回答。

這可愛的小貓咪說的是實話，如果我們不知道要前往何處，那麼，任何道路都可以走，同樣也可以不走。

這段話啟示我們：人生有了目標才會成功。

目標展現著對於所期望成就的事業的真正決心。沒有目標，不可能發生任何事情，也不可能採取任何步驟。如果個人沒有目標，就只能在人生的旅途上徘徊，永遠到不了任何地方。

正如空氣對於生命一樣，目標對於成功也有絕對的必要。如果沒有空氣，沒有人能夠生存；如果沒有目標，沒有任何人能成功。所以對你想去的地方先要有個詳明的計劃才好。

曾經有一個年輕人由於職業發生問題跑來找卡耐基，這位青年舉止大方、聰明、未婚，大學畢業已經四年。

他們先談年輕人目前的工作、受過的教育、背景和對事情的態度，然後卡耐基對年輕人說：「你找我幫你換工作，你喜歡哪一種工作呢？」

「喔！」年輕人說：「那就是我找你的目的，我真的不知道想要做什麼？」

這個問題很普遍。替他接洽多少個老闆面談，對他沒有什麼幫助。猶如盲人瞎馬。卡耐基希望他明白，在找職業之前，一定要先深入瞭解那一行才行。

所以卡耐基說：「讓我們從這個角度來看看你的計劃，十年以後你希望怎樣呢？」

年輕人深思了一下，最後說：「好！我希望我的工作和別人一樣，待遇很優厚，並且買一棟好房子。當然，我還沒深入考慮過這個問題。」

卡耐基對這個年輕人說這是很自然的現象。他繼續解釋：「你現在的情形彷彿是跑到航空公司說：『給我一張機票』一樣」。除非你說你的目的地，否則人家無法賣給你。所以卡耐基又對他說：「除非我知道你的目標，否則無法幫你找工作。只有你自己才知道你的目的地。」

這使年輕人不能不仔細考慮。接著他們又討論各種職業目標，談了兩小時。卡耐基相信他已經學到最重要的一課：出發以前，要有目標。

像那些進步的公司那樣，自己要有計劃。從某個角度來看，人也是一種商業單位。你的才幹就是你的產品，你必須發展自己的特殊產品，以便換取最高的價值。下面有兩個步驟可以幫你做到這一點。

第一，把你的理想分成工作、家庭與社交三種。這樣可以避免衝突，幫你正視未來的全貌。

第二，針對下面的問題找到自己的答案。我想完成哪些事？想要成為怎樣的人？哪些東西才能使我滿足？

你給自己定下目標之後，目標就在兩個方面產生作用：它是努力的依據，也是對你的鞭策。目標給了你一個看得著的射擊靶，隨著你努力實現這些目標，你就會有成就感。

你的目標必須是具體的，可以實現的。如果計劃不具體、無法衡量是否實現了，那會降低你的積極性。因為向目標邁進是動力的源泉，如果你無法知道自己向目標前進了多少，你就會洩氣，甩手不幹了。

有一個真實的例子，說明一個人若看不到自己的進步，就會有怎樣的結果：

一九五二年七月四日清晨，加州海岸籠罩在濃霧中。在海岸以西二十一英里的卡塔林納島上，一個三十四歲的女人涉水下到太平洋中，開始向加州海岸遊過去。要是成功了，她就是第一個遊過這個海峽的婦女，這名婦女叫費羅絲・查德威克。在此之前，她是從英法兩邊海岸遊過英吉利海峽的第一位婦女。

那天早晨，海水凍得她身體發麻，霧很大，她連護送她的船都幾乎看不到。時間一個鐘頭一個鐘頭過去，千千萬萬人在電視上看著。有幾次，鯊魚靠近了她，被人開槍嚇跑，她仍然在遊。在以往這類渡海游泳中她的最大問題不是疲勞，而是刺骨的水溫。

十五個鐘頭之後，她又累，且凍得發麻。她知道不能再游了，就叫人拉她上船。她的母親和教練在另一條船上。他們都告訴她海岸很近了，叫她不要放棄，但她朝加州海岸望去，除了濃霧什麼也看不到。

幾十分鐘之後——從她出發算起十五個鐘頭零五十五分鐘之後，人們把她拉上船。過了幾個鐘頭，她漸漸覺得暖和多了，這時卻開始感到失敗的打擊，她不假思索地對記者說：「說實在的，我不是為自己找藉口，如果當時我看見陸地，也許我能堅持下來。」

人們拉她上船的地點，離加州海岸只有半英里！後來她說，令她半途而廢的不是疲勞，不是寒冷，而是因為她在濃霧中看不到目標。查德威克小姐一生中就只有這一次沒有堅持到底。二個月之後，她成功地游過同一個海峽。她不但是第一位游過卡塔林納海峽的女性，而且比男子的紀錄還快了大約兩個鐘頭。

查德威克雖然是個游泳好手，但也需要看見目標，才能鼓足幹勁完成她有能力完成的任務。當你規劃自己的成功時千萬別低估了制定可測目標的重要性。

有許多被動的人平庸一輩子，是因為他們一定要等到每一件事情都百分之百的有利、萬無一失以後才去做。當然，我們必須追求完美，但是人間的事情沒有一件絕對完美或接近完美。等到所有的條件都完美以後才去做，只能永遠等下去了。

下面是三個實例。

第一例：吉恩先生為什麼一直未娶。

吉恩快四十歲了，他受過良好的教育，有一份安定的會計工作，一個人住在芝加哥，他最大的心願就是早點結婚。他渴望愛情、友誼、甜蜜的家庭、可愛的孩子以及種種相關的事。他有幾次差點就要結婚了，有一次只差一天就結婚了。但是每一次臨近婚期時，吉恩都因不滿他的女朋友而作罷。（那就是說，在犯下恐怖的錯誤之前還來得及補救。）

有一件事可以證明這一點。兩年前吉恩終於找到夢寐以求的好女孩。她端莊大方、聰明漂亮又體貼。但是，吉恩還要證實這件事是否十全十美。有一個晚上當他們討論婚姻大事時，新娘突然說了幾句坦白的話，吉恩聽了有點懊惱。

為了確定他是否已經找到理想的對象，吉恩絞盡腦汁寫了一份長達四頁的婚約，要女友簽字同意以後才結婚。這份文件又整齊、又漂亮，看起來冠冕堂皇，內容包括他所能想像到的每一個生活細節。其中有一部分是宗教方面的，裏面提到上哪一個教堂、上教堂的次數、每一次奉獻金的多少；另一部分與孩子有關，提到他們一共要生幾個小孩、在什麼時候生。

他把他們未來的朋友、他太太的職業、將來住在哪裡以及收入如何分配等等，都不厭其煩地事先計劃好了。在文件末尾又花了半頁的篇幅詳列女方必須戒除或必須養成的一些習慣，例如抽煙、渴酒、化妝、娛樂等等。

準新娘看完這份最後通牒，勃然大怒。她不但把它退回，又附了一張便條，上面寫道：「普通的婚約上有『有福同享，有難同當』這一條，對任何人都適用，當然對我也適用，我們從此一刀兩斷！」

當吉恩先生告訴我這段奇遇時，還委屈地說：「你看，我只是寫一份同意書而已，又有什麼錯？婚姻畢竟是終身大事，你不能不慎重其事啊！」

吉恩真是大錯特錯。他可能過分緊張、過度謹慎，但不論是婚姻，或是任何一件事情，你都不能過於吹毛求疵，以免你所訂的每一種標準都偏高了。吉恩先生處理婚姻問題的做法，跟他對工作、積蓄、朋友的交情，甚至每一件事情都很像。

成功的人物並不是在問題發生以前，先把它統統消除，而是一旦發生問題時，有勇氣克服種種困難。我們對於一件事情的完美要求必須折衷一下，這樣才不至於陷入行動以前永遠等待的泥沼中。當然最好是有逢山開洞、遇水架橋那種大無畏的精神。

第二例：傑米先生如何住進一間新房子。

當我們決定一件大事時，心裏一定會很矛盾，都會面對到底要不要做的困擾。下面的實例是一個年輕人的選擇，他終於大有收穫。

傑米先生是個普通的年輕人，大約二十幾歲，有太太和小孩，收入並不多。

他們全家住在一間小公寓，夫婦兩人都渴望有一套自己的新房子。他們希望有較大的活動空間、比較乾淨的環境、小孩有地方玩，同時也增添一份產業。

買房子的確很難，必須有錢支付分期付款的頭款才行。有一天，當他簽發下個月的房租支票時，突然很不耐煩，因為房租跟買新房子每月的分期付款差不多。

傑米跟太太說：「下個禮拜我們就去買一間新房子，你看怎樣？」

「你怎麼突然想到這個？」她問，「開玩笑！我們哪有能力！可能連頭期款都付不起！」

但是他已經下定決心：「跟我們一樣想買一間新房子的夫婦大約有幾十萬，其中只有一半能如願以償，一定是什麼事情才使他們打消這個念頭。我們一定要想辦法買一間房子。雖然我現在還不知道怎麼去湊錢，可是一定要想辦法。」

下個禮拜他們真的找到一間倆人都喜歡的房子，樸素大方又實用，頭款是一二〇〇美元。現在的問題是如何湊夠一二〇〇美元。他知道無法從銀行借到這筆錢，因為這樣會妨害他的信用，使他無法獲得一項關於銷售款項的抵押借款。

可是皇天不負有心人，他突然有了一個靈感，為什麼不直接找包商談談，向他私人貸款呢？他真的這麼去做。包商起先很冷淡，由於他一再堅持，終於同意了。他同意傑米把一二〇〇美元的借款按月繳交一〇〇美元，利息另外計算。

現在他要做的是，每個月湊出一〇〇美元。夫婦兩個想盡辦法，一個月可以省下二十五美元，還有七十五美元要另外設法籌措。

這時傑米又想到另一個點子。第二天早上他直接跟老闆解釋這件事，他的老闆也很高興他要買房子了。

傑米說：「老闆，你看，為了買房子，我每個月要多賺七十五元才行。我知道，當你認為我值得加薪時一定會加，可是我現在很想多賺一點錢。公司的某些事情可能在周末做更好，你能不能答應我在周末加班呢？有沒有這個可能呢？」

老闆對於他的誠懇和雄心非常感動，真的找出許多事情讓他在周末工作十小時，他們因此歡歡喜喜地搬進新房子了。

這個實例可以歸納為三點：

一、傑米的決心燃起心靈的火花，因而想出各種辦法來實現他的心願。

二、由此，他的信心大增，下一次決定什麼大事時會更容易、更順手。

三、他提高了家人的生活水準。如果一直拖延，直到所有的條件都解決時，很可能永遠買不起了。

第三例：對於那些耽於籌劃的人，這個故事實在太好了。說不清具體是哪個朝代了，在佛教徒中盛行著朝拜觀音的風氣。和尚都以能到南海朝拜觀音為無上光榮。

在距南海有數千里之遙的一個小縣裏，有一座寺院，寺中有十來位和尚，一位住持。小縣雖小，信徒卻不少，一年四季，廟裏香火不斷，住持和尚數年來攢積了不少錢財，在當地是一位富僧。

縣裏還有一位雲遊僧，經常因貧窮到附近各寺院去掛單。縣民都知道他，見了他，都要施捨一碗齋飯給他。

附近縣裏的和尚，紛紛有人朝拜南海，消息傳到小縣，和尚們都羨慕極了，都希望自己能到南海走一遭。

一天，窮和尚來到寺院，對住持說：「我聽說各縣都有人去了南海，不知大和尚有什麼打算。」

富僧說：「我很想去南海，正籌劃著呢。到南海有幾千里路，我想等籌夠了錢，造一艘大船，直抵南海。到時，我請你一塊兒去。」

窮和尚說：「那真要謝謝大和尚了。」

可一天天過去了，都不見動靜。

窮和尚又去問富僧，得到的還是一樣的答覆。窮和尚於是決定自己去南海。

富僧一聽，好像聽錯了話，知道窮和尚的決心後，富僧好意地勸他：「你一文錢也沒有，怎麼到得了南海？」

窮和尚說：「我沿途化緣就是了。」

窮和尚就這樣走了。

富和尚見窮和尚到南海去了，雖然他不相信窮和尚能到南海朝拜觀音，但受到感動，決定儘快也到南海去。

他找來工人，詢問建造一隻大船的費用，又計算到南海路途的費用，心中有了數。可是，一清點自己的錢財，連打造半隻船的錢也不夠。寺廟裏香火不斷，但因小縣是個窮縣，信徒的貢獻每次都不多，所以，他雖是富僧，卻積攢有限。

這一來，富僧的心涼了半截。再也不提到南海朝拜觀音的話題了。

但富僧心裏還是極想去南海，因而，經管寺院更努力了，一文錢的收支都記得清清楚楚。

富僧天天在寺院裏，白天為前來進香的信徒講經說法，夜間計算著到南海的經費差額。

三年後，窮和尚風塵僕僕地回來了，告訴住持，他已經去南海朝拜了觀音。和尚們都圍著他，請他講這講那。

在這個故事中，趕緊上路，是去南海朝拜觀音的最佳方法。

立即行動起來

有一篇短文，題為《把信帶給加西亞》，最先出現在一八九九年美國的《Philitine》雜誌，後來被收錄在戴爾・卡耐基的一本書中。

這篇文章，幾乎世界上所有的語言都把它翻譯出來。

目前，這篇《把信帶給加西亞》已經被印了億萬份，這對歷史上的任何作者來說，都是破紀錄的。

當美西戰爭爆發後，美國必須立即跟西班牙的反抗軍首領取得聯繫。加西亞在古巴叢林的山裏——沒有人知道確切的地點，所以無法寫信或打電話給他。美國總統必須儘快地獲得他的合作。怎麼辦呢？

他們把羅文找來，交給他一封寫給加西亞的信。

那個「名叫羅文的人」，拿了信，把它裝進一個油布製的袋裏，封好，吊在胸口，划著一艘小船，四天之後的一個夜裏在古巴上岸，消逝於叢林中，接著在三個星期之後，從古巴島的那一邊出來，已徒步走過一危機四伏的國家，把那封信交給了加西亞。但這些細節不是這裏要說明的，我們要強調的重點是：麥金利總統把一封寫給加西亞的信交給了羅文；而羅文接過信之後，並沒有問：「他在什麼地方？」

羅文的行動表現了一種敬業精神，對於上級的託付，立即採取行動，全心全意去完成任務。

當我們面臨一項艱巨的任務時，不要猶豫，不要畏懼，而要迅速行動起來。行動本身會增強信心，不行動只會帶來恐懼。克服恐懼最好的辦法就是行動。

有一次一個傘兵教練說：「跳傘本身真的很好玩，讓人難受的只是『等待跳傘』的一剎那。在跳傘的人各就各位時，我讓他們『儘快』度過這段時間。曾經不止一次，有人因幻想太多『可能發生的事』而暈倒。如果不能鼓勵他跳第二次，他永遠當不成傘兵了。跳傘的人拖得愈久愈害怕，就愈沒有信心。」

「等待」甚至會折磨得各種專家，變得神經兮兮。有的播音員在面對麥克風以前總是滿頭大汗，一開始播音以後，所有的恐懼就都沒有了。許多老牌演員也有這種經驗，他們都同意，治療舞臺恐懼症唯一的良藥就是「行動」，立刻進入情況就可以解除所有的緊張、恐怖與不安。

一般人應付恐懼最常用的方法就是「不做」，我常常跟推銷員在一起，他們經常怯場，即使最老練的推銷員也難免。他們為了克服恐懼，往往在客戶附近徘徊猶豫，要不然乾脆找個地方一杯又一杯地喝咖啡，來培養自信與勇氣，這樣根本沒有效果。克服這般恐懼——任何一種恐懼——最好的辦法就是「立刻去做」。

你害怕電話訪問嗎？馬上就去打電話，你的恐懼便會一掃而光；萬一你仍舊拖拖拉拉，你會愈來愈不想打了。

你是不是不敢做全身健康檢查？只要你去，所有的疑慮都會消失。你可能什麼毛病也沒有；萬一有，也可以及早發現。如果不去檢查的話，你的恐懼會越來越深，直到生病為止。

你是不是不敢跟上司討論問題？馬上找他討論，這樣才會發現根本沒有那麼恐怖。

建立你的信心。用行動來消除煩惱。

有一個野心勃勃卻沒有作品的作家說：「我的煩惱是日子過得很快，一直寫不出像樣的東西。」

「你看，」他說，「寫作是一項很有創造性的工作，要有靈感才行，這樣才會提起精神去寫，才會有寫作的興趣和熱忱。」

說實在的，寫作的確需要創造力，但是另一個寫出暢銷書的作家，他的秘訣是什麼呢？

「我用『精神力』。」他說：「我有許多東西必須按時交稿，因此無論如何不能等到有了靈感才去寫，那樣根本不行。一定要想辦法推動自己的精神力量。方法如下：我先定下心來坐好，拿一支鉛筆亂畫，想到什麼就寫什麼，儘量放鬆。我的手先開始活動，用不了多久，我還沒注意到時，便已經文思泉湧了。」

「當然有時候沒有亂畫也會突然心血來潮。」他繼續說：「但這些只能算是紅利而已，因為大部分的好構想都是在進入正規工作情況以後得來的。」

每一個行動前面都有另一個行動，這是千古不變的自然原理。大自然沒有任何一件事情可以自己行動。即使我們天天要用的幾十種機械設備也離不開這個原理。

你家裏的室溫是自動控制的，但是你必須先選擇溫度才行。只有換了檔之後，你的汽車才會自動變速。這個原理同樣也適用於我們的心理，先使心理平靜安詳，思想才發揮作用。

有一家推銷機構的經理解釋他如何訓練推銷員用自動反應的方式工作，而獲得很大成就說：「每一個推銷員都知道，挨戶推銷時心理壓力很大。早上進行的第一次拜訪尤其困難，即使資深推銷員也有這種困擾。他知道每天多少都會遇到一點難堪，但是仍舊有機會爭取到不少生意。所以，他認為早上晚一點出去推銷沒有什麼關係。他可以多喝幾杯咖啡，在客戶附近多徘徊一下或做點其他事，來拖延對客戶的第一次拜訪。

「我用自動反應的方式訓練新人。我對他們解釋，開始推銷工作的唯一方法就是立刻開始推銷，不要猶豫不決、不要拖拖拉拉。應該這麼做：把汽車停好，拿著你的樣品箱直接走到客戶門口按門鈴，微笑地對客戶說『早安』，並開始推銷。這些都必須像條件反射一樣自動進行，根本用不著多想。這樣你的工作很快就可以活絡起來。在第二次或第三次拜訪時，就可以駕輕就熟，你的成績也會很好。」

有一個幽默大師曾說：「每天最大的困難是離開溫暖的被窩走到冰冷的房間。」他說的不錯。當你躺在床上認為起床是件不愉快的事時，它就真的變成一件不愉快的事了。即使這麼簡單的起床動作，也就是把棉被掀開，同時把腳伸到地上的自動反應，都可以擊退你的恐懼。

那些大有作為的人物都不會等到精神好的時候才去做事，而是推動自己的精神去做事的。「現在」這個詞對成功的妙用無窮，而用「明天」、「下個禮拜」、「以後」、「將來某個時候」或「有一天」，往往就是「永遠做不到」的同義詞。有很多好計劃沒有實現，只是因為應該說「我現在就去做，馬上開始」的時候，卻說「我將來有一天會開始去做。」

我們用儲蓄的例子來說明好了。人人都認為儲蓄是件好事。雖然它很好，卻不表示人人都會依據有系統的儲蓄計劃去做。許多人都想要儲蓄，只有少數人才真正做到。

這裏是一對年輕夫婦的儲蓄經過。畢爾先生每個月的收入是一〇〇〇美元，但是每個月的開銷也要一〇〇〇美元，收支剛好相抵。夫婦倆都很想儲蓄，但是往往會找些理由使他們無法開始。他們說了好幾年：「加薪以後馬上開始存錢」、「分期付款還清以後就要……」、「度過這次難關以後就要……」、「下個月就要」、「明年就要開始存錢」。

最後還是他太太珍妮不想再拖。她對畢爾說：「你好好想想看，到底要不要存錢？」他說：「當然要啊！但是現在省不下來呀！」

珍妮這一次下定決心了。她接著說：「我們想要存錢已經想了好幾年，由於一直認為省不下，才一直沒有儲蓄，從現在開始要認為我們可以儲蓄。我今天看到一個廣告說，如果每個月存一〇〇元，十五年以後就有一八〇〇〇元，外加六六〇〇元的利息。廣告又說：『先存錢，再花錢』比『先花錢，再存錢』容易得多。如果你真想儲蓄，就把薪水的一〇％存起來，不可移作他用。我們說不定要靠餅乾和牛奶過到月底，只要我們真的那麼做，一定可以辦到。」

他們為了存錢，剛開始幾個月當然吃盡了苦頭，儘量節省，才留出這筆預算。現在他們卻覺得「存錢跟花錢一樣好玩」。

想不想寫信給一個朋友？如果想，現在就去寫。

有沒有想到一個對於生意大有幫助的計劃？馬上就去實行。

時時刻刻記著班哲明・富蘭克林的話：「今天可以做完的事不要拖到明天。」這也就是我們俗話所說的：「今日事，今日畢。」

如果你時時想到「現在」，就會完成許多事情；如果常想「將來有一天」或「將來什麼時候」，那就一事無成。

善於借助外力，事業才有支點

還記得幾何學大師阿基米德嗎？他說過一句令人難以忘懷的話：「給我一個支點，我可以撬起地球。」這是一句多麼富於想像而又激動人心的話啊！他說出了一個真理：人類的任何事業都需要一個支點，只要找到恰當的支點並借助它的力量，就沒有什麼事情不能成功。

把阿基米德的真理加以引申，還可以得出這樣的結論：一個人借助的外力越大，他所獲得的成功也越大，借助的外力越小，他所取得的成就越小；完全不借助外力，那就什麼事情都幹不成。

就像傾聽天才講話時，我們會隱隱約約地回憶起自己也曾產生類似的想法一樣，每個人在自己的生活中都曾經廣泛地借助外力，只不過我們沒有明確地意識到或沒有達到充分的自覺而已。作為萬物之靈長，人類具有優於其他物種的卓越智慧，只要我們自覺而廣泛地借助外力，就可以使生活道路上的種種困難都可以一一解決了。

借助外力是生存競爭第一法則

每個成功者的道路都灑滿他人的汗水；過河有人架橋，翻山有人修梯，穿越荒野有人劈荊斬棘。在我們這個障礙重重的世界上，一個人獨行簡直不可思議。秦王一個人滅不了王國，劉邦一個人打不敗項羽，連去西天取經的唐僧，也離不開三個徒弟。「天馬行空，獨來獨往。」不過是一句瘋話而已。

也許你聽說過「他人是我的地獄」的說法，千萬別相信這種深刻得駭人聽聞的說法。想想那些成功者的經歷，想想你以往闖過的道道難關，有多少人出謀劃策，不遺餘力！人們天生樂於相助，只要你有一幅美麗的藍圖。當然，它應該能給人帶來好處，而最好是一棵搖錢樹。

馬周字賓王，博州茌平人。父母雙亡，一貧如洗。自幼博通經史，廣有學識，卻似龍遊淺水，不得騰飛。飲食有上頓，沒下頓，只是少不得杯中物，喝得昏醉，就狂呼亂叫，人都叫他「酒鬼窮馬周」。

他來到長安附近的新豐，朝一家大客店走去。許多客商進店，店主、小二忙得像走馬燈似的。馬周坐了半天冷板凳，沒有理睬他。他肝火上衝，拍桌大叫道：「主人家，你好欺負人！我就不是客，你為何不來照顧？」

店主王公忙過去，陪著笑臉說：「那邊人多，怠慢了你。用酒用飯，儘管吩咐。」

馬周便叫來五斗酒，幾碗肉菜，他一氣喝了三斗。喝得半酣，把剩下的酒倒進洗腳盆裏，把腳伸進去洗。店主和眾客看了，都伸出舌頭，嘖嘖稱奇。

第二天，馬周身無分文，便脫下狐裘給王公當酒飯錢。王公見他儀表非凡，看來是一位落魄慷慨之士，又覺得狐裘價貴重，再三推辭不受。馬周便在壁上題詩一首，表示感激。

王公見他筆墨如龍飛鳳舞，十分敬重，便問他想去哪裡，有無親友。馬周答想去長安，並無親友。

王公說：「馬先生大才，此去必然富貴。但長安乃米珠薪桂之地，先生無錢，如何過活？老漢有個外甥女，嫁在長安萬壽街賣餅趙三郎家。待我寫封書信，送先生去那裏暫住。這裏有白銀一兩，權當路費。」馬周接過銀兩、書信，拜謝而去。

那長安果然是花天錦地，熱鬧非常。馬周問到萬壽街賣餅趙家。前年趙三郎已去世，他老婆接管店面，就是王公的外甥女，不過三十歲，長得面如滿月，唇若紅蓮，豐豔動人。

賣餅女接過母舅王公之信，留馬周在店中作客，一日三餐，酒菜供給。馬周好像是理所當然一樣，毫無客套。

賣餅女本是俏麗孤孀，平時就有些輕薄子弟踅來踅去，浪語挑逗。現在見店裏住進一個男人，更是夾七夾八，說些不乾不淨的話。賣餅女便對馬周說：「我本想留先生在這裏長住，怎奈寡婦門前是非多。先生前程遠大，宜擇高枝棲身，以求上進。」

馬周說：「我情願替人當賓客，但是沒有門路。」

有一天，常中郎家老僕人前來買餅。王媼想著常何是個武臣，少不得文士相幫，問老僕人道：「有個薄親馬秀才，飽讀詩書，筆下流利，想找個館舍，不知你家用得著嗎？」

老僕答道：「正好需要秀才。」原來那時正當旱災，唐太宗詔令五品以上官員，都要盡心竭慮，直說政事的得失，以備採用。常何也該寫奏章，偏他肚裏墨水不多，正想找個飽學之士代筆。

王媼說起馬秀才，分明是口渴送上泉水。老僕回去稟報常何，常何大喜，馬上派人備馬來迎接。

馬周別了王媼，來到常中郎家中。常何一見馬周，儀表堂堂，心中喜歡。命人打掃書館，留馬周置酒款待。第二天，常何取二十兩白銀、十匹彩絹，親自送到館中。他將聖旨求言之事，與馬周商議。

馬周索取筆墨紙硯。他鋪開白紙，筆蘸濃墨，手不停揮，草成國家應辦事宜二十條。常何看了，歎服不已，次日早朝呈皇上御覽。

唐太宗看那奏疏，筆走龍蛇，所言都切合時宜，不禁輕叩御案，連聲說：「好！寫得好！」他問常何道：「此等見識議論，非卿所能言，你從哪裡得來？」

常何跪拜道：「請恕臣死罪！這二十條奏疏，臣愚昧不能寫出，這乃是臣家客馬周所寫。」

唐太宗愛才如命，他當即命速宣馬周來見。黃門官奉了聖旨，直奔常中郎家中宣馬周。馬周吃了早酒，正在熟睡，叫不醒。聖旨又下，到第三遍，常何親自來催促。

常何教館童扶起馬周，用涼水噴臉，馬周這才甦醒，聽說聖旨，慌忙上馬。拜見之後，唐太宗詢問馬周，馬周對答如流，即封他為監察御史。

次日清早，馬周又同常何謁見太宗。那時突厥反叛，太宗正派遣四大總管出兵征討，命馬周獻平虜策。馬周口若懸河，句句說到皇上心坎上，改封他給事中之職。常何舉賢有功，賜絹百匹。

馬周機靈善辯，裁處周密，太宗常常說：「我短時看不到馬周，就想念他。」太宗對馬周言無不聽，諫無不從，不到三年，馬周便官至吏部尚書。唐太宗曾經以飛白書賜馬周四句讚詞：「鸞鳳衝霄，必假羽翼；股肱之寄，要在忠力。」把馬周看成國家的鸞鳳、皇帝的臂膀。

馬周飛黃騰達的故事，有點傳奇色彩，但是並不能掩蓋其中的普遍真理。那些成功者多少都有類似的際遇。偶然還是必然並不重要，重要的是一定得借助別人的力量。

戰國時期大思想家荀子說過：「力不若牛，走不若馬，而牛馬為用，何也？曰：『人能群，彼不能群也。』」

人是一種「能群」的動物，他們既可以分工分職，又可以相互合作，借自然索取財富，借他人方便自己，借社會成就自己。當今的社會觀念——「我為人人，人人為我」就是這方面的集中表現。

人「能群」，就可以五個指頭攥成拳，「三個臭皮降，勝過一個諸葛亮。」眾人的力量湊在一起，就變得強大，可以「載萬物，兼利天下」。

天下無不是借助的對象

在日常生活中，人們對「借」並不陌生，平時身邊缺物少錢，往往向左鄰右舍借取，向親朋好友求助。但一般人對借的理解只停留在日常生活中的互通有無上，借的範圍局限在錢物使用上。

其實，借的範圍是非常廣闊的，《現代漢語》關於借字就收有如下詞條：借鑑、借用、借助、借重、借光、借貸、藉口、借花獻佛、借題發揮、借風使舵……

字、詞、成語是人類在長期社會實踐中自身經驗和智慧的一種結晶。它說明人的活動範圍有多廣，借的範圍有多廣。

借助外力，不應僅限於它的狹義。也就是說，不僅有錢物意義上的借，也有借助意義上的借，所有人類對於外在事物的利用，都包含在我們借的概念之中，就是說，為了發展事業更好地活，我們不僅要借錢借物，還要借局借勢、借手借心、借天借地，天地萬物無不成為借助的對象。

在這個意義上，借助外力不僅僅表現了人對世界事物利用的一種廣度，借還表現了人對事物把握的一種深度。

借無時無處不滲透在現實生活之中，只不過大多數人沒有意識到這一點罷了。在我們的一生中，要做成大事，不借助於別人的思想、能力、智慧、資金等各種可借之物，是很難想像的。

英國著名作家約翰・德萊頓說：「世界上沒有什麼事物是不可以利用的。」在一定意義上，利用就是借。借是一個涵義極廣、應用極廣的詞，小到柴米油鹽，大到軍政外交，無不與它緊密相聯。同時，借更是一種創意，一旦這種創意轉化為行動，它往往「比十所大學更能推動社會的進步」。借展現在人們面前的不再是狹隘的視野和短視的生命流程，而是穩定的流光溢彩的生活；借使繁難艱苦的工作被輕鬆愉快的創造所代替，使局促偏狹的觀念被曠達豪邁的風采所代替，使平淡無奇的生存被生趣盎然的真意所代替。

不僅在現實生活裏，在自然科學和社會科學的各個領域，也都離不開「借」。經典力學創始人牛頓說：「我之所以取得今天的成就，是因為站在巨人的肩膀上。」

諸葛亮能幫劉備奠定蜀國之事業，有兩件大事在他一生中不得不提：一是帶兵進駐荊州；二是與曹操赤壁之戰。

荊州自古是兵家必爭之地，對於劉備一方來說，它很重要，關係到以後霸業發展問題，諸葛亮巧妙地運用了「借駐」這一策略，先暫讓軍隊駐紮在那裏，後來藉口借駐時間沒有限制一直賴在那裏，為劉備發展、壯大自己力量、打通巴蜀通道起到了重要作用。

在赤壁之戰中，諸葛亮一方軍隊裝備、人數都遜於曹操，但諸葛亮又巧妙運用借的策略一舉擊敗曹軍。

先是「草船借箭」。利用當時江面霧大，敵方看不清虛實，只好用箭射擊的條件，使曹兵把箭都射到草船上，然後把草船上的箭拿下來，為我所用。

再是借「苦肉計」，讓黃蓋取得曹操的信任，然後去詐降，他們坐的小船裏都裝著硫磺等易燃物，目的是靠近和襲擊曹軍的水上軍營。

最後是借東風火燒赤壁。利用曹軍生於北方，不習於水戰，使他們乘船時船船以鐵鏈相扣，以便造成一隻船起火，其餘船隻遭殃的局面。

諸葛亮借的策略一舉成功，進而使吳、曹、劉三方中最弱小的一方——劉備也謀得了一席生存之地，並最終實現了「隆中對」所策劃的三國鼎立局面。諸葛亮因此也名聲大振，圓了自己的夢想，做了蜀國的宰相。

對外力的借助，歷史上最大膽的例子應當首推挾天子以令諸侯。

談挾天子以令諸侯必須談兩個人，一是春秋時代的管仲，二是三國時期的曹操，他們是挾天子以令諸侯的設計者與實行者。不過在管仲手上不叫「挾天子以令諸侯」，而叫「尊王攘夷」。比較兩句話的語義，一句是把皇帝抓在手中做自己的傳聲筒，讓地方勢力聽我的；一句是抬舉帝王，讓他替我說話，我就可以名正言順地去打擊地方勢力。兩者實際上是相同的，所以，管仲、曹操應共同享有這一謀略的發明權。

我們看看他們兩人的具體做法：

管仲是春秋時代五霸中的第一霸主齊桓公的宰相。在春秋時代，天下還是姬姓的天下，但周王已萎縮成一個地方小政權，其地位與影響與諸侯相比，就像一群壯漢中的一個老頭子。它不能管束與影響他人，別人也幾乎把它忘記了。而其他諸侯國呢？大的如齊、楚、晉、秦、吳等，經常發生戰爭，都想稱霸天下，儘管想達到這一目的，遠非易事。

當時的齊國兵精糧足，齊桓公便想嘗嘗當霸主的味道，合諸侯，立盟約。

管仲就反問：咱們憑什麼會合諸侯呢？大家都是周天子的諸侯，誰聽誰的？只有抬舉周天子才成。天子雖說不行了，但還是比誰都大；您只有爭取天子的支援，打著他的旗號，討伐叛逆，才能會合諸侯，訂立盟約。到那時您就是不願做，別人也要推舉您了。

管仲這一說，齊桓公喜歡得不得了，他們抓住周厘王剛即位的機會，趕緊派人去朝賀，順便給周厘王出主意，說宋國君位置不穩，請天子明確宣佈宋國君的合法地位。

周厘王剛上臺，日子冷清寂寞，諸侯們沒有一個睬他一眼，居然有一個頭等大國來朝賀，真是喜從天降，周厘王立即請齊桓公宣佈宋國君的地位合法。

以後，齊桓公奉周厘王命令，通知諸侯國到齊國的北杏開會，在會上，齊桓公果然被推舉為霸主。此後，齊桓公又八會諸侯。齊桓公去世，晉、秦、楚、吳相繼強大，為做霸主，他們亦如法炮製。

到東漢末，社會背景特殊，西涼軍閥董卓把漢獻帝趕出洛陽，挾持到長安，直到董卓被王允設計殺死，漢獻帝才從董卓的爪牙手中逃回洛陽。這時洛陽一片廢墟，皇帝形同乞丐，天下諸侯雖在，但都忙於爭奪地盤，沒有人願意理一位名存實亡的皇帝。大將軍、冀州牧袁紹似乎想到向這位可憐兮兮的皇帝伸出手。但他一轉念，接來一個皇帝，平白弄來一個坐在自己頭上的人，何必呢？也就罷了。

聰明的曹操棋高一著。他敏銳地看到手上抓住一個皇帝，便意味抓住了一個通行天下的圖章，這樣在群雄競爭中，就在政治上勝人一籌。他當機立斷，在漢獻帝回洛陽的第二天，率領自己的部隊來到洛陽，把劉協從殘垣斷壁、飢寒交迫中接到他的根據地許昌。袁紹直到這時候還沒有看出曹操這種作法有什麼好處，直到曹操用皇帝名義向全國發號施令，包括下詔斥責袁紹擁兵割據，才恍然大悟。連天子都可以借助，而且是一種挾持基礎上的借助，試問還有什麼東西不能作為人們事業上的助力呢？

借助外力是一種行為藝術

人離不開借，這一點容易明白。問題是，有的人在借力量時信手拈來，水到渠成，並獲得了自己所夢想的東西；有些人雖也借這借那，但反而處處被動，而且借的結果與預期目標相差太遠，有時甚至是反受牽制，把自己的老本甚至性命都搭進去了。

可見，借是一門學問，一門博大精深的學問，也是一門藝術。會借者，能點石成金，能在危敗之際力挽狂瀾；不會借者，即使有天時、地利、人和，最後也難以逃脫失敗的結局。

一九八五年夏天，法國許多報刊都刊登了一幅密特朗總統手執照相機的新聞照片。然而這張普通的新聞照片卻觸動了日本照相機的代理商貝爾廣告公司一位推銷員的職業靈感。原來，他發現密特朗總統手裏拿的恰巧是一架日本造的潘太克斯（PENTAX）「K2」型照相機。

於是，幾天以後，巴黎的《解放報》以整版篇幅刊登了一則別致的廣告，這是一封致總統的公開信：

「感謝您對潘太克斯照相機的信任，為此，我公司將贈給您一架最新型的潘太克斯『A3』型照相機，聊表謝意。」

廣告左角上，赫然印著那幅總統手執相機的新聞圖片，和一架「A3」型相機的特寫照片。當天下午，一位日本相機進口商真的帶著一架嶄新的潘太克斯相機到了愛麗舍宮，贈送給了密特朗總統。

瞧，推銷員借時機借得多妙，不費吹灰之力，就使「A3」型照相機名聲大振，這不是一個人的智慧表現，還是什麼？

最有意思的，是關於一個書商的故事。

一個書商手裏有一本好書，但苦於此書銷量不好，他決定借外在力量促銷。他找到了總統，送給他這本書。然後，每隔一陣子打電話給總統，問他這本書怎麼樣。總統被問得不耐煩了，就說這本書不錯。書商有了總統這句話，就開始寫廣告語：現有一本總統認為不錯的書要出售。果然被搶購一空。第二次，書商又如法炮製，問總統另外一本書怎麼樣，總統這次吸取了上次的教訓，說這書糟透了。書商又打出廣告語：現有一本總統拒絕看的書要出售。書又被搶購一空。

第三次，書商又去找總統，總統自始至終一言不發。書商又打出廣告語，現有一本讓總統也不知道怎樣評價的書要出售。書一上市也被搶購一空。

書商的行為弄得總統哭笑不得，但又無計可施。書商的行為看起來有點「無賴」，但我們還是不得不佩服這位書商借的手法之高超。書商的三次借，每次運用角度都不一樣，但每次都出奇制勝，展現了他的運用之妙和對借的深刻認識。人有了這樣借的「心機」，在現實生活中是無往不勝的。借的智慧將使他成為生活的強者、事業的成功者、命運的主宰者。

借的智慧一經利用，就可以照亮生存的每一角落；有了這樣的智慧，借者可以少走彎路，對現實各種錯綜複雜關係看得清清楚楚，對自身的處境，優缺點一目了然，對哪些該借，哪些不該借，借什麼，什麼時候借都胸有成竹。

借要隨物賦形，隨環境、時機、局勢等變化而變化，借的手段也不一。它們都為借的效果服務，都為借者生存處境服務。借的智慧不是一種常量，一種可以看得見、摸得著的模式，也不是某一手段、方法，它是無處不在而又無跡可尋的。

比如，借天時與借地利，本身沒有高下之別，主要看你怎樣運用。有時，所借的東西可能名氣很響，代價很高，但借的效果可能不如低代價的普通事物。如人吃飯所使用的筷子，如果把它換成金製的，人們因它太重而舉不起來，飯反而吃不成。在這種情況下，金製的筷子不如竹製的筷子。

古人有「四兩撥千斤」的說法，四兩何以敵千斤，是因為前者善於借，它合乎事物之道，利用借力打力擊敗對方。對於借者，只有在借外在力量合乎事物之道時，才能取得理想效果。

借是一門藝術，它值得你一輩子揣摩它、研究它、使用它。

借是一種智慧，它需要你在應用過程中有所發現、有所領悟、有所創造。

鋼琴不容三隻手

您會彈鋼琴嗎？無論會與不會，您一定知道，彈鋼琴雖然必須十個指頭全部動起來，卻絕不允許第三隻手的插入。因為兩隻手即使彈得不好，總還是在彈奏音樂，而第三隻手一旦插入，所彈就變成了噪音。

這是一個富於哲理的譬喻，它說明一項工作不可以有兩個指揮者，越是複雜的工作越需要統一指揮。工作可以由大家來做，但指揮者必須由一人擔當。因為指揮多，人們就會無所適從，或忽東忽西、前後矛盾。

當今社會是一個合作的社會，沒有他人的協助，我們做不了多少事。尤其是當事業發展擴大到一定階段，統一指揮和協調運作，避免大權另落，就成了突出的問題。這時作為一個領導者，必須既善於聽取他人意見，甚至鼓勵他人提出與自己相反的意見，又敢於獨斷專行，把指揮權牢牢地控制在自己手裏，而不容任何人成為插入自己事業的「第三隻手」，是頗富現實意義的。

掣肘壞事的「第三隻手」

要有效地防止「第三隻手」的插入，必須首先對「第三隻手」的危害有足夠的認識。因為只有對「第三隻手」的破壞作用有切膚之痛，才能採取必要的措施。

「第三隻手」掣肘壞事的例子，莫如軍事活動更能說明問題，所以讓我們來看軍事方面的實例。

晉景公在位的第一年，楚國國王親自率領大軍要攻佔鄭國，晉景公聽到這個消息後，馬上派出軍隊前往救鄭。

晉國大軍分為上、中、下三軍。荀林父擔任中軍元帥，先瑴為副帥；士會任上軍元帥，旻克為副帥；趙朔為下軍元帥，欒書為副帥。另有戰將趙括、趙嬰、竇朔、韓穿、荀首、趙同、魏偲、荀繻數十人。三軍由中軍元帥荀林父指揮。

荀林父為三軍的首腦，但擔任全軍統帥時間不久，威信未立。而手下的戰將，許多都是世代戰功卓著的將門之後，尤其是中軍副帥先瑴，自恃數世戰功，根本不聽荀林父的號令。

當晉兵開發到鄭國邊境時，鄭國已經投降了楚國。一些將領建議，救鄭已沒希望了，不如收兵回國。

先瑴一聽，馬上反對說：「大軍都已出來了，就這樣退回去，楚國一定會恥笑我們晉國無人。我寧肯戰死，也不這樣窩囊地回去。」

說完，他跑出軍營，拉起自己的部隊就渡河向楚軍進發了。晉軍另外二位將領，也隨後帶兵渡過河去了。

荀林父一見，只好令三軍一齊渡河，準備與楚軍一戰。

楚莊王見晉國大軍來到，急忙商議對策。孫叔敖提議與晉兵講和，莊王同意了，馬上派人與晉軍議和。

楚國使者來到晉軍大營，向荀林父講明來意，荀林父也主張講和為上。這時，先瑢等主戰的將領一個個跳出來，大罵楚國使者，還威脅要使者的頭，嚇得楚使抱頭鼠竄而回。

楚莊王聽使者回報，決計一戰，先派出幾股小部隊，前往挑戰，殺傷晉軍數十人而回。

此時，晉軍將領魏偲假意願去楚軍講和，魏偲因未受重用，十分忌恨荀林父。到了楚軍，他說是代表元帥來挑戰的。回來後，又說楚軍決意與晉軍決一死戰。

終於，二軍在禋城展開了一場大戰。

交戰時，楚莊王親自擂鳴戰鼓，三軍士氣奮發，將晉軍殺得七零八落。一直追到黃河邊上。

到了河邊，晉國各軍又為爭船渡河逃命自相殘殺，死傷無數。船到河中，有逃兵攀附船沿，船又翻了三十多艘，溺死數百將士。損失之慘重，為晉軍前所未有。

回到晉國，晉景公要斬荀林父的頭，許多將領為他求情，才免了一死。而不服從統帥指揮的先瑢，則被殺了頭。

在下者不服軍令，統帥卻不能治服，怎麼是合格的統帥？由這樣的統帥帶兵打仗，怎麼會不失敗呢？打仗如此，辦任何事都是如此。辦事的領導人一定要樹立權威，令行禁止，這樣才能無往而不勝。

如果說這一例中第三隻手敗事是由於主帥荀林父威望不足，不能約束部下，那麼下一例，就是由於第三隻手伸得太長。

話說關羽攻下襄陽，再圍攻樊城，令曹操十分震驚，立即召集文武大臣商討對策。

曹操見將軍于禁請命，就令他率軍前往。

突然，一將站了出來，願作先鋒，聲言一定生擒關羽，以報效曹操知遇之恩。

原來，此人姓龐名德，身高八尺，勇過虎狼，捷如猿猱，人稱「白馬將軍」。

曹操心想：關羽威震華夏未逢對手，龐德正是關羽的對手。立即拜龐德為先鋒。

于禁領著七支大軍，以龐德為先鋒，浩浩蕩蕩，來到樊城。剛紮下軍營，龐德馬上領著一支軍隊前來挑戰，口中還大罵關羽，耀武揚威。

關羽聽了，氣得要馬上出戰，恨不得一下子就殺掉龐德，以洩其恨。

關平勸關羽道：「父親一世英名，怎能與龐德這樣的人交手，讓兒子去教訓他吧！」

關平領著一支人馬來到陣前，與龐德二人交鋒，大戰三十多個回合，不分勝負。

有人報告給關羽，關羽馬上揮刀而出，與龐德遊戰起來，直打了百餘回合，仍是不分勝負。

關平怕父親年老有失，急令鳴金收兵。

于禁則怕龐德勝了關羽，急令鳴金收兵。

龐德退回，見到于禁，鬚髮倒豎，大叫道：

「我正要取關羽首級，為何將軍鳴金收兵！」

于禁假意說：「我是怕將軍有失啊！」

第二天，關羽又與龐德大戰起來。

鬥到五十個回合，龐德拍馬屁就走，關羽拖著青龍偃月刀直追過去，一前一後，緊追不捨。

關平看出破綻，龐德是假裝敗北，立即策馬趕向關羽，以防不測。

龐德暗中搭箭在手，關平看得分明，大叫：「小賊敢放冷箭！父親小心！」

關羽一心追趕，聽到關平喊聲，箭已射到身邊，正中左臂，幸得關平趕到救了起來。

龐德見關羽中箭，立即回馬，要斬關羽。

于禁一見，生怕龐德斬了關羽，立了大功，自己沒有面子，就急令鳴金收兵。

龐德以為軍營有變，回轉一看，什麼事都沒有，氣得他大聲質問于禁。

于禁卻說：「魏王再三叮嚀，關羽智勇雙全，我怕將軍中他詭計，所以收兵。」

明明是武大郎壓制人才，卻說的比唱的好聽。

就這樣，一次戰勝關羽的絕好機會就失去了，龐德受了武大郎于禁的詭計，還蒙在鼓中。

關羽受了箭傷，閉寨養傷。

龐德天天前去挑戰，關平都不准出戰。

於是，龐德提出率軍攻入關羽軍寨，于禁怕龐德立功，總是不許，龐德只有乾生氣。

相持數天後，于禁又領大軍後退十裏安營，這裏地勢低窪，若遇洪水定作澤國。關羽利用魏軍的錯誤，水淹七軍，生擒于禁、龐德。龐德堅貞不降，被關羽斬首，厚葬埋之。

在這一例中，龐德被人算計，處處受制，不能發揮其作用。龐德以高超的武藝，初戰關平，再戰關羽，並射傷關羽，武藝決不在關羽之下，但遇統帥于禁心忌龐德立功，使龐德不僅不能成功，反被擒處死，真是令人可悲可歎！人生之中，這樣的事太多了，像于禁這樣的武大郎開店者不少，所以，有真才實學的人才，一定要注意不能落入這樣的陷阱。

求得上司的信賴與專任

掣肘壞事的「第三隻手」的出現往往與上司的信賴不足、任用不專有關。例如中國古代，大將出征，皇帝往往要派一個監軍隨隊。這個監軍的任務是監督軍隊按照朝廷的旨意行動，於是就會出現將軍與監軍意見相左，你要往東，他堅持往西的局面。這種局面也往往出於部下特別是副手的不聽將令，任意妄為，荀林父打敗仗的教訓就在於此。還有一種情況，是將軍出征後，或打了勝仗，或吃了敗仗，都可能有一些雖不相干，但卻頗能左右上司看法的人說三道四，致使將軍在對敵作戰時時，時有後顧之憂。在這種情況下，取得上司的完全信賴與專任，顯得十分重要。

在淮河流域一帶，西周時還是中國的落後地區，居住著被稱為淮夷的少數民族。

西周初年，成王就攻佔了這塊土地，淮夷成為周室統治下的少數民族。一直平安無事。

當西周衰落時，淮夷也在貴族煽動下不斷鬧事，要擺脫周人的統治。淮河流域一帶動亂不已，人民都渴望早日過上安定的生活。

周宣王是位有作為的國君。他即位後，立刻計劃征討淮夷，並派召公虎統帥大軍執行任務。召公虎率領大軍，數日之間，就到達了淮夷居住的地區。隨後，就開始布署作戰的方案，決心儘快消滅叛亂的貴族。

他手下的一位謀士見了，擔心地對召公虎說：「主人啊！你如果這樣做，不怕引起朝中大臣的嫉妒嗎？如若朝中大臣再在宣王面前說你壞話，難道不是很危險嗎？」

召公虎聽了，覺得很有道理。但又想起宣王在臨行前的囑託，一片誠信的態度，就馬上打消了顧慮，率軍展開了戰鬥。

淮夷貴族的軍隊根本不是召公虎的對手，雙方交戰一個月，淮夷貴族的軍隊就接連打了三個敗仗，損傷不少人馬。

召公虎在戰場節節勝利的捷報，不斷傳到京城裏。開始，大臣們都誇獎召公虎的戰功赫赫；不久，誰也不再說召公虎的好話了，倒出現了不少流言。

「召公虎兵權在握，人又在外，值得小心提防啊！」

「召公虎哪會打那麼多勝仗，恐怕是編造出來的吧？」

「他編造這麼多戰功，造那麼多輿論，不知要幹什麼？」

這些話傳到周宣王那裏，他聽了十分氣憤。在一次早朝上，周宣王發火地對大臣們說：

「召公虎在外帶兵打仗，時刻有性命之憂，人家打了勝仗，有些人不僅不為他高興，還四處散佈謠言。說召公虎居心不良，我看他才居心不良。誰敢再散佈謠言，一經查實，定斬不饒。」

聽了周宣王的訓斥，那些造謠的大臣嚇得面面相覷，再也不敢私下造謠生事了。

這些謠言也傳到了召公虎那裏，這下子召公虎真正擔心起來：要是宣王聽信了這些謠言，我還能活命嗎？召公虎開始後悔沒聽那位謀士的話，領兵打仗也顯得畏縮起來。

好在幾天以後，宣王派來一位大臣，向他通報了宣王訓斥傳播謠言者的情況，召公虎這才放下心來。

接著，召公虎又接到了宣王的兩道詔命，第一道賞賜圭瓚給召公虎，獎勵他作戰有功，統軍有方；第二道賞賜美酒給召公虎，同樣是對他的戰功的獎賞。

有了宣王的信任與獎勵，召公虎再也沒有顧忌了，於是率領大軍奮力殺敵，很快就平定了淮夷貴族的叛亂，班師回朝。

回到京師，宣王率文武百官出城三里相迎，又在慶功會上頒下第三道詔令，賞賜給召公虎大片的小川田地。

自古以來，將軍率軍打仗，能否立下戰功並得到應有的封賞，無不與上司或帝王的信任有關。就召公虎來說，如果宣王聽信謠言，被胡亂插入的第三隻手所惑亂，那麼召公虎不可能平定叛亂；只因宣王對召公虎信任專一，並竭力打擊謠傳，樹立召公虎的權威，這才有了平叛的勝利。

由此可見，要杜絕第三隻手掣肘的現象，必須依靠好的上司，並竭力取得他的信任和授權，以便放開手腳，專心辦事。

果斷斬斷「第三隻手」

如果出現了掣肘壞事的「第三隻手」，怎麼辦呢？第一步，必須義正辭嚴地曉以大義、陳明利害，加以勸導和警告；如還是不肯縮回，那就要快刀斬亂麻，果斷地斬斷它。

順治十八年，順治帝逝世，他的兒子玄燁即位，即清聖祖康熙。這時，康熙才八歲，由索尼、蘇克薩哈、遏必隆、鼇拜四大臣輔政。

四大臣中，索尼資格最老，遏必隆、蘇克薩哈，聲望較低，凡事聽索尼作主。唯獨鼇拜南征北戰，自恃功高才大，連索尼也不放在眼裏，還想把索尼等人除掉，趁著皇帝還是個小孩子，由他獨攬大權。

鼇拜暗中設法，先從蘇克薩哈下手。他先借題生事，倡議將正白旗與鑲黃旗之地相對換，旗民已安居多年，現在易地遷徙，勞民傷財，百姓自然怨恨起來。經辦此事的大學士蘇納海等俯順民情，奏請停止遷徙。

康熙帝召見四大臣商議。遏必隆看了一下鼇拜，忙說：「應該照輔臣鼇拜所議行事。」

索尼也敲順風鑼：「臣意也是如此。」

蘇克薩哈低著頭不說話。鼇拜怒目而視，恨不得一口吞下蘇克薩哈。他昂然說道：「臣等所見皆同，請皇上發落！」

康熙帝看看這個大臣，又看看那個大臣，還在猶豫不決。鼇拜馬上從御座上撿出一張紙，提起皇帝專用的朱筆，寫下「蘇納海、朱昌祚、王登聯，不遵上命，著即處斬」十七個大字。

小皇帝探身過去，鼇拜一推，扔下朱筆，快步下殿，將他寫的聖旨交刑部。刑部不敢怠慢，三個大臣盡被斬首。

康熙見鼇拜如此驕橫霸道，感到如同芒刺在背，便想早日親政。他暗令給事中張維赤等聯名奏請少年天子親政。滿朝大臣同心贊成，唯獨鼇拜橫眉怒目，一言不發，大家只好默不作聲。

拖到康熙六年，康熙才在乾清門親政。不久索尼病逝，蘇克薩哈見鼇拜咄咄逼人，恐怕惹禍，便上奏辭職，去守先皇墳墓，了此餘生。

康熙寫朱諭要蘇克薩哈留任，請議政王貝勒大臣會議再議。鼇拜竟脅迫唯命是從的議政王傑書寫了「蘇克薩哈欺藐皇上，懷抱奸詐，存蓄異謀，即凌遲處死」的覆奏。

康熙便召傑書及鼇拜人內，說傑書覆奏謬誤。鼇拜立即上前辯駁。康熙說：「你和蘇克薩哈，不知有什麼仇恨，定要斬草除根，朕意就是不准！」

鼇拜說：「臣與蘇克薩哈並無仇恨，只是秉公斷事。若不殺他，將來臣下都要欺君罔上了。」

鼇拜湊過去，力請准奏，康熙堅持不准。鼇拜不禁大怒，舉起拳頭要揍小皇帝。

康熙畢竟是少年，嚇得往後退，支吾道：「就要辦他，也不該凌遲處死。」

鼇拜大聲吼道：「即使不凌遲，也應斬首。」

康熙氣得發抖，後來還是傑書和遏必隆聯名議奏，定了絞死。康熙當晚去慈寧宮中見了孝莊太皇太后，哭訴鼇拜專橫欺主情狀。

孝莊太后不是尋常女流，她到底是馬背上長大，且弓箭嫺熟。她撫摩著孫兒的頭，捏緊拳頭，向空中一擊。

康熙一見祖母的暗示，眼睛一亮，暗暗點了點頭。從此，他暗地裏向各王府邸，選了百名親王子弟，年紀同康熙相近，一起練習武藝，耍拳弄棒。不到一年，個個武藝精諶，連康熙也學得幾手南北拳法的擒、拿、撲、打。

一天，康熙不動聲色，說鼇拜功高，封他為一等公。過幾天單召鼇拜進內宮議事，鼇拜欣然前往。到了內宮，見康熙端端坐在上面，兩旁侍立的便是那班練武的少年貴公子。

鼇拜像往常一樣，昂首挺胸走到康熙面前，問道：「皇上召臣何事？」

康熙瞪圓了眼睛，怒問鼇拜：「你知罪麼？」

鼇拜毫不畏懼，橫眼直視，反問道：「我有什麼罪？」

康熙聲色嚴厲，叱責道：「你結黨營私，嫉賢害能，罪不容誅！」

鼇拜聽了這話，怒目橫掃康熙，忍不住挽起袖子，伸出老拳。

康熙厲聲下令：「左右與我拿下！」

鼇拜大聲喝道：「哪個敢來拿我！」

話未完，一個少年應聲而出，走近鼇拜，鼇拜迎面一拳，那少年閃開身子，接住鼇拜拳頭，大喝一聲：「去！」

鼇拜畢竟年老，站立不穩，倒退幾步。眾少年一窩蜂圍上來，你一拳，我一腳，鼇拜竟被這群童子軍打翻在地，頭破血流，沒有還手之力。

康熙便召傑書、遏必隆進內殿，痛罵一頓。兩人連忙下跪，叩頭如搗蒜。康熙便命二人拖出鼇拜，據實訊嚴懲。二人嚇得破了膽，自然遵旨，奏複鼇拜罪狀共三十條。

康熙後來傳下諭旨。稱：「鼇拜結黨專權，紊亂國政，罔上行私，欺藐朕躬。遏必隆知其惡，緘默不言，意在容身，亦負委任。……以其情罪重大，皆擬正法。但念鼇拜效力多年，姑從寬免死，仍行拘禁。遏必隆無結黨事，削去太師職銜及後加公爵。」康熙還宣佈了對鼇拜黨羽的處決和對依附鼇拜者的嚴厲警告。

十六歲的康熙，終於奪回了皇帝的權力。

鼇拜自恃功高，氣焰囂張，妄圖把持朝政，連皇帝都不放在眼裏，這樣的「第三隻手」怎能容忍？康熙皇帝年齡雖小，卻果敢地用一些少年心腹一舉除掉了它，真不愧為英明之君。假使康熙懾於鼇拜的氣焰而不敢動手除掉它，那麼真不能設想康熙的君位能坐到什麼時候，更不用說在後來的執政生活中創下豐功偉績，成為「千古一帝」了。

康熙的故事說明，要做一個有作為的領導者，就必須維護自己的正當權力，勇敢地與「第三隻手」展開鬥爭。如果「第三隻手」堅持插入自己的事而不肯縮回，必要時可以果斷地斬斷它。

大詩人恒利曾寫下了有警世意味的名句：「我是自己命運的主宰，我是自己靈魂的船長。」他想必是希望讓我們知道，我們是自己命運的主宰，也是自己靈魂的船長，因為我們有控制自己思想的能力。而主宰自己的命運，當自己靈魂的船長，斬斷「第三隻手」，正是題中之義。

工作之專注與事業之成功成正比

「制心一處，無事不辦」這句話，是佛祖釋迦牟尼所說。

所謂「制心一處，無事不辦」，意指把全部精神用在一件事上，就會創造出奇蹟。凝聚精神，使之不散，這猶如千鈞之力於一點，沒有什麼能夠抵擋；又如凹鏡使陽光聚集，可以燃起火來。持續這種凝聚，使之不斷，就能滴水穿石，鐵棒成針。

釋迦牟尼所說，實際上是專心的力量。許多偉大的事業和看似不可能實現的夢想，都是靠凝聚全部精神，進行不懈的努力成就的。荀子說「蚯蚓沒有鋒利的指爪和牙齒，沒有強健的筋骨，但是向上可以吃塵土中的食物，向下可以飲黃泉中的水，原因在於制心一處；螃蟹有六條腿，還有兩個螯，但是如果不在蛇和鱔魚的洞穴，就沒有住的地方，原因在於用心浮躁。所以沒有精誠的用心，就沒有對事物的了然；沒有專注的工作，就沒有赫赫的功績。」古代聖賢對於專心的重視與推崇，可以說無以復加了。

專心具有神奇的力量

人人渴望獲得成功，但很少有人理解成功，更少有人願意為之付出代價。有些人用心不專，隨波逐流，稍有風吹草動就改變方向，試圖一邊在人生的路上散步，一邊隨意採摘成功的果實。但成功是不會這樣獲得的，成功不是偶然的收穫，而是必然的結果；不是憑空想像的產物，而是長期專心勞動的報酬。

想取得成功的人不能把精力同時集中於幾件事上，只能關注其中之一。我們不應該因為從事份外工作而分散了我們的精力。

大多數人如果專注於一項工作，並集中精力於這項工作，他們將能把這項工作做得很好。專心具有神奇的力量。

下面是一些著名的例子：

伍爾沃斯的目標就是要在全國各地設立一連串的「廉價連鎖商店」，他把全副精力花在這件工作上，經常為之廢寢忘食，獲得了成功。

林肯致力於解放黑奴，為之嘔心瀝血，克服了無數困難，終於達到了目標，並因此成為美國最偉大的總統之一。

李斯特在聽過一次演說後，內心充滿了成為一名偉大律師的欲望，他把一切心力專注於這項目標，結果成為美國最成功的律師之一。

海倫・凱勒專注於學習說話，因此，儘管她又聾又啞又瞎，但她還是實現了她的願望。可以看出，所有成功的人物，都把某種明確的目標當作靶子，瞄準它，毫不偏移分毫，直到取得理想中的成績為止。

賴德・佛勒，是美國的一位靠經營掃地刷子起家，並且終生專心經營清潔用品而取得了偉大成功的人物。中學一畢業，他就真的離家出走，自個兒去闖天下了。

佛勒隻身一人來到波士頓，那時他才十八歲。為了能順利找份工作，當雇主問他歲數時，他就虛報為二十一歲，並且說：「別看我身體瘦小，力氣可大著呢？」

但是，佛勒運氣不佳，每到一處，幹不多久就被辭退了。於是佛勒打定主意做老闆，但是做什麼生意呢？一來沒有本錢二來沒有經驗，佛勒在街頭徬徨，不知如何是好。

一天，一家小工廠門前的一堆雜亂的東西引起了佛勒的興趣。那是些掃帚、拖把、刷子之類的清潔用具，這些小玩意竟然在佛勒的腦海裏閃現出奇異的亮光來。佛勒走過去，把這些東西仔細地看了又看。

「對！就做這個。」他高興地叫了起來。

佛勒為什麼選擇販賣清潔用品的生意？一是符合他為自己定下的一條原則，即經營的需是大眾化的商品，才有普遍的需求，廣大的市場。二是他本錢不多，生意必須同他的本錢相適應，經營清潔用具正符合這兩項條件，他就毫不猶豫地幹起來了。

佛勒背起各種各樣的掃把和刷子，開始沿街挨戶推銷。

他走到一家門口，按響了門鈴，門打開了，出現在他面前的是一位善良的中年婦女，臉上露出親切的笑容，佛勒緊張的心情一下子就放鬆了。那位婦女和善地對他說：「孩子，真難為你了，你這樣做，不知為家庭主婦帶來多少便利。」

佛勒激動得不知應該說什麼，他永遠忘不了這位婦女的形象，更忘不了她最後說出的這幾句話，這些話使他明白了做生意的一個最重要的道理，就是不要忘了從顧客的需求著想。佛勒在他的一生中都是堅持這麼做的，這就是他事業大獲成功的奧秘。

就這樣，他做成了一生中的第一筆生意，以八美分的價格賣掉了一把小刷子，佛勒的事業就從此開始了。

佛勒不顧自己跑腿勞累，主動上門推銷各種清潔用具，受到顧客歡迎，他得到的是雙重收穫，不僅賺了錢，同時還為顧客提供了服務，從這裏得到了精神上的激勵和快慰。

不久，在佛勒的腦海中又浮現了一個新的念頭。

他計算著：光靠賣別人的產品，從中抽取一點傭金，利潤太小，這樣下去能有什麼大作為？何不自己也來做，反正生產這些清潔用具用不著複雜的機器，也不需要太難的技術。

資金不難解決，他在銀行裏已有了七十五美元，買點生產工具和材料勉強夠了，難解決的是生產場地問題：自己沒房子，租來的一間小屋只能住宿，不能用來生產。

他想到自己的一個姐姐嫁在波士頓，去找她也許有點兒辦法。姐姐家有個放東西的地窖，佛勒就把主意打在它上面。他要求借來暫用，姐姐答應了，姐夫也沒阻攔，這件事就這麼辦妥了。

佛勒開始了廢寢忘食的工作。他一心想的只有一件事情，就是如何才能提高工作效率，做出更多更好的產品，為此，他想製造一部製刷機器，要把一撮一撮的毛插到把柄上去。想了許多，沒有結果。突然，他想起家鄉使用的一種農業機械，它的原理對他很有啟發，他不分晝夜，全神貫注地設計這種機器，一邊設計、一邊製作，失敗了再來，最後終於成功了。

佛勒有了這部手搖製刷機，真是如虎添翼。晚上，他借著昏暗的煤油燈光，在地窖裏生產出各種新式樣的刷子。白天，他就背上刷子挨家挨戶去推銷。他仔細問顧客有什麼意見，有什麼特殊的要求，一一記錄下來，晚上再根據這些意見和要求，改造原有的產品，生產新品種。

佛勒正在春風得意的時候，產品出現了滯銷。出現這種情況的原因，不是別的，恰恰是因為他的刷子太結實，短時間壞不了。

有人勸他，放棄經營刷子吧，轉做別的行業會更有前途。然而，佛勒沒有這樣做，他仍鍾情於他的刷子。

佛勒立即做出新的決定：擴展出去，開闢新的市場，他把工廠遷到康乃狄克州首府哈特福特，去爭取新的顧客。同時繼續同波士頓的老客戶保持聯繫，滿足他們的需求。

搬到哈特福特之後，佛勒的事業擴大了，租下一個舊的車庫當工廠，雇了一個工人開機器，他自己則把全部時間用於推銷產品，一年之後，他平均每月的推銷額已達到八〇〇美元。

他在找到新客戶時，每次都會說：「除了我們現有的產品，您在日常生活中，是否還感覺到需要什麼特殊用途的刷子？」如果顧客提出來，他便按照要求去生產。

他還把刷子的用途不斷擴大，不僅適用家庭日常生活需要，而且適應工業以及軍事上的需要。

二次大戰初期，他看到戰士用布擦槍，心裏想：如果用刷子擦，不是省時省力嗎？他把這個想法同軍方說了，軍方馬上就接受了他的建議，並同他的佛勒公司簽訂了合同，由公司提供四〇〇〇萬把各式各樣的刷子。

在佛勒看來，只要時刻想著顧客的需要，這小小的刷子就會有千變萬化的形式，是永遠不必擔心沒生意可做的。佛勒的事業越搞越大，他堅持另一條原則是：在任何情況下，都要保持生產優質產品，寧可價錢貴一點，也不降低產品品質。

他不斷改進產品品質，就以毛刷為例，以前用久了會掉毛，改進之後，就是磨光了也不掉一根毛，其他的廠商也造這種毛刷，但品質和價格都無法和佛勒公司相比，即使在二〇年代末不景氣的時候，別的廠家紛紛生產廉價產品出售，佛勒也不放棄他的原則，這終於使他的事業立於不敗之地。

終身都經營小小的刷子，這種專一不二的經營策略，使佛勒獲得了成功。

專心可以激發人的無限潛能

工作需要專心。道理易懂，但做起來卻難。其原因，一是缺乏戰略頭腦，為複雜的環境所干擾，被環境所支配，二是缺乏訓練。專心於一事，這是一種能力，不是人人都能辦到的，這種能力往往需要經過鍛鍊和訓練獲得。心理學上對精神和注意力集中有一定的訓練方法，但這僅僅是指較短時間的精神集中，比如注意聽別人談話等。我們這裏所說的專心還包括一段時間內集中精力做一件事，對此，似乎無成熟的訓練方法，主要靠自己在工作實踐中訓練，例如強迫自己排除干擾，集中精力並養成一鼓作氣做到底的工作習慣。

埃瑪・蓋茨博士之所以能夠把這個世界變成更理想的生活所在，全靠專心的力量。蓋茨博士是美國的大教育家、哲學家、心理學家、科學家和發明家，他一生中在各種藝術和科學上做了許多貢獻，有許多發明。

蓋茨博士的個人生活證實，他鍛鍊腦力和體力的方法可以培養健康的身體並促進心智的靈活，所以在這裏略作介紹。

拿破崙・希爾曾帶著介紹信前往蓋茨博士的實驗室去見他。當希爾到達時，蓋茨博士的秘書告訴他說：「很抱歉，……這時候我不能打擾蓋茨博士。」

「要過多久才能見到他呢？」希爾問。

「我不知道，恐怕要三小時。」她回答。

她遲疑了一下接著說：「他正在靜坐冥想。」

希爾忍不住笑了：「那是什麼意思啊——靜坐冥想？」

她笑了一下說：「最好還是請蓋茨博士自己來解釋吧。我真的不知道要多久，如果你願意等，我們很歡迎；如果你想以後再來，我可以留意，看看能不能幫你約一個時間。」

希爾決定繼續等待，這個決定真值得。下面是希爾所說的經過情形：

當蓋茨博士終於走進房間裏時，他的秘書為我們介紹，我開玩笑地把他秘書所說的話告訴他，在他看過介紹信以後高興地說：「你想不想看看我靜坐冥想的地方，並且瞭解是怎麼做的？」於是他帶我到了一個隔音的房間去，這個房間裏唯一的家具是一張簡樸的桌子和一把椅子，桌子上放著幾本白紙簿，幾支鉛筆以及一個可以開關電燈的按鈕。

在我們的談話中，蓋茨博士說他遇到困難而百思不解時，就走到這個房間來，關上房門坐下，熄滅燈光，讓全副心思進入深沈的集中狀態。他就這樣運用「集中注意力」的方法，要求自己的潛意識給他一個解答，不論什麼都可以。有時候，靈感似乎遲遲不來；有時候似乎一下子就湧進他的腦海；更有些時候，至少得花上兩小時那麼長的時間才出現。等到念頭開始澄明清晰起來，他立即開燈把它記下。

埃瑪・蓋茨博士曾經把別的發明家努力過卻沒有成功的發明重新研究，使它盡善盡美，因而獲得了二〇〇多種專利權，他就是能夠加上那些欠缺的部分——另外的一點東西。

蓋茨博士特別安排時間來集中心神思索，尋找「另外一點」。他是靠專心致志來激發自己的潛能才做到這一點的。

一位朋友發現他自己患了一般人所說的「健忘症」。他變得心不在焉，記不住任何事情。現在，引用他的話，讓你明白他是如何克服他的這項障礙的：

「我已經五十歲了，十年來，我一直在一家大工廠擔任某個部門的經理。起初我的職務很輕鬆。接著，公司迅速擴大業務，使我增加了額外的責任。我這一部門的幾位年輕人已經表現出不尋常的精力與能力——他們之中至少有一位企圖取得我的職位。

「像我這種年齡的人大都希望過舒適的生活，而且我在公司已服務過很長的一段時間了，因此，我覺得我大可以輕輕鬆鬆地工作，安心地在公司待下去。但這種心理狀態幾乎使我失掉了我的職位。大約兩年前，我開始注意到，我『專心』工作的能力已經衰退了，我的工作變得令我心煩。我忘記處理信件，直到後來，桌上的信堆積如山，令我看了大吃一驚。各種報告也被我積壓下來，使我的部屬大感不便。我人雖然坐在辦公室裏，但腦中卻想著別處。

「其他的情形也都顯示出，我的心思並沒有放在工作上。我忘了參加公司一個重要的主管會議。我手下的職員發現我在估計貨物時犯了一個很嚴重的錯誤。當然，他也設法讓總經理知道了這件事。

「對於這種情形我真是驚訝萬分。於是我請了一個星期的假，希望把這種情形好好想一想。我在一處偏遠山區的度假別墅內認真地反省了幾天，使我深信自己是患了健忘症。我缺乏『專心』工作的能力，我在辦公室的肉體及心理活動變得散漫無目的。我做事漫不經心，懶懶散散，粗心大意，這完全是因為我的思想未放在工作上的緣故。我在滿意地診斷出我的毛病之後，就尋求補救之道。我需要培養出一套全新的工作習慣，我決心要達到這個目標。

「於是我拿出紙筆。寫下一天的工作計劃。首先，處理早上的信件，然後，填寫表格、口授信件、召集部屬開會、處理各項工作。每天下班之前，先把辦公桌收拾乾淨，然後離開辦公室。

「我在心裏問自己：『如何培養這些習慣呢？』獲得的答案是：『重複這些工作。』在我內心深處的另一個人提出抗議說：『但是，這些事情我已經一而再、再而三地做過多少次了。』我心中的聲音回答說：『不錯，但是，你並未專心從事這些工作。』

「回去上班後，我立即把新的工作計劃付諸實施。我每天以同樣的興趣從事相同的工作，而且儘可能地在每天的同一時間內進行相同的工作。當我發現我的思想又開始想到別處時，我立刻把它叫了回來。

「後來，我發現，每天我雖然做同樣的事情，但卻感到很愉快。這時，我知道我已經成功了。」

可以看出，專心是激發生命潛能以便在事業上大步前進的好辦法，在激烈的競爭中，如果你能向一個目標集中注意力，成功的機會將大大增加。

合理運用時間

小到專心做好一件事，大到集中精力於一項偉大的事業，都與時間有密切的關係，所以在談到專心這個問題時，不能不談到怎樣運用時間。

失敗者常表現得仿佛能活到一〇〇〇歲。他們交際太多、玩得太多、睡得太多，總是向我們保證明天再做該做的事。世界上根本不存在標著「明天」的日曆。英國女王伊麗莎白一世臨終前曾低語：「我願把所有的財產換取片刻的時間。」

如何利用好我們都擁有的最寶貴的財富——時間，這是成功之道最重要的一階。你必須學會如何明智地進行時間投資，否則根本無法充分發揮自己的潛力。記住霍拉斯・曼的話：「在日出與日落之間，會失去了兩個小時金色時光，每一小時都是鑲嵌著鑽石的六十分鐘。不會作出任何補償，因為這兩個小時永遠失去了。」

人們說時間就是金錢，這種說法低估了時間的價值，時間遠比金錢更寶貴。

談到專心工作和珍惜時間，有些人就走到了另一極端，狂熱地想要獲得每一分鐘的最大的使用價值，這就未免要求得太過分了。例如，在柴斯特・菲爾德寫給他兒子的許多著名的信件中，有一封是在一七四七年十二月十一日寫的。信中說：

「我認識一位紳士，他把時間管制得太嚴了，就連上廁所的這一小部分時間也不願失去，而連續在那一段段時間裏慢慢地讀完所有拉丁詩人的作品。例如，他買了一本紀元前一世紀羅馬詩人賀瑞斯的普通版詩集，一次撕下幾頁，先讀這幾頁，然後把這幾頁當做犧牲品，送入下水道。他就這樣獲得了相當多的時間。」

人不可能一天二十四小時一直集中精力，也不能只工作不休息。要想提高工作效率，重要的是把運用時間和精力當成一門藝術，做到合理、高效而不過份疲勞。

如果你是坐辦公室的人，那你辦事的功效就會比勞力者有更大的起伏。而你一天的大部分工作可能都是在某一段時間做好，這一段時間可稱為精力充沛的時間。

對大多數人來說，一天的頭兩個小時，是精力充沛的時間。但是很多人並不知道這種情形，而把這幾個小時花在例行事務上；閱讀早晨來的信件、刊物、報紙，打幾個例行的電話等等。這些都不需要我們以最好的精力、敏銳的思維，以及最大的創造精神來辦工作。

因此，你要把一天中最優先的一兩項工作安排在你精力最充沛的時候去做，然後再做次優先的工作。

現在你已經選定了你優先辦理的事項，並且把它們排在你精力最充沛的時間裏做。下一步就是不讓別人干擾你，你好有足夠的時間把這些工作做好。

如果你的問題是你花了太多的時間在閱讀上，接受速讀訓練並不能解決你的問題。解決問題的辦法是在閱讀資料上有所選擇。請記住英國評論家路卡士的這段話：「常識告訴我們，去做一件工作或閱讀一本書時，若不先問自己：『這是不是值得花掉我生命中的一段時間』，就永遠不去做這件工作或閱讀這本書。」

浪費時間的活動就像癌症組織一樣，不但不進行正常的功能活動，還會耗盡一個人的活力。不但永遠不會自己消亡，而且會日益蔓延。唯一治療的辦法，是用外科手術來切除。如果你浪費時間在你認為無益的事務上，那你就要面對這些正在消耗你時間和精力的事實，並且採取必要的行動，把它們一次完全切掉。

檢視一下你的時間記事表、約會日曆、業餘活動、預定閱讀表和你看電視的習慣，斬除所有不能給你帶來成就感或滿足感的每一件事。

有些人以「雜亂」為一種辦事方法。他們的辦公桌上經常有一大堆亂七八糟的文件紙張，認為最重要的事情總會「浮現」到上面來。對某些人來說，這個辦法似乎也還不錯，如果是真的有效，我們就不願批評什麼。而要這一類人把辦公桌整理得井然有序，他們很可能會覺得像穿上了給瘋子穿的「緊身衣」。

但是，在多數情況下，雜亂只會帶來反效果。它會阻礙你把精神集中在單一的工作上，因為你的視線經常會被其他事物吸引過去。雜亂也會製造出緊張和挫折感，覺得一切都缺乏組織，而且被壓得透不過氣來。

如果你發覺你的辦公桌上是一片雜亂，你就要花時間來整理一下。把所有文件堆成一堆，然後逐一檢視，並且把它們分成下面四類：

一、立刻辦理。

二、次優先。

三、待辦。

四、閱讀材料。

把最優先的事項從原來的亂堆中移放在辦公桌的中央，然後把其他的文件放到你視線以外的地方——放在旁邊的桌子或抽屜裏面。把最優先的待辦件留在你的桌子上，目的是要你不要忽視它們。但是你要記住：你一次只能做一件工作。因此你要選擇最重要的一件事，並且把所有精神集中在這件事上。

任何辦公的人最需要的，是想出某種辦法及時提醒自己一天中要辦的事項。日曆很有幫助，但是最好的辦法可能是實行一種辦事項卡片制度。要處理大量文件，當然就需要設計出一種更嚴格的制度。

每天下班之前，把辦公桌清理好，這樣會使第二天有一個好的開端。

總之，要從各方面著手，合理、有效地利用時間，做時間的主宰。

致命的失敗，決定於微弱劣勢

在人生的道路上，有人獲得了巨大的成功，也有人遭到了慘痛的失敗，其中的原因可能是多方面的。但是，無論原因有多少種，我們必須承認的是，失敗者與成功者的差距，其實只有一點點。

舉例來說，國外一匹著名賽馬，在牠的生涯中，贏過數百萬元。當馬主出售它時，牠的身份要比大多數跟它一起賽跑的馬高出一百倍以上。

為何會是其他馬身價的一百倍？是牠比那些馬速度快上一百倍嗎？不是，牠只比其他的馬快一點點。事實上，在許多場比賽中，牠比跑第二的馬只快過一個鼻子。裁判往往不能判斷，直到他們看了兩匹馬跑到終點線時的錄影才能斷定。

在人類每一個努力的領域中，這種細微的差距，便把贏家跟一些入圍者分別出來，而這些入圍者只占參加比賽者總數不到五%。

顯然，這是一個值得我們深入考察和思考的現象。

小處不可隨便

由微弱的劣勢導致失敗的例子，在我們的生活中比比皆是。

二十世紀初，在美國亞利桑納州有位男子，去尋找一座位於茲默斯頓小鎮附近的豐富銀礦礦脈。他努力找尋了幾年，在一座小山的側向掘出了大約二〇〇米的坑道。但是，這座掘出坑道的銀礦卻早已被挖掘一空了，不得已他只好放棄了計劃，過了不久，這名男子也去世了。

過了十年，某礦山公司買下茲默斯頓地區的幾處礦區。這家礦山公司重新挖掘了當年被放棄的礦脈，就在距離廢棄坑道一米左右的地方，發現了從未有過的豐富銀礦脈。相隔只不過一米，卻相差了幾百萬美金。

樵夫砍伐大樹，縱然砍擊的次數多達一〇〇〇次，但使大樹倒下去的往往是最後一擊。

有力和無力之區別，勤勞和懶惰之區，成功和失敗之別，其間之差異猶如薄紙一隔。

在公司內你可能是一位平凡的業務員，業績始終維持中等程度。和頂尖優秀的業務員相比，你的業績不及對方的一半。你也許因此認為，憑自己的能力是絕不可能拉近這二倍的業績距離。

但請你仔細想一下，業績多你二倍的業務員，比起你八小時工作時間，他工作了十六小時嗎？當然那是不可能的。在客戶訪問中你一天十次，他也不過多了你一次而已。而你用了十個小時的心思於工作上的同時，他也只不過多用了一個小時。

其實只要再進一步稍加努力，你便可由庸俗的世界升到超脫的世界，你的身價便會加速地飛升。

義大利曾發生過這樣一件事，有一家餐館，平日經營很仔細，飯菜的品質也很高，生意興隆，財源旺盛，老闆很得意。但有一天，一位電影明星前來就餐，因吃菜時有一粒砂子把她的一顆牙齒嗑壞了。這位明星很惱火，要求賠償損失。這下可嚇壞了餐館老闆，說了一車的好話也不管用。明星向法院起訴，要求賠償一千萬美元，最後經法院判決，賠償九萬美元。小小一粒砂子，損失了老闆九萬美元，豈能不心痛，但也無可奈何。損失錢還不說，這件事登在報紙上，出現在電視上，成了人們議論的話題和新聞，這家餐館的名聲也大大敗壞了。

有些企業經營者對待品質標準，總樂於接受百分之九十幾的要求，而對於百分之一百這個字眼總是持搖頭態度。大概是想留一點點「餘地」吧。可是，往往一些產品的名聲就壞在百分之一上。正像俗語說的，一粒老鼠屎壞了一鍋粥！一些企業在這方面的教訓是非常慘痛的。

從發展生產的角度來看，即使是百分之一的產品不合格，也是個相當嚴重的問題。比如一家工廠年產五萬台洗衣機，瑕疵率為一％，那麼就有五〇〇台瑕疵品，也還對付得過去。但假如生產率一下子提高，使年產量增加到五〇〇萬台，一％的瑕疵率，就意味著市場上將有五萬名買到瑕疵品的消費者。這五萬消費者買到瑕疵品，當然不會沈默，他們會到處宣揚某種牌子的洗衣機是多麼差勁，這樣知道的人不是幾萬而是幾十萬，幾百萬人。那麼，這種產品還能繼續賣下去嗎！

不斷尋找並補齊最短的那塊桶板

有一個所謂的「水桶定律」：一隻水桶能裝多少水，取決於它最短的那塊木板。

還有一個「鏈條定律」：一根鏈條的強度決定於最薄弱那個環節。

這兩條定律有一個共同之處，即它們說的都是任何一個組織都可能面臨的問題：構成組織的各個部分往往是優劣不齊的，而劣質的部分決定了整個組織的水準。

既然整個組織的水準決定於劣質部分或薄弱環節，那麼可否使之不存在？非常遺憾，這劣質的部分或環節是必然存在的，因為優劣、強弱是相對而言的，即使你以優質的材料換掉了原來的部分，其他部分又會成為相對劣質、薄弱的部分。在這裏，對整個組織來說沒有最好，只有更好。

沒有最好，只有更好。這意味著要不斷地更換劣質的部分或環節，不斷地追求完美。

很多成功者之所以能夠成功，都是因為他們好對事情追根究底，以便用最完美的方式解決問題。

提出疑問是有極大意義的，如果你不斷地問，問得足夠多時，最後便會引導你問到一個最要緊的問題上去。如果你從來不問，便會看不到問題；如果從來沒有見過問題，當然就不能嘗試努力解答問題。

世界上最好的解決問題的方法，就是自己找出答案來，並且無論什麼問題，絕不將別人無知的話當成是最後的決斷。成功者未必能解決每一個問題，但是他們不會相信因為別人說不能解決，便以為真的不能解決。

大發明家愛迪生的一生，從沒有停止過提問：「為什麼？」他雖然沒有能將自己所問的問題都求出答案來，然而他所得出的答案卻已是多得驚人。例如，有一天，他在路上碰見一個朋友，看見他手指關節腫了。

「為什麼會腫呢？」愛迪生問。

「我還不知道確切的原因是什麼。」

「為什麼你不知道？醫生知道嗎？」

「每個醫生說得都不同，不過多半的醫生以為是痛風。」

「什麼是痛風呢？」

「他們告訴我說這是由於尿酸淤積在骨節裏造成的。」

「既然如此，他們為什麼不從你骨節裏抽出尿酸來呢？」

「他們不知道如何抽取。」病者回答。

這時的情形好像一塊紅布在一隻鬥牛面前搖晃一樣。「為什麼他們會不知道如何抽取呢？」愛迪生生氣地問著。

「因為尿酸是不能溶解的。」

「我不相信，」這位世界聞名的科學家回答著。

愛迪生回到實驗室，立刻開始試驗，看尿酸到底是否能溶解。他排好一列試管，每只試管內都灌入四分之一管不同的化學液體。每種液體中都放入數顆尿酸結晶。兩天之後，他發現有兩種液體中的尿酸結晶已經溶化了。於是，這位發明家有了新的發現問世。這個發現也很快地傳播出去，現在這兩種液體中的一種在醫治痛風症中普遍受到採用。

《戰國策．楚策》中有這樣的話：「見兔而顧犬，未為晚也；亡羊而補牢，未為遲也。」意思是說，遇見野兔，馬上回頭去找獵狗；逃走了羊，立刻動手修理羊圈。雖然事前沒有考慮，缺乏準備，但遇事能夠迅速補救，長遠看來也不算遲。

一個人或一個企業因微小的漏洞而招致失敗，這是一個壞事，但壞事可以變為好事。要把它變成好事，需要創造一定的條件，這個條件就是正確地總結經驗教訓，尋找並補足最短的那塊水桶木板，並不斷努力，力圖完美。當然，問題還會不斷出現的，因為隨著工作的改進和標準的提高，問題也會不斷地暴露出來。但是，這樣一來，我們的工作卻接近了完美，而這，正是我們所追求的。

爭取決定性的優勢

既然致命的失敗決定了微弱的劣勢，那麼從另一個方面看，就可以得出這樣一個結論，即決定性的勝利取決於微弱的優勢。

這個結論在邏輯上沒有任何問題，成功與失敗之間只有一線之隔，那決定了勝利與成功的，也同樣是只差一點點。

由此我們所謂爭取決定性的優勢，認真說來，也不過是爭取微弱的優勢而已，儘管我們在主觀方面，不應該滿足於微弱的優勢，而必須使之不斷加大。

我們在物理學上學到，當水加熱沸騰至一〇〇℃時，會產生巨大力量的水蒸氣。九九℃的水只是滾燙而已，但是只要再加熱一度，強大的蒸氣能源便能夠產生。

請先想想這個道理。只要一℃，是的，僅僅再加一%的熱度，水便能由液體變成氣體，轉動機械，產生照亮街道的電力，驅動工廠的機器。

在我們的人生中，到處充滿著這種實例。

房屋是由一磚一瓦堆砌成的；足球比賽的最後勝利是由一次一次的得分累積而成的。每一個重大的成就都是一系列的小成就累積成的，所以最後的勝利，往往決定於能否「繼續走完下一里路」。

按部就班做下去是實現任何目標唯一的聰明做法。最好的戒煙方法就是「一小時又一小時」堅持下去。有許多人用這種方法戒煙，成功的比例比別的方法高。這個方法並不是要求他們下決心永遠不抽，只是要他們決心不在下一個小時抽煙而已。當這個小時結束時，只需把他的決心改在下一小時就行了。當抽煙的欲望漸漸減輕時，時間就延長到兩小時，又延長到一天，最後終於完全戒除。那些一下子就想戒除的人一定會失敗，因為心理上的感受受不了。一小時的忍耐很容易，可是永遠不抽那就難了。

想要實現任何目標都必須按部就班做下去。對於那些初級管理人員來講，不管被指派的工作多麼不重要，都應該看成是「使自己向前跨一步」的好機會。推銷員每促成一筆交易，就為邁向更高的管理職位積累了條件。

教授每一次的演講，科學家每一次的實驗，都是向前跨一步，更上一層樓的好機會。

有時某些人看似一夜成名，但是如果你仔細看看他們過去的歷史，就知道他們的成功並不是偶然得來的，他們早已投入無數心血，打好堅固的基礎了。那些暴起暴落的人物，聲名來得快，去得也快。他們的成功往往只是曇花一現而已，他們並沒有深厚的根基與雄厚的實力。

富麗堂皇的建築物都是由一塊塊獨立的石塊砌成的，石塊本身並不美觀。成功的生活也是如此。

哈默是一個美國的實業家兼商人，他追求目標，有一種鍥而不捨的精神，正是這種鍥而不捨的追求精神，成就了他的創富大業。

一九六九年的哈默踏上了利比亞的土地。國王伊德里斯一世在王宮的宴會上對哈默說：「真主派您來到利比亞。」這話表示了這位鬍子全白的西奴西部落的領袖對哈默這個世界出名的人物的尊重與歡迎。

哈默到了利比亞才發覺，除了美國為維持其轟炸機基地而支出的費用外，利比亞幾乎無其他外來財政資助。在早年義大利佔領期間，墨索里尼為尋找石油花費了千萬美元而一無所獲。埃索石油公司也花費了數百萬美元打了好幾口井仍打不出一點油，只好打道回府。例外還有殼牌公司，耗資五〇〇〇萬美元打出的全是廢井，而法國公司也好不到哪裡去。

但是，當埃索公司準備撤離時，卻打出了一口油井，於是，許多人又重新對利比亞這塊土地產生了興趣，認為說不定這裏是一塊聚寶盆。

哈默到達利比亞時，正值利比亞政府準備進行第二輪出讓租借地的談判，出租地大多是原先某些公司所放棄的地域。根據利比亞法律，各國的石油公司應儘快開發其租得的地域，如開不出油，就須將部分租借地歸還利比亞政府。

談判開始後，來自九個國家的四十多個公司參加了投標。這些公司大致分為三類公司：一類是財大氣粗的國際性大石油公司，像埃索、美孚、殼牌等；第二類是像哈默的西方石油公司這樣的第二梯隊，它們的規模較小，但具有行業經驗，利比亞也希望其參與競爭；第三類是一些投機性的轉包公司，希望得標後再轉手賣出，以從中漁利。

儘管哈默同伊德里斯國王建立了良好私人關係，但公司的勢力還是很有限的。哈默與匆匆趕來的董事們分析了第二輪談判的形勢，在四塊租借地上投了標。等到開標時，哈默得到了其中的兩塊。一塊是被殼牌等幾家組成的「沙漠綠洲」財團認為無望出油而放棄的；另一塊是莫爾比石油公司耗資百萬美元儘是乾井匆匆撤走的區域。

哈默對得標的兩塊地並不很滿意。但他還是下了大本錢，立即開始打井。剛開始，公司在第一塊租借地打的頭三口井滴油不見。西方石油公司第二大股東里德堅持要撤出利比亞，他說：「這裏不是我們這樣的小公司應該去的地方，已扔了五〇〇萬美元，還能扔得起多少？」

這是一番經驗之談。小公司不可能花大本錢開採這種沒有幾分把握的地塊。但是哈默的第六感卻促使他堅持在這裏打下去。他認為應該不放棄最後的努力。

幾周後，一台西方石油公司的探鑽機在幾家優柔寡斷的大石油公司所放棄的地塊下面鑽出了油，接著又打出了八口油井。而且這是一種異乎尋常的高級原油，含硫量極低，每天可產十萬桶原油。

更重要的是，這個奧吉拉油田在蘇伊士運河以西，產出的石油通過地中海和直布羅陀海峽，不到十天就可以運抵石油奇缺的歐洲國家。

與此同時，哈默的好運氣又在第二塊租借地上出現了。西方石油公司利用新的地震勘探技術，僅耗資一〇〇萬美元就打到了一口珊瑚礁油藏，不用油泵，石油也會無休止地噴湧而出。不久又打出了第二個日產七．三萬桶原油的珊瑚礁油藏。

至此為止，哈默這個規模不大的西方石油公司竟成了利比亞最大油田的主人。他得到了比奇特爾公司的支援，著手進行一項耗資達一．五億美元的油田開發計劃。要鋪設一條耗資巨大的輸油管道，全長一三〇英里，日輸送原油一〇〇萬桶，是利比亞境內最大的輸油管。

哈默這種「追求目標，不放棄最後的努力」的執著精神，是我們每個人必須學習的。淺嘗輒止，遇難就退，是成功的大忌。

成功與失敗是事物發展的兩個輪子，失敗是成功的先導。成功與失敗，其實只隔一條線，失敗告訴你的資訊只是需要再探索，絕不放棄最後的努力。

愛迪生做了一萬多次試驗。在每次失敗後他都能不斷尋求更多的東西。當他把原來的未知變成了已知的時候，無數的燈泡就被製造出來了。所以他認為那麼多的失敗實質上都不能算是失敗，

「我只是發現了九九九九種無法適用的方法而已」。

這位偉大的科學家從自己「屢敗屢戰」的經歷中總結出一條寶貴的經驗。他說：「失敗也是我需要的，它和成功一樣對我有價值。只有在我知道一切做不好的方法以後，我才知道做好一件工作的方法是什麼。」

英國物理學家威廉・湯姆遜領導建造了世界第一條大西洋海底電纜，只用了一個半月就損壞了。經過七年準備又鋪設了第二條電纜，但航船載放到中途，電纜突然折斷。電纜公司已耗資數十萬英鎊，付出了九年時間的代價！把錢扔進大西洋，只有傻瓜才會再幹！但湯姆遜終於說服總經理再當一次「傻瓜」，結果成功了。湯姆遜晚年時說過：「有兩個字最能代表我五十年內在科學進步上的奮鬥，這就是『失敗』。」

在萊特兄弟之前，許多發明家已經非常接近發明飛機了。萊特兄弟應用了和別人同樣的原理，只是給翼邊加了可動襟翼，使得飛得員能控制機翼，保持飛機平衡，在別人失敗的地方，他們多走了一步就成功了。

除非你放棄，否則你不會失敗。

成功是屬於那些堅持走完下一里路的人。

被失敗擊敗，才是真正的失敗

沒有人能在漫長的一生中永遠成功，失敗的經歷在所難免。既使那些命運的寵兒也不例外。如果你時至今日一帆風順，別以為會永遠平安無事，失敗遲早要降臨。這不是不祥的預言，上帝的學校是不允許缺課的。

失敗的打擊同樣殘酷，造成的結果卻截然不同。有的人躺在絕望的低谷中冥目等死，再也不肯去看峰頂的陽光，傷口漸漸癒合，脈搏卻越來越微弱，「哀莫大於心死」是他們的寫照。有的人從血泊中頑強地爬起來，身體還沒有站穩，已經在仰望天光，傷口仍然在流血，心跳卻開始變得激昂。「置之死地而後生」是他們用生命力反覆演奏的偉大樂章。

永不言敗絕非無知的倔強。失敗是成功之母，吸取教訓，總結經驗，以利再戰，你將以更大的成功再創輝煌。

世上絕少有一帆風順的事，屢敗屢戰幾乎是通往勝利的唯一途徑。唯有被失敗擊敗，才是真正的失敗。

解除失敗痛苦的妙法

失敗的滋味是痛苦的，也許那是真正的地獄。

沒有人會歡迎痛苦，但一個高度明智的人也許歡迎失敗，因為只有經歷過一連串的失敗，人才會走向成熟；至少，他可以平靜地接受失敗及其痛苦。

許多人因失敗而憂慮重重，難以自拔，這使憂慮成了繼續戰鬥的極大障礙，乃至成了成功的殺手。有什麼辦法能減少失敗的痛苦，使人儘快地振作起來呢？

威利・開利發明了辦法。開利是一個很聰明的工程師，他開創了空調製造業，是紐約州世界聞名的開利公司的負責人。

「年輕的時候，」開利先生說，「我在紐約州水牛城的水牛鋼鐵公司做事。我必須到密蘇里州水晶城的匹茲堡玻璃公司——一座花費好幾百萬美金建造的工廠，去安裝一架瓦斯清潔劑，目的是清除瓦斯裏的雜質，使瓦斯燃燒時不致於傷到引擎。這種清潔瓦斯的方法是新的方法，以前只試過一次——而且當時的情況很不相同。我到密蘇里州水晶城工作的時候，很多事先沒有想到的困難都發生了。經過一番調整之後，機器可以使用了，可是成績並不能好到我們所保證的程度。

「我對自己的失敗非常吃驚，覺得好像是有人在我頭上重重地打了一拳。我的胃和整個肚子都開始扭痛起來。有好一陣子，我擔憂得簡直沒有辦法睡覺。

「最後，我的常識告訴我憂慮並不能夠解決問題，於是我想出一個不需要憂慮就可以解決問題的辦法，結果非常有效。我這個反憂慮的辦法已經使用三十多年。這個辦法非常簡單，任何人都可以使用。其中共有三個步驟：

「第一步，我先毫不害怕而誠懇地分析整個情況，然後找出萬一失敗可能性發生的最壞的情況是什麼。沒有人會把我關起來，或者把我槍斃，這一點說得準。不錯，很可能我會丟掉差事；也可能我的老闆會把整個機器拆掉，使投進的兩萬塊錢泡湯。

「第二步，找到可能發生的最壞情況之後，我就讓自己在必要的時候能夠接受它。我對自己說，這次的失敗，在我的紀錄上會是一個很大的污點，可能我會因此而丟差事。但即使真是如此，我還是可以另外找一份差事。事情可能比這更糟；至於我的那些老闆——他們也知道我們現在是在試驗一種清除瓦斯新法，如果這種實驗要花他們兩萬美金，他們還付得起。他們可以把這個賬算在研究費用上，因為這只是一種實驗。

「發現可能發生的最壞情況，並讓自己能夠接受之後，有一件非常重要的事情發生了，我馬上輕鬆下來，感受到幾天以來所沒體驗過的一份平靜。

「第三步，從這以後，我就平靜地把我的時間和精力，拿來試著改善我在心理上已經接受的那種最壞情況。

「我努力找出一些辦法，讓我減少我們目前面臨的兩萬元損失。我做了幾次實驗，最後發現，如果我們再多花五千塊錢，加裝一些設備，我們的問題就可以解決。我們照這個辦法去做之後，公司不但沒有損失兩萬塊錢，反而賺了一萬五千塊錢。

「如果當時我一直擔心下去的話，恐怕永遠不可能做到這一點。因為憂慮的最大壞處，就是會毀了我集中精神的能力。在我們憂慮的時候，我們的思想會到處亂轉，而喪失所有做決定的能力。然而，當我們強迫自己面對最壞的情況，而在精神上接受它之後，我們就能夠衡量所有可能的情形，使我們處在一個可以集中精力解決問題的地位。

「我剛才所說的這件事，發生在很多年以前，因為這種做法非常好，我就一直使用著。結果呢，我的生活裏幾乎完全不再有煩惱了。」

為什麼威利・開利的萬靈公式這麼有價值，這麼實用呢？從心理學上來講，它能夠把我們從那個巨大的雲層裡拉下來，讓我們不再因為憂慮而盲目地摸索，它可以使我們的雙腳穩穩地站在地面上。當我們接受了最壞的情況之後，我們就不會再損失什麼，也就是說，一切都可以得回來。「在面對最壞的情況之後，」威利・開利告訴我們說，「我馬上就輕鬆下來，感到一種好幾天來沒有經歷過的平靜。然後，我就能思想了。」

可是，有成千上萬的人，卻因失敗而毀了他們的生活。他們拒絕接受最壞的情況，不肯由此以求改進，不願意在災難中儘可能的救出點東西來。他們不但不重新構築他們的財富，卻參與了「和經驗所作的一次冷酷而激烈的鬥爭」——終於變成我們稱之為憂鬱症的那種頹喪的情緒的犧牲品。

對這些人，希望他們能用威利・開利的萬靈公式，來解決他們自己的問題。

「我被勒索了，」一名紐約的油商說，「我不相信會有這種事情——我不相信這種事情會發生在電影以外的現實生活裏——可是我真的被勒索了。事情的經過是這樣的：我主管的那個石油公司，有好幾輛運油的卡車和好些司機。在那段時期，物價管理委員會的條例管制得很嚴，我們所能送給每一個顧客的油量也都有限制。事情的真相我起先不知道，可是好像一些運貨員在暗中減少我們固定顧客的油量，然後再把餘下來的賣給他們的一些顧客。

「有一天，有個自稱政府調查員的人來看我，跟我索要紅包，他說他擁有我們運貨員舞弊的證據。他威脅說，如果我不答應的話，他就把證據轉交給地方檢察官。這時候，我才發現公司有這種違法的買賣。

「當然，我知道我沒有什麼好擔心的——至少跟我個人無關。只是我也知道法律規定，公司應該為自己員工的行為負責。還有，我知道萬一案子打到法院去，上了報，這種壞名聲就會毀了我的生意。我對自己的生意非常驕傲——那是我父親在二十四年前打下的基礎。

「我擔心得生病了，三天三夜吃不下睡不著。我一直在那件事情裏面打轉，我是該付那筆錢——五千美金的賄金，還是該跟那個人說，你愛怎麼幹就怎麼幹吧。我一直下不了決心，每天都大做噩夢。

「後來，在禮拜天的晚上，我碰巧拿起一本叫做《如何不再憂慮》的小書，這是我去聽卡耐基公開演說時拿回來的。我開始閱讀，讀到威利・開利的故事，裏面說：『面對最壞的情況。』於是我問自己：『如果我不肯付錢，那些勒索者把證據交給地檢處的話，可能發生的最壞情況是什麼呢？』

答案是：『毀了我的生意——最壞就是如此。我不會被關起來。所可能發生的，只是我會被這件事毀了。』

於是我對自己說：『好了，生意即使毀了，但我心理上可以接受這點，接下去又會怎樣呢？』嗯，我的生意毀了之後，也許得去另外找件差事。這也不壞，我對石油知道得很多——有幾家大公司可能會樂意聘僱我……我開始覺得好過多了。三天三夜來，我的那份憂慮開始消散了一點，我的情緒穩定了下來……而意外地，我居然能夠開始思想了。

我頭腦清醒地看出第三步——改善最壞的情況。就在我想到解決方法的時候，一個全新的局面展露在我的面前：如果我把整個情況告訴我的律師，他可能會找到一條我一直沒有想到的路子。我知道這乍聽起來很笨，因為我起先一直沒有想到這一點——當然是因為我起先一直沒有好好思想，只是一直在擔心緣故。我馬上打定了主意，第二天清早就去見我的律師——接著我上了床，睡得安安穩穩。

事情的結果如何呢？第二天早上，我的律師叫我去見地方檢察官，把整個情形告訴他。我果然照他的話做了。當我說出原委之後，出乎意外地聽到地方檢察官說，這種勒索的案子已經連續好幾個月了，那個自稱是『政府官員』的人，實際上是警方通緝犯。當我為了無法決定是否該把五千塊美金交給那個職業罪犯而擔心了三天三夜之後，聽到他這番話，真是鬆了一口氣。

這次的經驗使我上了永難忘懷的一課。現在，每當面臨會使我憂慮的難題時，我就把所謂的『威利・開利的老公式』派上用場。」

所以，卡耐基告訴我們，如果你遭遇到失敗和挫折，就應用威利・開利的萬靈公式，進行下面三件事情——

一、問你自己：「可能發生的最壞情況是什麼？」

二、如果你必須接受的話，就準備接受它。

三、然後很鎮定地想辦法改善最壞的情況。

把失敗變成邁向成功的踏腳石

許多年前，一位聰明的老國王召集大臣，讓他們編一本《古今智慧錄》，留傳給子孫。這些大臣工作很長時間，完成了一套十二卷的巨作。國王說太厚，需要濃縮。這些大臣又經過長期的努力，變成了一卷書。然而，國王還嫌太長。於是，這些人把一本書濃縮為一章，然後縮為一頁，再變為一段，最後變成一句。聰明的國王看到這句話，顯得很得意。他說：「這是古今智慧的結晶。全國各地的人一旦知道這個真理，我們大部分的問題就可以解決了。」這句話是：「天下沒有白吃的午餐。」

有責任感的人都會同意「沒有白吃的午餐」，沒有人會不勞而獲，在走向成功的道路上，你要付出汗水，還要勇敢面對挫折與失敗。

從挫折中汲取教訓，是邁向成功的踏腳石。當我們觀察成功人士的環境時，會發現他們的背景各不相同。那些大公司的經理、政府的高級官員以及每一行業的知名人士都可能來自清寒家庭、破碎家庭、偏僻的鄉村甚至於貧民窟。這些人現在都是社會上的領導人物，他們都經過艱難困苦的階段。

把每一個「失敗」先生拿來跟「平凡」先生以及「成功」先生相比，你會發現，他們各方面（包括年齡、能力、社會背景、國籍以及任何一方面）都很可能相同，只有一個例外，就是對遭遇挫折的反應大小不同。

當「失敗」先生跌倒時，就無法爬起來了。他只會躺在地上罵個沒完。

「平凡」先生會跪在地上，準備伺機逃跑，以免再次受到打擊。但是，「成功」先生的反應不同。他被打倒時，會立即反彈起來，同時會汲取這個寶貴的經驗，立即往前衝刺。

有一個非常有名的管理顧問，你一走進他的辦公室，馬上就會覺得自己「高高在上」。

辦公室內各種豪華的擺飾、考究的地毯，忙進忙出的人潮以及知名的顧客名單都在告訴你，他的公司的確成就非凡。但是，就在這家鼎鼎有名的公司背後，藏著無數的辛酸血淚。這位管理顧問創業之初的頭六個月就把十年的積蓄用得一乾二淨，一連幾個月都以辦公室為家，因為他付不起房租。他也婉拒過無數的好工作，因為他堅持實現自己的理想。他也被顧客拒絕過上百次，拒絕他的和歡迎他的顧客幾乎一樣多。

就在整整七年的艱苦掙扎中，誰也沒有聽他說過一句怨言，他反而說：「我還在學習啊。這是一種無形的、捉摸不定的生意，競爭很激烈，實在不好做。但不管怎樣，我還是要繼續學下去。」他真的做到了，而且做得轟轟烈烈。

朋友有一次問他「把你折磨得疲憊不堪了吧？」他卻說：「沒有啊！我並不覺得那很辛苦，反而覺得是受用無窮的經驗。」

看著「美國名人榜」的生平就知道，這些功業彪炳的偉人，都受過一連串的無情打擊。只是因為他們都堅持到底，才終於獲得輝煌成果。天下哪有不勞而獲的事？如果能利用種種挫折與失敗，來驅使你更上一層樓，那麼一定可以實現你的理想。

教授們知道，從學生對於成績不及格的反應可以推測他將來的成就。有一位教授講過一件事。幾年前，他把畢業班的一個學生的成績打了個不及格，這個打擊實在很大。因為他早已做好畢業後的各種計劃，現在不得不取消，真的很難堪。他只有兩條路可走：第一是重修，下年度畢業時才拿到學位；第二是不要學位，一走了之。

在知道自己不及格時，他非常失望，並找這位教授要求通融一下。在知道不能更改後，他大發脾氣。這位教授等待他平靜下來後，對他說：「你說的大部分都很對，確實有許多知名人物幾乎不知道這一科的內容。你將來很可能不用這門知識就獲得成功，你也可能一輩子都用不到這門課程裏的知識，但是你對這門課的態度卻對你大有影響。」

「你是什麼意思？」這個學生問道。

教授回答說：「我能不能給你一個建議呢？我知道你相當失望，我瞭解你的感覺，我也不會怪你。但是請你用積極的態度來面對這件事吧！這一課非常非常重要，如果不由衷培養積極的心態，根本做不成任何事情。請你記住這個教訓，五年以後就會知道，它是使你收穫最大的一個教訓。」

後來這個學生又重修了這門功課，而且成績非常優異。不久，他特地向這位教授致謝，並非常感激那場爭論。

「這次不及格真的使我受益無窮。」他說：「看起來可能有點奇怪，我甚至慶幸那次沒有通過。因為我經歷了挫折，並嘗到了成功的滋味。」

我們都可以化失敗為勝利。從挫折中汲取教訓，好好利用，就可以對失敗泰然處之。

千萬不要把失敗的責任推給你的命運，要仔細研究失敗的原因。如果你失敗了，那麼繼續學習吧。這可能是你的修養或火候還不夠好的緣故。世界上有無數人，一輩子渾渾噩噩，碌碌無為，他們對自己一直平庸的解釋不外是「運氣不好」、「命運坎坷」、「好運未到」，這些人仍然像小孩那樣幼稚與不成熟；他們只想得到別人的同情，簡直沒有一點主見。由於他們一直想不通這一點，才一直找不到使他們變得更偉大，更堅強的機會。

馬上停止詛咒命運吧！因為詛咒命運的人永遠得不到他想要的任何東西。

在普通情形下，「失敗」一詞是消極性的，但我們要賦予這兩個字新的意義，因為這兩個字經常被人誤用，而給數以百萬計的人帶來許多不必要的悲哀與困擾。

這裏，先讓我們比較一下「失敗」與「暫時挫折」之間的差別。且讓我們看看，那種經常被視為「失敗」的事，是否在實際上只不過是「暫時性的挫折」而已。還有，這種「暫時性的挫折」實際上是不是就是一種幸福？因為它會使我們振作起來，調整我們的努力方向，使我們向著不同、但更美好的方向前進。

不管是暫時的挫折還是逆境，都不會在一個人的意識中成為失敗，只要這個人把它當作是一種教訓。而且，通常說來，這種教訓是無法以挫折以外的其他方式而獲得的。

挫折通常以一種「啞語」向我們說話，而這種語言卻是我們所不瞭解的。如果這種說法不對的話，我們也就不會犯同樣的錯誤，而且又不知道從這些錯誤中吸取教訓。

只有在把挫折當作失敗來加以接受時，挫折才會成為一股破壞性的力量。如果把它當作是教導我們的教師，那麼，它將成為一塊成功的墊腳石。

「失敗」是大自然的計劃，它由這些「失敗」來考驗人類，使他們能夠獲得充分的準備，以便進行他們的工作；「失敗」是大自然對人類的嚴格考驗，它藉此燒掉人們心中的殘渣，使人類這塊「金屬」因此而變得純淨，使它可以經得起嚴格使用。

每個人、每個企業都會遇到困難、挫折，但挫折不等於失敗，只有放棄才會失敗。只要把挫折中獲得的教育善加利用，就會走向成功。

用精神力「變負為正」

每個人都想儘量避免困難和障礙，儘管如此，沒經歷任何挫折就可度過一生的人是很少的，大部分人難免會碰上幾次大的障礙。生活有險阻，有時可笑、可泣、可怒，有時自己犯了錯而不得不背起痛苦的十字架。

可是大家想想看，沒有任何痛苦的人生，不是很沒意義嗎？因為有了困難、障礙，才有克服阻礙的樂趣，有了缺點，才有克服缺點時的喜悅，沒有喜悅的人生就不能算是人生了。

人生如果沒有任何困難、障礙，人就不必努力，所以生活也會變得淡然無味，對生活也不會有感覺，同時也就不可能有更好的成長。

草坪上的草，經受修剪會長得愈青翠。人也一樣，沒經過痛楚辛酸的人，就無法擁有博大的心胸。人生中有了困難、障礙，才會去求發展；人有了缺點，才會磨練出克己之心，也才會湧現出往前邁進的意志。

在這裏，我們可以發現一個令人興奮的現象：所有負面的東西，都可以變成正面的東西，而最終會是正面還是負面的作用，取決於人對它的態度。遇到負面的東西，只看到負面，於是他躺倒在地上再也爬不起來，這樣的人叫「失敗者」；能夠從負面的東西裏看到正面的價值，並利用這種價值，變負為正，走向勝利，這樣的人叫「成功者」。

很多的男人和女人，都表現出他們「把負變正的能力」。

已故的威廉・波里索，也就是《十二個以力勝天的人》一書的作者，曾經這樣說過：「生命中最重要的一件事就是不要把你的收入拿來算資本。任何一個傻子都會這樣做，但真正重要的事是要從你的損失裏去獲利。這就需要有才智才行，而這一點也正是一個聰明人和一個傻子的實在區別。」

波里索說這段話的時候，剛在一次火車失事中摔斷了一條腿。有一個斷掉兩條腿的人，也把他的負變正。他的名字叫班・符特生。這個看上去非常開心的人，他的兩條腿都斷了，坐在一張輪椅上。他說話的時候臉上露出一種非常溫暖的微笑。

「事情發生在一九二八年，」他微笑著說，「我砍了一大堆胡桃木的枝幹，準備做我的菜園裏豆子的撐架。我把那些胡桃木枝子裝在我的福特車上，開車回家。突然間，一根樹枝滑到車上，卡在引擎裏，恰好是在車子急轉彎的時候。車子衝出路外，撞在樹上。我的脊椎受了傷，結果兩腿都麻痹了。

「出事的那年我才二十四歲，從那以後就從來沒有走過一步路。」

才二十四歲，就被終身坐著輪椅過活，他怎麼能夠這樣勇敢地接受這個事實？他說：「我以前並不能這樣。」他說他當時充滿了憤恨和難過，抱怨他的命運。可是時間仍一年年過去，他終於發現憤恨使他什麼也做不成，只有對別人的態度惡劣。「我終於瞭解，」他說，「大家都對我很好，很有禮貌，所以我至少應該做到的是，對別人也很有禮貌。」

經過了這麼多年以後，他是否還覺得他所碰到的那一次意外是一次很可怕的不幸？說：「不會了，我現在幾乎很慶幸有過那一次事情。」他說，當他克服了當時的震驚和悔恨之後，就開始生活在一個完全不同的世界裏。他開始看書，對好的文學作品產生了喜愛。他說，在十四年裏，他至少讀了一四〇〇多本書，這些書為他帶來很新的境界，使他的生活比他以前所想到的更為豐富。他開始聆聽很多好音樂，以前讓他覺得煩悶的偉大的交響曲，現在都能使他非常的感動。可是最大的改變是，他現有時間去思想。「有生以來第一次，」他說，「我能讓自己仔細地看看這個世界，有了真正的價值觀念。我開始瞭解，以往我所追求的事情，大部分實際上一點價值也沒有。」

看書的結果，使他對政治有了興趣。他研究公共問題，坐著他的輪椅去發表演說，由此認識了很多人，很多人也由此認識他，今天，班・符特生——仍然坐著他的輪椅——是喬治亞州政府的秘書長。

尼采對超人的定義是：「不僅是在必要情況下忍受這一切，而且還要喜愛這種情況。」愈研究那些有成就者的事業，人們就會愈加深刻地感覺到，他們之中有非常多的人之所以成功，是因為他們開始的時間有一些會阻礙他們的缺陷，促使他們加倍地動力而得到更多的報償。正如威廉・詹姆斯所說的：「我們的缺陷對我們有意外的幫助。」

不錯；很可能密爾頓就是因為瞎了眼，才能寫出更好的詩篇來，而貝多芬是因為聾了，才能作出更好的曲子。

海倫凱勒之所以能有光輝的成就，也就是因為她的瞎和聾。

如果柴可夫斯基不是那麼的痛苦——而且他那個悲劇性的婚姻幾乎使他瀕臨自殺的邊緣——如果他自己的生活不是那麼的悲慘，他也許永遠不能寫出他那首不朽的《悲愴交響曲》。

如果陀思妥也夫斯基和托爾斯泰的生活不是那樣的充滿折磨，他們可能也永遠寫不出那些不朽的小說。

「如果我不是有這樣的殘疾，」那個地球上創造生命科學性基本概念的人寫著，「如果我不是有這樣的殘疾，我也許不會做到我所完成的這麼多工作。」達爾文坦白承認他的殘疾對他有意想不到的幫助。

達爾文出生於英國的那一天，另外一個孩子生在肯塔基州森林裏的一個小木屋裏，他的缺陷也對他有幫助。他的名字就是林肯——亞伯拉罕・林肯。如果他出生在一個貴族家庭，在哈佛大學法學院得到學位，而又有幸福美滿的婚姻生活的話，他也許絕不可能在他心底深處找出那些在蓋茨堡所發表的不朽演說。也不會有在他第二次政治演說上所說的那句如詩般的名言——這是美國的統治者所說過的最美也最高貴的話：「不要對任何人懷有惡意，而要對每一個人喜愛……」

人類最大的弱點就是自貶，亦即廉價出賣自己。這種毛病以數不盡的方式顯示。例如，當你遇到失敗和挫折的時候，你想「我的能力恐怕不足，何必自找麻煩！」或「遭到如此嚴重的失敗，還有什麼希望。」

幾千年來，很多哲學家都忠告我們：要認識你的現狀，並且改變它。但是，大部分的人都「僅認識現狀的消極的一面」，大部分的評估都包括太多的不利因素，而極少看到有利因素，尤其極少看到負面事物的正面價值。

認識不利因素是很好的，可藉此謀求改進。但如果僅認識消極面，就會陷入混亂，就會覺得沒有什麼價值。

要正確、全面地認識現狀，最重要的是正確、全面地認識自己，絕不要看輕自己，這樣才能鼓起克服困難的勇氣。

記住：你可以運用精神力量把一切變負為正，絕不要廉價地出賣自己。

謀略篇：教你雄韜偉略

成功的秘訣在於，更智慧而不是更辛苦

這裏要談一點與傳統智慧不同的思想，不但不同，簡直背道而馳。

傳統的智慧，總是強調「一分耕耘，一分收穫」，主張人們不辭勞苦，努力工作，而這裏則要問：為什麼不圖以十二分的耕耘，去贏得十分的收穫呢？

傳統的智慧強調人們做事要踏實肯幹，有吃苦精神，而這裏則要問：為什麼一定要辛苦？輕輕鬆鬆地把事情做好，不是更好嗎？

不用說，這裏強調的是聰明智慧，認為人完全可以憑藉智慧，以少量的付出贏得巨大的成就。

我們覺得，人們大都誤會了「天下沒有白吃的午餐」這句格言。這句格言的真意並不在於更多的付出，而只不過是不能不付出，因為憑藉智慧以少量的勞動獲取大量的收穫，與「天下沒有白吃的午餐」這句話並不矛盾。

總之，成功的秘訣在於：不是更辛苦，而是更智慧。

辛苦未必換來成功

當今時代，工作最忙、時間最長，因而最辛苦的，大概首推企業的經理了，因此，不妨以他們為例，來談談我們的想法。

一個小學生會問爸爸為什麼總是帶著滿是公文的公事包回家？母親解釋說：「因為爸爸有太多的事要做，他在辦公室裏做不完，必須要在晚上再做。」

「那麼，」小學生就問，「他們為什麼不把他送到智力加強班裏去呢？」

如果你是一位高級經理人物，偶爾會帶些工作回家去做，這是你享受特權所必須要付出的代價。

不過，如果你經常要把工作帶回家做，那就是什麼地方出問題了：可能是你讓自己做太多的事情；或者是沒有把辦公時間有效地利用起來；第三種可能是你有一種強烈的情緒，想使同事或家人認為你的工作是多麼的繁重。

忙完了一天工作以後，你在心緒和身體兩方面都需要擺脫你的工作。除非是緊急事情，晚上在家裏辦公事會產生相反效果，使你精力衰竭和疏離你的家人。在家辦事的習慣也會減低你在辦公室裏把工作做完的衝勁，因為你會對自己說：「如果我白天做不完這些工作，我晚上還可以做。」

這樣做是無益的。你把公事包帶回家的唯一理由，是準備第二天早晨用它裝午餐盒。

人們可以對工作沈迷上癮，正如人們會對酒精沈迷上癮一樣。這種癮頭的特徵包括拒絕休假，在周末不能把辦公室裏的工作置之腦後，公事包裏塞滿了要辦的公文，兒子和女兒的面孔還熟悉，名字卻記不起來。其實，大多數成功的人，平均每周工作時間都比四十八小時多很多。他們不同於工作狂的地方是：一、他們合理運用時間來達到目標，而不是光從工作本身得到樂趣。二、他們不讓工作干擾到生活中非常重要的事情，諸如朋友、家人團聚、釣魚等等。

這種症狀可能是由於下面兩種情況。第一種只是沒有能力控制工作，因為沒有有效地運用時間，如沒有定下優先次序、手忙腳亂、授權不夠、拖延等等。第二種埋在工作裏面不願意出來。這可能是因為想逃避不愉快的家庭生活或想顯示出不可或缺。

不論是什麼原因，在這種狀況下的人顯然只關注「活動」，而不是「成就」。求助於治療可以幫助這一類人應付他們的問題，可是不幸的是許多人都不去請教心理學家、精神病醫師或心理治療醫師，直到情況非常嚴重。

剛剛淪為工作狂的人，可以做一點自我治療。例如誠實地問自己，什麼是你一生的目標，以及你現在所做的事情是不是真的能夠使你向你的目標前進？誠實地問自己，健康在你的生活優先次序表中是居於什麼位置，熬夜是不是對你的健康有不利的影響，以及這是不是你可以接受的代價？問問你的家庭在你的生活優先次序表中居於什麼位置，你自己給予你的孩子和你的配偶的東西是不是足夠，以及你是不是欺騙了自己，所作的犧牲真的是為了他們？

然後計劃在下周二約你的妻子或丈夫一同去飯店吃午餐，下周四下午帶孩子去動物園。你欠了他們，也欠了你自己。

一九六〇年，美國麥克吉爾大學的教授明特茲伯，他在研究五個著名企業組織首腦人物之後，發現這些老闆並不會善用時間，往往僅須全神貫注十分鐘即可解決的事情，卻浪費了他們大半天的時間。

比如，有這樣一位經理經常感歎時間不夠用，讓我們來看看他的一天：

八點半上班後，接著今日的時間表，準備處理一一件事情，於是他開始了一天緊張的工作。這邊寫一寫，那邊做一做，突然想到今天要去拜訪一位客戶；剛踏出門，同事提醒他早上要開會，秘書告訴他下午要到工廠巡視，總經理則交待他十點鐘為國外來的客戶作簡報……下班時間到了，忙了一整天的經理，翻開時間表一看，待辦事項卻增加為十四項。於是，加班至晚上十點，他終於踏上歸程了，正想好好洗個熱水澡，他又突然想到；今天有一件重要的公文還沒簽。「為什麼一天只有二十四小時呢？」這位經理頹然的自問。

像這樣的經理，整天忙得團團轉，他只是埋怨時間的資源給予的太小，不夠用，可是他就沒有想一想，為什麼在時間的面前，老是被動？僅憑辛苦能取得多大的成功？不可否認，這樣的經理缺少運用時間的藝術，但是辛苦未必換來成功，仍然是一件明明白白的事情。

神奇的「二八法則」

所謂「二八法則」，按照字面來說，是指這樣一條規律：全部工作成果的八〇％，來自全部付出的二〇％。例如：二〇％的產品或客戶，決定了八〇％的營業額；二〇％的罪犯，犯下了八〇％

的罪行；二〇%的汽車狂人，製造了八〇%的交通事故。

平時，我們很容易假設，五〇%的原因或投入，會造成五〇%的結果及產出。我們有一個先入為主的觀念，認為事情的因果會有一個平衡。但這種「五〇／五〇的謬誤」，是最不正確且最有害，又最深植人心的概念，儘管在個別時候的確如此。

「二八法則」認為，因果的不平衡，通常都會超過我們的預期。企業的主管可能本來心中就有自己的揣測，某一些顧客或產品比其他顧客或產品更能獲利，但當瞭解其間真正的差異之後，他們多半會很驚訝，甚至到震驚的程度，老師可能知道，問題最多的學生或曠課情形來自少數學生，但如果仔細分析記錄的話，不平衡的程度比預期的來得大。二八法則表現的是原因與結果之間的不平衡關係。

「二八法則」的意義在於：我們必須經常問自己：「是什麼因素讓二〇%的原因產生八〇%的結果？」我們絕不能以為自己已經知道答案，而必須要花一點時間，去做有創意的思考。什麼是少數的重要因素，什麼是無關緊要的多數呢？背景的噪音，是不是掩住了什麼動聽的旋律？

「二八法則」啟示我們：要想有效改變我們的生活，就得關注最重要的二〇%的因素，用最少的投入，贏得最好的效果。

例如：獎勵特殊表現，而非讚美全面的平均努力，尋求捷徑，而非全程參與。練習用最少的努力去控制生活。

選擇性尋找，而非巨細無遺地觀察。

在幾件事情上追求卓越，不必事事都有好表現。當我們處於創造力巔峰，幸運女神眷顧的時候，務必善用這少見的「幸運時刻」。

這世界充滿了微不足道的原因，但只要這些原因集結，就可能產生重大的結果。想想鍋裏的牛奶，當它加熱到超過某個溫度時，會突然改變形狀，變得膨脹冒泡，這一次你可能煮出一鍋好喝的牛奶，下一次或許你只是慢了一秒，爐子上可能就一團糟了。在企業裏，造成不同結果的時間也許要長一些，在一年裏就可能出現一家優秀又賺錢的「IBM」，在電腦產業裏擁有壓倒性優勢；而不久後，若干小小的原因加在一塊兒，這一個失去判斷力的龐然大物便搖搖欲墜。

有創意的系統，其運作絕非遵循平衡理論。因和果、投入和產出，皆以非線性的方式在運作。你的收穫通常不等於你的付出，有時候你獲得的很少，有時候非常多。企業之所以進行大更動，可能是表面上無關緊要的事物所引起的。擁有同樣聰明才智、技巧與奉獻精神的人，卻可能因為一些小小的結構上的差異，造成不一樣的結果。我們無法預言事件會不會發生，但我們可以預期，同一個模式會重複出現。

因此，不可能全盤掌握事情，但可能影響事情，由事件中發現其不規則性，並從中獲益。運用「二八法則」的藝術，就在於認出目前事情的運轉方式，並儘可能運用它。

如果你可以找出，你公司的哪個地方讓你的所得比付出還多，你便可以提高賭本，等著大賺一票。同樣地，如果你能找出公司哪裡收穫比投資少，你也可以減少損失。

在這種情況下，所謂公司的「哪個地方」，可以是任何東西。它可能是一項產品、一個市場、一個顧客或一種客戶類型、一項技術、一條行銷管道、一個部門或分支機構、一個國家、一項交易、一位員工、一種類型的員工或小組。目標在於找出是什麼地方讓你得大筆盈餘，並且更強化此處；也要找出是什麼地方讓你損失或在競爭中出局。

我們被訓練成以因果，以正常關係，以一般水準的收益，以完美競爭方式和可預期的結果等角度去思考事情。

但真實世界不是這樣的。真實世界裏有許多影響力，因果關係不明確，複雜的反饋迴路扭曲了投入；有曇花一現的平衡，而且相當誘惑人；某些表現有著重複但不規則的模式；各公司從來沒有在公平的基礎上競爭，也不可能全都業務興隆。在真實的世界裏，只有少數蒙老天厚愛的人，可以佔領市場得到利潤。

喬治亞公司是家年營業額上百萬美元的地毯供應商。這家公司過去只賣地毯，現在它也出租地毯，是一塊塊接合在一起的地毯，而非整片地毯。公司意識到，在一塊地毯上，八〇%的磨損出現在二〇%的地方。通常，地毯到了要替換時，大部分的地方仍完好。在公司出租計劃中，地毯只要一檢查出有任何的磨損或毀壞就更換。

在企業中，最適才適所，而且所做的事能賺最多錢的人，這些最棒的人才所能賺進來的錢，遠遠多於花在他們身上的錢。一般來說，這種人才極少見。多數的人所增加的價值，只比他們拿走多一些。另一大群人則是拿的多，添進來的少。像這樣的錯誤配置，在大型的、分工複雜的公司裏最常見到。

在一家典型的公司裏，五分之一的總收入，等於全公司五分之四的利潤與現金。反過來說，一般公司的五分之四盈收，只是它五分之一的利潤和現金。

事實上，不賺錢的生意之所以不賺錢，是因為他它需要使用經常性開銷，也因為一家公司會由於不同性質的業務繁多而使得組織複雜無比；又因為最賺錢的業務沒有經常性開銷，或只需要一點點。一家公司可以只做最能賺錢的事，而這生意一定能賺錢，只要你把事情重新組織一番。

把「二八法則」銘記在心上，只要你研究了你公司的產出結果，你極可能會發現，四分之一到五分之一的活動，等於是四分之三或五分之四的利潤。擴增那四分之一或五分之一，然後擴增剩餘四分之三或五分之四活動的效能，要不然就去除掉。

談到這裏，讀者應該對「二八法則」的神奇作用有所瞭解了吧。毫無疑問，「二八法則」，可以使我們變得更聰明。

智慧更有「含金量」

拿破崙・希爾講過這樣一個故事：

愛若和布若差不多同時受雇於一家超級市場，開始時大家都一樣，從最底層幹起。但不久愛若受到總經理青睞，一再被提升，從領班直到部門經理。布若卻像被人遺忘了一般，還在最底層混。終於有一天布若忍無可忍，向總經理提出辭職，並痛斥總經理狗眼看人低，辛勤工作的人不提拔，倒是提升了那些吹牛拍馬屁的人。

總經理耐心地聽著，他瞭解這個小夥子，工作肯吃苦，但似乎缺少了點什麼，缺什麼呢？三言兩語說不清楚，說清楚了他也不服，看來……他忽然有了個主意。

「布若先生，」總經理說：「您馬上到市場上去，看看今天有什麼賣的。」

布若很快從市場回來說，剛才市場上只有一個農民拉了一車馬鈴薯來賣。

「一車大約有多少袋，多少斤？」總經理問。

布若又跑去，回來說有十袋。

「價格多少？」布若再次跑到市場上。

總經理望著跑得氣喘吁吁的他說：「請休息一會吧，你可以看看愛若是怎麼做的。」說完叫來愛若對他說：「愛若先生，您馬上到集市上去，看看今天有什麼賣的。」

愛若很快從集市回來了，彙報說到現在為止只有一個農民在賣馬鈴薯，有十袋，價格適中，質量很好，他帶回幾個讓經理看。這個農民過一會還將弄幾筐番茄上市，據他看價格還公道，可以進一些貨。這種價格的番茄總經理可能會要，所以他不僅帶回了幾個番茄作樣品，而且把那個農民也帶來了，他現在正在外面等回話呢？

總經理看一眼紅了臉的布若，說：「請他進來。」

愛若由於比布若更智慧，在工作上得到較大的成功。

請問，你更像布若呢，還是更像愛若？

在現實生活中，充分運用智慧，比吃苦耐勞給我們的生活帶來的價值不知要大多少倍。

我們習慣性的以為，那些在事業上取得了輝煌成績的人，一定是工作超時，忙亂而又疲憊不堪的人，其實這種想法是錯誤的。有大成就的人其實是一些做得少賺得多、從容不迫的人。之所以能夠這樣，原因只有一個，那就是他們懂得成功的秘訣，即更智慧而不是更辛苦。

一條路走到底的人前景黑暗

有句話叫「條條大路通羅馬」，意思是說所有的道路都可以到達夢中的聖地。這句話的正確性是有條件的。許多人不加選擇地踏上自己的人生旅途，以為只要不停地走下去，堅持到底，就一定能夠到達理想之地，結果經歷千辛萬苦、漫長歲月，卻走進無邊的沼澤，甚至墜入萬丈深淵。不，決不是「條條大路通羅馬」，上路之前必須認真選擇。既使你精心選擇的道路，也可能是錯誤的。

唯一把握的辦法是，一邊前行一邊探察。儘早發現錯誤，堅決加以糾正。一旦確認此路不通，毫不猶豫地改變方向、決不在錯誤的道路上多走一步。

事物在不斷的發展變化。有些道路在某一階段是正道，再走下去就是歧途，甚至是死路。世上沒有永遠正確的路，不知道改變方向的人是見不到光明的。

必須前後一致嗎？

在走向成功的道路上，人們總要確立不同的目標，並作出相應的決策。在達成目標，實施決策的過程中，隨著情況的變化，難免改變目標和決策。在這種時候，改變目標和決策可能會受到朝三暮四、出爾反爾之譏，有人甚至擔心自己的威望受到影響，然而在錯誤道路上繼續走下去，卻注定遭到失敗。所以明智的人應該勇於重新審視原有的目標和決策，並在必要時果斷地改弦更張，走上正確的道路。

如果你想前後一致，請想一想，是因為有事實根據，還是因為要得到情緒上的滿足？因為自尊心嗎？是不是因為承認以前的錯誤就覺得羞恥呢？要自傲並堅持錯誤是容易的。你以前的判斷難免有錯誤，如果你堅持這種錯誤，唯一的原因就是因為你以前是這樣判定的，那麼，要「挽救你的面子」，你就要付出很大的代價了，因為只有那些頑固不化的人才會堅持著永遠前後的一致。所以，你應當以對與不對為標準，而不可頑固地堅持一致。

當一九一二年美國總統的初選運動開始時，在新澤西一個小小的城市裏有一個集會，在那裏羅斯福對一班粗野的鄉民演講。在演講中，羅斯福提及女子擁有選舉權的好處，當時聽眾中有一個粗魯的聲音從後面喊著說：

「五年之前，你並不是這樣主張的呀！」

羅斯福的答覆就足以表現出他這個人的人格了。他說：「是的，那時我的學識還不夠，我錯了。現在我進步了。」他並沒有說什麼「但是」、「假若」或是其他逃遁的詞語，而是一個有頭腦的人所做的直率勇敢的自白，能與時代一同前進，勇敢直率地承認他是進步了。

以上不過舉了生活的一些小例子而已。如果錯誤的目標和決策發生在人生和事業的重大問題上，堅持前後一致的結果將是可怕的。

春秋末，吳王夫差為報父王闔閭被射之仇，興傾國之兵進攻越國，越軍大敗，大夫范蠡陪同勾踐夫婦入吳，住在石頭囚屋裏。

夫差要范蠡棄越歸吳，他當重用。范蠡卻表示自己是亡國之臣，只想幹粗活。他每天與勾踐一起擔水、除糞、砍柴、做飯、養馬，雖然面黃肌瘦，卻也並無怨言。

伯嚭又勸說夫差放勾踐回越國，相國伍子胥表示反對，夫差不聽。夫差病了，范蠡勸說勾踐去嘗夫差的糞便以表示忠誠，使夫差十分感動，終於釋放勾踐回國。

勾踐回越國以後，命文種治理政事，范蠡掌管軍隊，尊賢禮士，敬老恤貧，百姓很高興。勾踐以木柴為床褥，天天嘗苦膽，提醒自己不忘國恥。

在范蠡、文種的輔佐之下，越國經過十年的耕織生產，練兵強國，國力漸漸強盛。

後來，夫差為佞臣伯嚭所蒙蔽，殺了忠臣相國伍子胥，斥退進諫的太子，貿然發兵出境，在黃池向晉國發動爭奪盟主的戰爭。

勾踐與范蠡認為復仇的時機到了，發兵五萬，從海道襲擊吳國，大敗吳軍。後來，越軍節節勝利，逼夫差自殺，滅了吳國。

在隆重歡快的慶功會上，一片歡歌笑語，唯獨勾踐面無喜色。大智的范蠡第二天就進宮拜辭越王說：「我聽說『主辱臣死』。過去大王在會稽受侮辱，我之所以不去死，是想忍辱發奮以助復國。現在吳國已滅，請大王讓我這把老骨頭，老在江湖之間吧！」

勾踐不准他辭職，威脅說：「你留下來，我與你一同治理國家；你要走，我殺你的妻子、兒女！」

范蠡冷冷地頂了回去，說道：「我協助大王復國，誠然現在該殺了！我的妻子、兒女有什麼罪？生死反正由你，我管不了那麼多了！」說罷，拂袖昂頭而去。當夜，范蠡乘一葉扁舟，涉三江，入五湖，杳然消失於萬頃清波之中。

後來，范蠡改名為鴟夷子皮，去齊國任上卿。不久，又棄官經商，販賣牲畜發了大財，自號陶朱公。

范蠡走後，給文種留下一封信，信裏說：「你不記得一句俗話嗎？『兔子死了，獵狗該煮著吃了；敵國破滅，為消滅敵國而出力的謀臣、大將該殺了。』越王為人，只能與他共患難，不能與他共安樂。你現在不走，難免殺身之禍！」

文種看了信，怏怏不樂，但還不很相信，又覺得告老回鄉有晚節不終的遺憾，因此沒有離開勾踐。然而勾踐一天天疏遠舊日功臣，後來，終於「賜」文種自殺。

范蠡與文種在越國被吳王所滅、國王被掠去當奴隸的情況下，毅然與越王勾踐在一起為奴，然後以極大的努力輔佐勾踐復國，並滅亡吳國，使勾踐成了一代霸主，其忠誠是以感動天地。然而輔佐勾踐復國之後，時移勢易，再繼續輔佐勾踐就非常危險了。范蠡清楚地看到了這一點，果斷地辭官而去，以經商發了大財；而文種堅持在輔佐勾踐這一點上前後一致，結果被無辜賜死。這種鮮明的對比，深刻地說明了一條路走到底的愚蠢。

如果發現原有的目標與決策已經不再適應新的情況，就果斷地改變吧！

必要的迂迴乃至退卻

為了達到一個目標，人們總是希望能直線前進，一往無前，而不走彎路，更不退卻。人們甚至把迂迴和退卻看作徬徨和怯懦的表現，對其採取否定的態度。應該說，這未免太理想主義了，與現實生活有著不可忽視的距離。

我們不妨想想：在走路時，如果遇到了難以逾越的障礙，與其勇往直前去碰壁，何不轉一個彎繞過去？需要大步跳躍的時候，如果不知後退的蓄勢，難免進一步退兩步，而退步蓄勢之後，卻可以退一步進兩步，哪種選擇更好些？

先說迂迴。

某些以魚類為生的鳥類，其嘴的形狀，直直的，上下兩部分都又長又寬闊。吞吃食物時，有的常常把捕到的魚兒往空中一拋，讓那條魚頭朝下尾朝上落下來，然後一口接住嚥了下去，這樣的吃法可以使魚在經過咽喉時，魚翅的骨頭由前向後倒，不會卡在喉嚨裏。

為人處世，求人辦事也一樣會碰到各種「刺兒」，這個時候便不能「直腸子」，而應該想辦法兜個圈子，繞個彎子，避開釘子。這是做人應該具備的策略和手段。連沒有褪去羽毛的鳥都會「把魚倒過來吃」，聰明人怎能赤膊上陣，硬碰釘子，讓「刺」卡在喉嚨中呢？

話說武王繼承文王的王位後，謹修文王之業，以姜太公為師，周公旦作輔佐，召公、畢公為左右手，使周朝不斷強大。

武王做王的第九年，群臣都進言：是該征討商紂王的時候了。

經過一個月準備之後，武王載著文王的神位，率領姜太公、周公旦一批臣僚，在畢地舉行祭天的大禮。

武王祭祀天地之後，神色肅穆地對全場將士說：

「我們在這裏會師！為實現文王的遺願，解救天下蒼生，將向商紂王發起進攻！勇敢立功者賞，怯陣後退者罰！」

姜太公隨後指揮三軍，浩浩蕩蕩向前進發。

當進軍快到盟津時，黃河攔住了去路。姜太公立即下令：

「各軍將士，準備好舟船，馬上渡河到盟津會合，後至者斬！軍法從事，絕不輕饒！」

自武王出兵之日，各地百姓聽說是去征討暴虐的商紂王，都歡欣鼓舞、齊聲擁護。大軍所到之處，青年踴躍入伍，人們送糧送水，使大軍毫無後顧之憂。

一聽說要渡黃河，漁民們都把自己的船紛紛捐出來；船不夠，老百姓就把自己家的門板、床板拿出來做船。

幾天後，周武王的大軍乘船直發盟津。

大軍渡河完畢，參加盟誓的大軍，比起出發時的大軍，已經不知多了多少倍，大軍黑壓壓的排列有數公里長。原來，除了沿途加入的新兵外，還有許多反對殷商暴政的諸侯軍隊。這些諸侯軍隊聽到武王興兵的消息後，都不約而同地日夜進發到盟津。

在盟津大會上，諸侯們都推武王當盟主，並要求馬上去討伐商紂王。

可是，武王卻說：「要說伐紂，早就該伐了。以今天的大軍，也一定能戰勝商紂王。但殷商還有比干、箕子二位賢人，紂王的臣民還沒有完全歸附我們，他們正在努力勸諫商紂王，所以現在去討伐，雖然也能夠取得勝利，但是一定會遇到相當激烈的抵抗，也不利於伐紂之後對天下的統治。時機還不成熟。所以，我們今天的大會，只能作為一次演習，我決定大軍退回各國。」

於是，各國大軍都從盟津退了回來。

後來，比干因力諫商紂王的昏庸無道，被商紂王剖心而死；箕子看到商紂王已經不可理喻，只好裝瘋以求自保，商朝的老百姓更是處在水深火熱之中。天下盼望武王興兵如同久旱之望甘霖，於是，武王再次集合起各諸侯國的軍隊，向商朝的京都朝歌進發。

因為伐紂的時機已經完全成熟，所以武王的決心毫不動搖。

一天，部隊行進到一條大路上，突然一陣狂風吹來把軍中師旗吹斷成兩截。大夫散宜生對武王說：「大王，我以為這是老天爺在警告我們，看來這次出兵不會很順利，我看還是改日再出兵吧！」

「這是和我們同行的老天爺不小心把佩劍掉了下來。不要緊，我們繼續前進。」武王笑著說。

不一會兒，天空下起了傾盆大雨，連道路都被淹沒了，將士們渾身濕透，前進十分艱難。於是散宜生又說：「大王，這又是一種不祥的徵兆，我以為這是老天爺在阻止我們進兵。」

「不！」武王堅定地說，「這是老天爺在為我們洗兵器。」

周武王命令部隊全速前進，後來在牧野與商軍展開決戰。這時，由於民心歸附，不但沒有遇到有力的抵抗，而且商朝的軍隊在陣地上倒戈，攻向紂王，使商紂王只好縱火自焚。周武王很快攻下朝歌，滅掉商朝，建立了周朝。

在這裏，周武王一退一進，適成對照，而且相反相成，使滅之商朝的戰爭順利取勝。迂迴和退卻雖然看似遠離了目標，實際上卻可以更快地實現目標。所以做任何事情，決不能一條路走到底，那樣的話，前景往往是黑暗的。

做大事不可拘小節

做大事不可拘小節，是因為拘小節必將壞大事。所謂「當斷不斷，必受其亂」。然而，這些小節往往包含著整體與局部，利益與道德、理智與情感的尖銳矛盾，做大事不拘小節說來容易，做來卻很難。譬如，違背原則，絕非所願；割情斷義，更是要忍受痛苦。正因為如此，才會有那些因在小節上不能決斷而殆誤大事，甚至功敗垂成的悲劇故事。

但是，遠處的人不能讓路上的藤蔓纏住雙腿，做大事的人豈因拘於小節而停止不前？無論如何，你必須在識得大體，分清主次的基礎上，咬緊牙關，來一次「壯士斷腕」。如果你可以毫不猶豫地作出正確的抉擇，那你的前途就不可限量。

不要被「道德」捆住手腳

所謂「做大事不可拘小節」，雖然包含著為全體而犧牲的部分，為主幹而不顧枝葉的意思，所謂「棄卒保車」。但進一步推敲起來，它還包含著為達目的可以不擇手段，是否可以犧牲道德原則的問題，也就是利與義孰輕孰重的問題。

中國人向來重道德而輕利益，有道德的人受人敬重，而重利益的人向來被視為「勢利小人」。然而道德也不是絕對的，當它成為人們生存和發展的縛羈時，就應該被果斷地擺脫掉，而代之以適應的新道德。那些為道德捆住腿而不能通權達變的人，注定是要吃大虧的。

歷史上因拘泥於某種道德觀念而造成惡果的例子，真是太多了。戰國時的宋襄公「仁義之師」的慘敗就很有代表性。

當時齊桓公剛死，宋襄公會合諸侯在宋國開會，宋國和楚國都當霸主。事前目夷勸宋襄公預防楚君不懷好意，多帶些兵馬。

宋襄公說：「那不行，我們為了不再打仗才開會，怎麼自己反倒帶兵馬呢？」

宋襄公不聽。開會時，宋襄公和楚成王果然爭了起來。楚成王早有準備，一班隨從人員呼地露出全副武裝，當場逮住宋襄公，等他做成霸主，才放出宋襄公。

後來，為了報復這一次羞辱，宋襄公與楚國戰場上見。楚軍渡泓水進攻宋軍。目夷又建議：「楚國仗著他們人多兵強，白天渡河，不把咱當一回事，咱們趁他們還沒渡完的時候，迎頭痛擊，一定大獲全勝。」

宋襄公立即反對：「不行！咱們是講仁義的國家。敵人還在渡河，咱們打過去，還算什麼仁義呢！」

一會兒，楚軍全部上岸，正亂哄哄地排列陣勢。目夷又說：「快下命令吧，要不然就來不及了。」

宋襄公竟責備目夷：「你太不講道德了，人家還沒有排好隊伍，怎麼可以打呢？」等到楚軍擺好陣勢，一陣戰鼓響起，楚軍便像潮水一樣湧來，宋軍哪裡抵擋得了。宋襄公大腿中箭，逃到睢陽還說：「講道德仁義的人就應該這樣打仗。比如說，見了受傷的人，就別再去傷害他；對頭髮花白的人，就不能捉他當俘虜。」

真是一派胡言。既然已經戰場上見了，手裏拿著讓人家人頭落地的傢夥，你死我活，還有什麼仁義道德可言呢？

顯然，宋襄公是把日常生活中的道德生搬硬套到戰爭中來了，他沒有意識到戰爭是一個特殊的領域，不懂得兵不厭詐，以最大的狡猾與偽裝掩蓋真實，以消滅敵人，才就是最大的道德。否則讓自己的戰士唱著道德的歌兒上戰場，猶如趕羊進屠宰場，這是指揮者最大的不道德。

政治鬥爭與戰爭具有某種相似性，在這裏迂腐的仁愛之心沒有立足之地。

明神宗最寵愛的鄭貴妃不是正宮，她生的皇子做不上皇太子。鄭貴妃在明神宗面前使盡招數，明神宗也沒辦法廢除太子，另立鄭貴妃的兒子。

一些奸臣、內侍看到皇帝最寵鄭貴妃，就與鄭貴妃裏外勾結，要剷除皇太子。鄭貴妃表面卻裝得十分平靜，以致皇太后和皇太子都對她沒有一點戒心。

古人都相信迷信，鄭貴妃尤信妖術，她想用法術殺害皇太后、皇太子，神不知鬼不覺，是最好的辦法。於是，她買通內侍姜嚴山等人，又找來幾位懂法術的妖人，紮成草人，寫上皇太後、皇太子的生辰八字，用金針刺在草人的要害處，做起法術來。

法術都是騙人的東西，自然不靈驗。鄭貴妃一計不成，又生二計，竟然命令她的親信太監寵保、劉成，用重金收買殺手，要殺掉皇太子。

一位勇猛有力的男子，被人帶入太子居住的慈慶宮，見人就殺，正準備殺害太子常洛時，被侍衛宮韓本用等人抓獲。

案件發生後，震動了朝野。明神宗馬上派人調查審理。

鄭貴妃隨即找到主審官，授意不了了之，並揚言皇帝最後也得聽她的。她還與犯人定下攻守同盟。

主審官不敢得罪鄭貴妃，只得草草了案。他向明神宗稟報說，案犯原是一名神經失常的瘋子。刑部主事卻發現，案犯神志清醒，要求重新會審。在十八位一品大官的會審下，案犯供出了主使人寵保、劉成。

這樣一來，鄭貴妃的幕後主謀已是人人皆知的了。

在鄭貴妃的哀求下明神宗為了保住鄭貴妃，竟讓她向太子求情，又讓太子出面，不准追查寵保、劉成。最後，皇帝親自出面，證明案情與鄭貴妃無關，硬是把這樣大一件兇殺案壓了下去，只是將案犯斬首就草草了事了。

神宗死後，朱常洛繼位，是為光宗。這位光宗身為被謀殺的太子，本該將鄭貴妃一夥正法，但以婦人之仁，反而放過不提。

鄭貴婦在太子繼位後，又獻美女，又獻珠寶，使光宗失去警惕，最終被鄭貴妃一夥殘害身亡。

兩個皇帝，一個親情難捨，一個婦人之仁，竟讓謀殺太子的貴妃逍遙法外，太子最終被殺害。

從宋襄公的「仁義之師」與明神、光二宗的婦人之仁，我們可以得出的教訓是：仁義、道德固然是人之所以為人而異於禽獸的重要特徵，是人們立身行事的重要原則，但是這個原則不是在任何情況下都固定不變的。在一定情況下，作為人與禽獸之間的區別之處的仁義道德，會變成缺乏理性、敗壞大事的小節。在這種情況下，拋棄這種所謂的道德仁義，才是真正的道德仁義。不然的話，糾纏於這些細枝末節，不但一定會應了「當斷不斷，必受其亂」這句老話，而且一定會留下讓後人笑罵的口實。

手段因目的而崇高

有這樣一句話，叫作「手段因目的而崇高」。這句話的意思是，只要一件事情的目的是正當的、高尚的，那麼為達到這一目的所採取的手段即使有些過火，甚至是不道德的，也是可以理解的，甚至是應該的。

能夠表現這一真理的實例，莫過於唐太宗李世民為國殺兄的故事。

歷史上著名的賢君唐太宗李世民在繼位以前，曾與太子李建成為爭當皇任繼承人展開激烈的鬥爭。因為李建成是太子，而父皇李淵也站在李建成一邊，所以開始秦王李世民的處境很不利。他經常被派去東征西伐，去面對危險，而取勝之後，又被冷落猜忌。他的心腹劉文靜就是李淵藉故除掉的，為的是剪除他的羽翼。

在兄弟爭權的鬥爭中，是李建成首先下毒手。他用毒酒謀害李世民，使他心臟劇烈疼痛，吐血幾碗。李淵知道後，只是責備建成不該對沒有酒量的世民灌酒，並未深究。他想讓世民去洛陽，以免同室操戈。

李建成和齊王李元吉向李淵奏稱：「秦王和左右聽說去洛陽，高興得手舞足蹈，恐怕他們此去不會再回來了！」

建成、元吉勾結後宮寵妃，向李淵吹枕頭風，說秦王功高坐大，怕尾大不掉呢。李淵耳朵軟，想加罪於秦王。丞相府主簿陳叔達諫道：「秦王有人功於天下，不可罷黜。他性情剛烈，如果壓抑，恐憂憤成疾，陛下後悔不及。」弟弟李元吉再密請殺秦王，李淵就以「罪狀不顯著」含糊過去。

秦王府僚屬們感到建成、元吉對李世民已是箭在弦上，隨時都會射出。大家憂慮不安，說當前是生死存亡關頭。

正在商議，秦府更丞王蛭密報：齊王元吉藉口餞行，邀秦王、太子至昆明池，席間以勇士殺秦王，然後太子進宮請高祖退位。

秦王母舅長孫無忌說：「先發制人，後發為人所制，事不宜遲了！」

秦王歎息說：「骨肉相殘，古今大惡，我恐怕師出無名。」

幕僚們問秦王：「大王覺得虞舜是什麼樣的人？」

秦王笑道：「虞舜是古代大聖人。」

大家說：「如果虞舜曲從父命，不逃出井，他會被埋在井底；他不逃出倉庫，會被他弟弟放火燒死。這樣他又怎能夠施德政於天下，留賢名於後世呢！陛下既知道虞舜是大聖人，何不隨機應變呢！」

於是，秦王府中的幕僚房玄齡、杜如晦與長孫無忌、尉遲敬德等定下密謀，周密部署。

當晚，太白星出現。主管星象的太史令傅奕向李淵密奏：太白星出現在秦地上空，主秦王當有天下。

秦王入朝，密奏建成、元吉與後宮嬪妃淫亂，使溺於酒色的李淵怒火中燒。他又重提以前建成死黨楊文幹招兵謀反之事。

秦王哭訴道：「臣兒自問，對兄弟並無絲毫辜負，但他二人卻要殺臣，說是替王世充、竇建德（曾與唐王鼎足而立的夏、鄭政權首腦）報仇。臣今枉死，不見君親，已是痛心；魂歸地下，也愧見二賊！」

李淵這才豁然醒悟似的說道：「明天即審問，你早點參奏！」

當夜，李世民調兵遣將，命長孫無忌等人伏兵玄武門。天明，宮中張婕妤密派內侍向建成、元吉通風報信，元吉想託病不朝，建成仗恃內有妃嬪接應，外有兵甲，量秦王不敢輕舉妄動，二人便乘馬直進玄武門。

剛到臨湖殿，建成、元吉聽說皇上召集裴寂、蕭姤等人，臨朝會審，覺得事情不妙，勒韁要回宮府。將出玄武門，李世民喊道：「太子、齊王，為什麼不入朝？」元吉馬上張弓，接連射去三箭，都被世民躲過。最後一箭，世民拉住，反射一箭，颼的一聲，把不曾防備的建成射倒，一命嗚呼。

尉遲敬德領七十名騎兵前來，追殺元吉。敬德搶步上前，割下元吉、建成首級。這時東宮將馮翊、馮立，齊府將薛萬徹等領著上千衛士來攻玄武門。尉遲敬德將兩個腦袋懸在槊上，大聲喝叱道：「奉詔殺此二人，你等敢違抗上命，罪與二人相同，還不快快解散！」眾軍見血淋淋的腦袋，確實是建成、元吉，又聽說「奉詔」，心虛膽怯，便一哄而散。

尉遲敬德受李世民派遣，闖入李淵遊樂的海池，奏道：「秦王因太子、齊王反叛，起兵反賊，恐怕驚動陛下，特派臣來保衛陛下。」李淵大驚聲色，侍側的張婕妤等也都玉容慘澹。

李淵說：「沒想到今天有這樣的事，後事如何處置？」

蕭姤、陳叔達說：「太子、齊王自起義以來，並未參與謀劃，又無戰功。他們妒秦王功高望重，共為奸謀。秦王功蓋天下，內外歸心，陛下宜立為皇儲，委以國事。」

李淵只好立李世民為太子。不久，李淵看看上下都已是李世民的人，自覺已被駕空，又退位為太上皇，過起了九年閒散失意的生活。李世民即位，是為唐太宗。

李世民本非太子，按理與皇位繼承權無緣。他雖然不是首先下手殺害李建成、李元吉兩位親兄弟，但畢竟殺死了他們，並且以勢力迫使父皇退位，登上皇帝寶座。他的這種做法，不忠不孝不悌，誠如他自己所說，是「天下大惡」，然而他還是沒有手軟。他這樣做有兩個理由，一是自己不動手，勢必為李建成所殺，因此不得不為；二是李建成陰險毒辣，心胸狹窄，即使登基，以這樣的為人也很難成為一個好皇帝，殺掉他，由自己登基，可以大有一番作為，百姓與國家均有好處。後來的事實也充分地證明了李世民確是一個賢明而有作為的皇帝。正義而良好的目的，使他並沒有為殺兄害弟，迫使父皇退位而蒙上羞辱，相反地，卻因果斷採取行動而贏得了敢作敢為、能謀善斷的聲譽。當然，這也與他不主動下手，應眾人的勸說而後動，動手時讓過李建成之箭、最後以對手之箭殺死對手的做法有關。

如果再舉例子，就要舉到中國最大的聖人孔子身上去了。

孔子有一次經過蒲國時，正趕上公叔氏在蒲國謀反。蒲國人扣留住孔子，對他說：「您不去衛國，我們才讓您走。」孔子就和他們立盟。但是出了蒲國的東門，孔子立刻就去了衛國。子貢問：「這樣做不是違背盟約嗎？」孔子回答：「這種被迫立下的盟約，是不能算數的。」

連孔子這樣的聖人在必要時都可以做出在一般看來違背道德的事，我輩還有什麼可拘泥的呢？也許，正因為不拘泥於細枝末節，才是聖賢之所以為聖賢。

在利益與道德之間的抉擇

人們做任何事情，都是為了一定的功利目的。人們在追求利益目的的時候，往往會遇到利益與道德的尖銳矛盾。在這種情況下，如果追求利益，就會違背道德，而遵從道德，又會失去利益，應當如何抉擇？

中國的文化傳統，一直是重義輕利的，孔子所謂「君子喻於義，小人喻於利」，一下子就把重利者推到小人之列而鄙棄了。然而倘不是為了利，也就是達到一定的目的，人們還會有什麼可為？於是在實際生活中，又往往走向反面，重利而輕義，為達目的不擇手段，把道德原則拋到腦後。

時至今日，人們倒是不那麼虛偽地講究假道德了，然而卻走向了另一個極端，以致一些人公然地無視道德戒律的存在，如脫韁的野馬一般無所不至，甚至公然踐踏法律，為所欲為，所謂道德淪喪，人心不在，指的就是這種狀況。

現實要求我們對利益與道德這個問題進行認真思考，只有把它思考明白了，才能正確處理二者的關係，並免除因二者的矛盾而產生的痛苦。

事實上，所謂利益與道德的矛盾在很大程度上是虛幻的，也就是說，從根本上來看，利益與道德總是一致的，並不會產生如我們所想像的那樣的矛盾。

從這個觀點看，道德與利益有什麼矛盾呢？我們完全可以說道德與利益是一致的，甚至道德本身就是利益。

第一，問題的關鍵是目的正當與否，倘若目的是正當的，採取什麼樣的手段並不重要；二是在目的正當的前提下，所採取的手段至少不要造成比目的更大的危害。第一點容易理解，至於第二點，可以略舉幾例。

為了維護社會治安，抓小偷是應該的，在抓小偷的過程中，一拳把小偷打倒也沒有什麼，但是假如一槍把小偷擊斃，就未免因過當而不道德了。

在商業活動中，賣方「老王賣瓜，自賣自誇」，甚至有一點言過其實，沒有人會指責他不道德；只有在他存心以銷瑕疵品或賣假貨的時候，人們才會對他提出道德譴責。因為騙人這種手段危害他人和社會，敗壞社會風氣，與其後果之嚴重相比，他的商業利益簡直算不了什麼。

再設想我們遇到了一個危急的病人，為了救他的命，我們顧不上旁邊那個藥包的主人不在，自作主張地打開藥包並拿了藥。在這種情況下，救人事大，私自拿別人的藥在平時是不道德的，在這時卻無可指責。原因不為別的，只為與救人相比，私拿別人藥物是小事一樁，簡直不值一提。

所以，關鍵是要分清輕重緩急、大體與小節。在利益與道德的矛盾中道德總是與大體相一致，而與小節相違，只要識大局、顧大體，就既不違背利益原則，也不違背道德戒律。

關於道德與事物的大體相一致，表現人們的最大利益這一點，不妨以人心的向背說明。

古人強調得人心者得天下，失人心者失天下，可見人心的向背決定著人們的最大利益。人心的向背是由什麼決定的呢？是道德。劉備因曹操大軍壓境，被迫撤出樊城，經當陽，奔荊州，又退到夏口。一路上老百姓見劉備待他們好，北方軍隊席捲而來，他們便自覺地追隨。劉備幾萬士兵的隊伍，幾天便變成十幾萬難民大軍。劉備率領著這個龐大兵民混雜隊伍，扶老攜幼，一天只能趕十幾里。為了在軍事不利的情況下，打贏道德人心的戰爭，劉備決不輕騎快馬，而是和老百姓互相廝守，一任曹操日行三百里，疾風一般追上來。當陽一戰，劉備幾乎全軍覆沒。但這以後，劉備在荊州立足、繼續發展，確實有了強固的人心基礎。

講道德者得人心，得人心者得天下，而不講道德，違背公理民心，無論有多麼強大的力量最終的失敗仍是注定的。

決勝利器，不可以示人

在中國，懂得韜晦之策的人應當首推老子。在只有五千多字的《道德經》中，他曾多次強調相關的道理。例如他說：「大智若愚」，「大巧若拙，大辯若訥」，意思是有大智慧的人表面上讓人感到愚蠢，有大機巧的人表面上讓人感到笨拙，有大辯才的人表面上讓人感到毫無口才。他又說：「古人善為士者，微妙玄通，深不可識」，「善為士者不武，善戰者不怒」，意思是有修養而善於戰鬥的人，其才能智慧、思想情感都深藏不露，令人難以測度。

李白有兩句詩：「大賢虎變愚不則，當年頗似尋常人」，也說明了同樣的道理。在某種意義上，唯有善於隱藏自己，貌似尋常，使人不測，才有可能有朝一日「虎變」一般橫空出世，成為世人公認的成功者或大賢。倘若他不懂得韜晦之策，也許在橫空出世之前就被人除掉了。所謂「決勝利器不可示人」，就是這個意思。

由此可見，所謂韜晦之策，不僅是一種明智保身之法，也是成大事業者的必須，是一種不可或缺的高深謀略。

為人不妨裝裝傻

「難得糊塗」歷來被推崇為高明的處世之道。其實「難得糊塗」的真意，不過是要懂得裝傻而已。只要你懂得裝傻，你就並非傻瓜，而是大智若愚。

做人切忌恃才自傲，不知饒人。鋒芒太露易遭嫉恨，更容易樹敵。與上司交往最重要的技巧就是適時「裝傻」：不露自己的高明，更不能糾正對方的錯誤。

人際交往，裝傻可以為人遮羞，自找臺階；可以故作不知達成幽默，反唇相譏；可以假癡不癲迷惑對手。

你必須有好演技，才能傻得可愛，「瘋」得恰到好處。誰不識傻中真相誰就會被愚弄；誰能不領會大智若愚之神韻，誰就是真正的傻瓜、笨蛋。

楊修是太尉楊彪之子，博學能文，機智過人，任曹操丞相府的主簿。

他出身名門，又博通詩文，不免喜好鬥智逞才。

一次，曹操修造一所花園，竣工以後，他去視察，在門上寫了一個「活」字。大家都不明白是什麼意思。楊修說：「『門』裏添『活』字。就是『闊』，丞相嫌花園門太寬了。」於是把門改窄一些。

又一次，有人送一盒酥來。曹操在盒上寫了「一合酥」三個字，放在案頭。楊修竟拿勺匙，同大家分著吃了。曹操問為什麼這樣分吃，楊修答道：「盒子上明明寫著『一人一口酥』，我們怎麼能夠違反丞相的命令呢？」曹操聽了，呵呵大笑，但心裏對他這種詭辯有些討厭。

曹操怕遭暗殺，常常吩咐左右侍從：「我經常在夢中殺人。我睡著時，你們莫靠近我。」有一次，他午睡時，被子落在地下，一個近侍忙拾起給他蓋上，他跳起來一劍殺了那個近侍，又上床去睡。半晌，起床後，假裝驚問：「什麼人殺了我的近侍？」左右如實回答。他放聲痛哭，命人厚葬。

大家都以為曹操真的是在做夢時殺人。楊修卻在下葬時指著那個冤死鬼歎氣道：「丞相並沒有做夢，你才在夢裏頭哩！」曹操知道了，更加忌諱。

曹操想考慮曹丕、曹植的才幹，下令他們都各自出線城城門；暗中卻命人吩咐門吏不准放行。曹丕先到，門吏阻擋，他只得退回。

曹植問楊修怎麼辦，楊修說：「君奉王命出城，如果有人阻擋，就可以抗王命為由殺了他！」曹植到了城市，門吏上前阻拉。曹植叱責道：「我奉了魏王之命出城門，誰敢阻擋？」便拔劍殺了門吏。

曹操認為曹植果斷，有才幹，想立他為世子。但親近曹丕的人告訴曹操：「這都是楊修所教的！」曹操非常生氣，有被愚弄的感覺。從此，他不喜歡曹植，更恨楊修。

曹操與蜀軍在褒、斜一界作戰，因馬超堅守，久攻不下，曹操收兵於斜谷界口駐紮。他很想退兵，正在猶豫不決時，庖官送來雞湯。他一邊喝著，部將夏侯婣請問夜間巡邏口令。曹操看著碗裏的雞骨頭，隨口說：「雞肋！雞肋！」

聰明過人的楊修，便回去教隨行軍士各人收拾行裝，準備回去。夏侯娩便問原因，楊修解釋道：「雞肋這玩意兒，吃它沒肉，扔了又可惜。現在我軍前進不能取勝，後退怕人恥笑，滯留此地無用，不如早點回去。我想明天魏王一定班師，所以早作準備，免得臨時慌亂。」

曹操睡不著，到各營巡察，見大家都在準備行裝，便問夏侯娩，夏侯娩如實回稟：「楊主簿已先知道大王想回去的心意。」

曹操把楊修叫來詢問，楊以雞肋之意答對。曹操無明火三千丈，說道：「你怎麼敢造謠言擾亂軍心！」喝令刀斧手推出斬首。楊修死時才三十四歲。

楊修被殺，果真是由於犯了軍法嗎？顯然不是。他犯的是為人不可鋒芒畢露這條天規。犯軍法可以戴罪立功，犯天規卻只有死路一條。

明察世事，洞悉人心，可以減少行動的盲目性，避開暗礁險灘，使你在人生的道路上走得更加穩健。然而人們總希望看透別人而不被別人看透，這是人們自我保護的本能。從某種角度說，刺探別人的秘密是一種侵犯行為，一旦對方察覺，輕者引起反感，重則招至災禍，「殺人滅口」的舉動正是這種情形的極端表現。曹操殺楊修，哪裡是因為他動搖軍心，實在是怒於他屢犯心中最隱秘的禁區。

也許，在這個身邊隱藏著各種秘密的世界上，做到心中明察秋毫，臉上卻似乎渾然不覺，才是真正的智者。

誰笑在最後，誰才笑得最好

人生難免有失意的時候，這時候你縱有天大的本事，也得承認「虎落平陽被犬欺」的道理，肯於在矮簷下低頭。假如不懂得這個道理，衝冠一怒，拔劍硬拼，只能魚死網破。當然，在矮簷下低頭不是目的，而是保存自己以待來日的一種手段。所謂「君子報仇，十年不晚」，「誰笑在最後，誰才笑得最好」，何必爭於一時呢？

一九七三年十月，約旦、敘利亞、伊拉克、埃及趁以色列正在過贖罪日沐浴守戒和叨念經文之時，突然發起了第四次中東戰爭使以軍遭到慘重損失。以軍首腦盛怒之下，決心孤注一擲，把他們在萬不得已才使用的號稱「王牌旅」的第一九〇師裝甲旅調來投入戰鬥。

這天，「王牌旅」旅長阿夫・亞古里受命破壞菲爾丹橋，阻止埃軍繼續向前推進的任務。埃軍第二步兵師師長阿布・薩德奉命在以軍前進方向上布設防線。阿布・薩德首先把伏擊陣地選在道路兩側二三百米外，利用沙丘進行隱蔽偽裝，並構築了單兵射擊掩體，擔任伏擊的部隊每人都攜帶了「薩格爾」式反坦克導彈和四〇火箭筒等反坦克火器。為了打好這次伏擊，埃軍機關參謀人員逐個地確定了導彈射手的發射位置。為了誘敵上鉤，埃軍還令工兵在菲爾丹附近實施佯動作業，架設假橋樑，造成埃軍後續部隊準備大量渡河的假象。

一九〇師裝甲旅對埃軍的伏擊部署一無所知，他們快速向前疾馳，不久就與埃軍第二步兵師先頭營遭遇。埃軍密集的反坦克火力很快就擊傷擊毀以軍三十五輛坦克。旅長亞古里是個狂妄傲慢的指揮官，此時此刻，他只感到丟了王牌旅的面子，盛怒之下，竟將剩餘的八十五輛坦克，集結在第二道防線，準備再次向埃軍發起攻擊，一見高低。

阿布·薩德及時抓住一九〇師裝甲旅孤軍深入、缺乏火力支援等弱點，命令先頭營撤出原陣地，裝出敗退的樣子，誘敵進至伏擊地區。魯莽的亞古里不知是計，便令全部坦克高速開進，急急追趕，終於一頭鑽進了埃軍預設的口袋，遭到覆滅的下場。

以色列軍隊在這場戰爭中的表現未免太缺乏謀略了，像一個未經世事磨練的「菜鳥」。如此魯莽的行動，導致全軍覆滅的結果是必然的，他們不懂得忍辱深藏的道理，劍出得太早了。

也許談到謀略，還要數中國人。中國人的一大特點就是高瞻遠矚，不計一時之成敗，為了最後的勝利不惜示弱就範，乃至受人之辱然後暗暗積蓄力量，予以致命一擊。

戰國時，越國被吳國打敗後，越王勾踐夫婦被押到吳國當人質。

戰國時，吳王夫差得了寒疾，三個月還沒好。越國大夫范蠡對被提到吳國替夫差養馬的越王勾踐說：「大王不如請求前去看望，嘗夫差的糞便，再祈禱、祝賀他病好的日期。夫差必然大受感動，赦免就有希望了。」

勾踐流著眼淚說：「我雖然不中用，也曾南面為君，怎麼能夠替人嘗糞便呢？」

范蠡說：「一個人想要成大事，就要能在矮簷下低頭。夫差有女人家的仁慈，即沒有大丈夫的決斷。他本來已經打算赦免我們，忽然又中途改變主意。大王不去嘗糞，拿什麼來博取他的憐憫之心呢？」

范蠡托吳國太宰伯嚭轉達看望的誠意，夫差同意。勾踐一進門就叩頭，哭著說：「囚臣聽說大王龍體欠安，真是肝肺痛裂……」

話沒完，夫差感到肚子脹，想大便，向勾踐擺手，要他出去。勾踐說：「囚臣曾經向醫師求教，看人瀉肚，能瞭解病情輕重。」

等夫差解完，勾踐揭開馬桶蓋，手掬糞便，跪著品嘗。左右侍人都掩著鼻子。勾踐向夫差說：「囚臣再拜敬賀大王，大王的病，到己巳日好轉，三月壬申日痊愈。」

夫差說：「你怎麼知道？」

勾踐說：「醫師對我說：『糞是五穀之味，順時氣則生，逆時氣則死。』囚臣嘗大王的糞，味苦帶酸，正應春夏發生之氣，所以知道三月申日大王的病能痊癒。」

夫差大喜，說道：「你真有仁愛之心呀！臣子侍奉君父，誰肯嘗糞來判斷疾病呢？」

夫差問身邊的伯嚭：「你做得到嗎？」

伯嚭搖頭說：「我雖然很愛大王，但這件事我做不到。」

夫差說：「不但是你，就是我的太子也做不到啊！」

他對勾踐說：「等我病好了，就放你們回國。」

後來，夫差釋放了勾踐回國。不久，勾踐大敗夫差，逼他自殺，佔領了吳國。

勾踐為什麼要嘗夫差的糞？很簡單，為了復仇。不騙取夫差的信任，贏得他的憐憫，復仇的秘計就可能暴露。一旦引起夫差生疑，報仇雪恨的計劃就再也無法實現，甚至會引來殺身之禍。

紂王將姬昌囚禁在羑里長達七年，他的長子伯邑考於心不安，帶上珍寶貢品前往商都朝歌，請求紂王赦免父親，允其回國。

紂王寵妃妲己見伯邑考長得面如滿月，目似朗星，便藉口請伯邑考給她傳授瑤琴技茳，想勾引他。妲己蛾眉挑動，頻送秋波，啟動朱唇，吐蘭馨香舌，溫語悄聲，情意綿綿。伯邑考卻心如鐵石，眼不旁視，只是撥琴。

伯邑考越是冷若冰霜，妲己越加色慾如火。她索性對伯邑考說：「這樣學琴很不方便，不如你移在上坐，我坐在你懷裏，你把著我的雙手教我撥琴弦，很快就能學會了……」

伯邑考連忙正色說道：「娘娘這話，竟是要使我成為豬狗一樣下賤的東西！請娘娘珍惜一國之母、涉房至尊之貴，不要做出有辱天子的事來！」

妲己羞得滿臉通紅，訕訕而去。

第二天，紂王問她：「昨晚伯邑考傳授琴藝，可曾熟練？」

妲己流眼抹淚地說：「啟奏陛下，那伯邑考根本沒心思傳琴，反而打壞主意，用言語調戲我，還動手動腳的！」

紂王勃然大怒，命人將伯邑考拿下，妲己命左右取鐵釘，將伯邑考手足釘了，用刀剁碎，不一時剁成肉醬。紂王命人扔進蠆盆，去餵蛇蠍。

妲己說：「不可。我聽說姬昌號稱聖人，能知禍福，善識陰陽，聖人是不會吃兒肉的。現在把伯邑考的肉做成肉餅，賜給姬昌。如果姬昌竟然吃了這肉餅，那他不過是徒有虛名，可以放他回去，也表明皇上您的仁慈；如果他不吃肉餅，應當立即殺掉，以免後患！」

這消息，被姬昌的臣下賄買紂王的內臣傳給了姬昌。姬昌聽了，肝膽俱裂。他想：「今天如果不吃肉餅，難逃殺身之禍；如果吃下，其心何忍！」

紂王命人送去一個龍鳳膳盒，傳達紂王的旨意：「大王昨天打獵，打得一些鹿子，做成肉餅，特賜賢侯。」

姬昌跪拜，揭開膳盒，說道：「皇上受鞍馬之勞，反而賜給犯臣鹿餅，真是大恩大德，祝願陛下萬歲，萬萬歲！」謝恩畢，姬昌接連吃下三個肉餅，將盒蓋上。

使臣向紂王稟奏了姬昌吃下肉餅，還叩謝聖上大恩之事。紂王聽了，認為姬昌的聖人之稱，不過是虛名。後來，姬昌次子姬發又聽大臣散宜生之計，派太顛、閎夭攜帶明珠、白璧、黃金、玉帶等重禮，賄賂紂王的寵臣費仲、尤渾，他們二人受賄後，便勸說紂王釋放姬昌回到西岐。

作為父親而吃下用兒子的肉做的餅，於心何忍？然而倘若不吃，不但自己的性命保不住，建立西周的大業也無法完成。矮簷之下且低頭，以求最後勝利的可能，正是周文王聖明於凡人之處。可以說，正是隱忍地吃下兒子的肉，承當不是聖人的說法，才使他免除大難，成就大業的。

聖人之劍，才藏得最深。只有聖人才會不惜一切代價，使自己成為笑在最後的人。

善戰者，必求之於勢

中國古人傳下來既互相矛盾，又可以同時成立的兩句老話，一句是「時勢造英雄」，另一句是「英雄造時勢」。

到底是英雄造時勢呢，還是時勢造英雄？正如先有雞還是先有蛋的問題一樣，這是一個頗為費神的問題。

我們認為，歸根到底，是「時勢造英雄」。「因為英雄造時勢」這句話之所以能夠成立，是以利用時勢為前提的。時勢不能憑空而造，假如始終不具備可以利用的時勢，英雄也無法有所作為。

這一點可以從《孫子兵法》中得到印證。《孫子兵法》說：「善戰者，求之於勢，不責於人」，「任勢者，其戰人也如轉木石。木石之性，安則靜，危則動，方則止，圓則行。故善戰人之勢，如轉圓石於千仞之山者，勢也。」這段話的意思是：善於作戰的人，把功夫下在利用和創造勢上，而不依靠人的主觀力量。善於利用勢的人，與敵人作戰就像轉動木頭和石頭一樣。木頭和石頭的特性，是方而安穩就靜止，圓而傾危就運動。善戰者在作戰時之所以如同將圓形的木石從高山之上推下去一樣具有無窮的威力，是用勢的緣故。

所以，想要造時勢當英雄的人，一定要善於用勢。

聰明人做事，注意用勢，而愚蠢的人做事，則只知道用力。善於用勢者必勝，只知用力者必敗。

用勢與用力

為什麼這樣講？《孫子兵法》也給出了答案。《孫子兵法》說：「激水之疾，至於漂石者，勢也。鷙鳥之疾，至於毀折者，節也。是故善戰者其勢險，其節短。」就是說：勢之所以對於戰爭勝負具有決定性的作用，是由於它能夠產生極高的速度和巨大的衝力，並且可以在極短的時間和距離內發揮作用。利用勢可以以四兩撥動千斤，而不利用它，卻如同以千斤之力相抗，難而又難。

讓我們用事實來說話。

提起西楚霸王項羽，大概沒有誰不知道。這是個「力拔山兮氣蓋世」的英雄人物。司馬遷在《史記》中把他置於帝王之列，專門寫了《項羽本紀》，並且在文章的最後以欽佩的口吻說：「他的崛起是多麼迅速啊！秦朝失去了為政的綱紀，陳勝首先發難，接著豪傑並起，互相爭奪天下，無計其數。而項羽沒有任何地位與影響，乘勢起於田畝之中，僅三年時間，就聯合諸侯滅掉了秦國，並分疆裂土，封王封侯，主持天下政事，號為『霸王』。他的地位雖然沒有保住，但他的成就卻是近古以來所未曾有過的。」

但是，這樣一位英雄人物，卻是一個只知用力而不懂得用勢的人。這一點突出地表現在他被圍垓下之後。

項羽被劉邦圍在垓下之後，兵少糧盡，四面楚歌，感到大勢已去，於是在軍帳中與所寵愛的虞姬告別，並慷慨悲歌：「力拔山兮氣蓋世，時不利兮騅不逝。騅不逝兮奈若何，虞兮虞兮奈若何！」項羽悲歌，美人相和；項羽流了淚，左右也都哭了。

項羽出帳上馬，帶領手下八百餘騎趁夜突圍向南。但是他迷了路，陷在大澤之中，於是被劉邦的人馬追了上來。這時他手下只剩下二十八人了，而劉邦的追兵有數千人。

項羽估計自己已經無法脫險，於是對身邊的人說：「我從起兵到現在，已經八年了。八年中，身經七十餘次戰鬥，攻無不克，戰無不勝，從未失敗過，所以霸有天下。但是今天竟然困在這裏，這是天滅我，而不是由於作戰無能。今天只能拼死作戰了，我願意為各位作戰鬥表演。我要三戰三勝，為各位打開突圍的缺口，並斬將伐旗，讓各位知道今天的處境是由於天要滅我，而不是作戰無能所致。」說完，把手下分為四隊，各占一個方面。

面對劉邦軍隊的重重包圍，項羽大聲說：「我為你們斬敵軍一將！」於是令手下從四面馳下，自己大呼著騎馬衝向敵軍，敵軍望風披靡，於是斬殺敵軍一員將領。

項羽與自己的手下聚會為三處。敵軍不知項羽在哪一處，只好分兵包圍。項羽趁機又催馬斬殺敵軍一名都尉，殺敵近百人。項羽再次收攏部下，清點人數，只不過少了兩人。項羽問手下：「怎麼樣？是不是天滅我？」手下都附和著道：「的確如大王所說。」

這時項羽已經來到烏江邊，烏江亭長駕船等候著項羽。亭長說：「江東雖小，也有千里方圓、數十萬人，也足以為王了，請大王快上船渡江。」項羽笑道：「天要滅我，我還何必渡江呢？況且當與我一起渡江打天下的八千子弟無一生還，縱使江東父老憐愛我，擁戴我為王，我又有什麼臉見他們呢？縱使他們不說，我又豈能無愧於心？」說完，把自己的座騎送給亭長。

項羽令手下也下馬，持短兵器與敵人接戰。他一個人又殺敵數百人，自己也受傷十餘處。看見敵軍司馬呂馬童，項羽認得，問：「你不是我的敵人嗎？」馬童對身邊的大將王翦說：「這就是項王。」項王於是對王翦說：「我聽說劉邦以千金買我的人頭，得者還要封萬戶侯，我就把人情送給你吧！」於是自刎而死。

項羽作戰的確十分英勇，但是果真如他所言，是天要滅他，而不是作戰無能嗎？又不能這樣說。誰都知道，楚漢之爭不僅是軍事鬥爭，也是政治鬥爭；在軍事方面，以項羽的地位，重要的也不在於個人殺敵多少，而在於指揮作戰如何。而在這兩方面，項羽都犯有嚴重的錯誤。

在鴻門，劉邦軍隊只有十萬，而項羽有軍隊四十萬，占絕對優勢。項羽手下的傑出謀士范增指出劉邦有帝王之心，勸項羽在鴻門宴上殺掉劉邦，但項羽不但心懷婦人之仁，在范增的數次示意下不忍動手，反而輕率地說出了在劉邦身邊臥底的人。結果，不但失去了除掉對手的絕好機會，而且失去了一個內線，氣得范增以劍擊碎了劉邦送給項羽的珍寶，歎道：「噫！豎子不足與謀。奪項王天下者，必沛公也！」結果劉邦後來果然背叛了項羽，並成為與之爭奪天下的勁敵。

後來，項羽斷了劉邦的糧道，劉邦害怕了，請求講和。項羽已準備同意講和，這對范增又一次勸諫道：「現在不打垮劉邦，以後必定後悔。」但在此關鍵時刻，項羽卻中了劉邦的離間計，以為范增與劉邦暗中有來往，不再信任他，削減了范增的權力。范增一氣之下，離項羽而去，半路上背上發疽而死。從此項羽失去了一位傑出的謀臣，只能依靠自己天真的政治頭腦與狡猾老辣的劉邦爭鬥了。天下大勢，即此已可明確判斷。

從以上看，即使在軍事上，項羽也不是無懈可擊的，何況他是個好逞匹夫之勇，不肯深入研究軍事的人呢。《項羽本紀》篇首明確地寫著：「項籍少時，學書不成，去學劍，又不成。項梁怒之。籍曰：『書是以記名姓而已。劍一人敵，不是學，學萬人敵。』於是項梁乃教籍兵法，籍大喜。略知其意，又不肯竟學。」一個所學皆不專精，而又好逞匹夫之勇的人，遭受失敗，自刎而死，不是很自然的事情嗎？

但項羽卻直到自殺前仍極力表現自己的匹夫之勇，推卸失敗的責任，對自己的作為毫無悔意。正如司馬遷也說：「自矜功伐，奮具私智而不師古；謂霸王之業，欲以力征經營天下；五年卒亡其國，身死東城，尚不覺寤而不自責，過矣！乃引『天亡我，非兵之罪也』，豈不謬哉！」可以說，項羽之敗，就敗在好逞匹夫之勇，試圖「以力經營天下」上。

與項羽相反，劉邦是個善於觀察和利用時勢的人。

在他起義之初，便創造了斬白蛇、天命歸的神話，藉以俘獲人心。攻入漢中後，為將漢中作為奪取天下的基地，利用人民盼望太平的心理，與當地人民立下了「殺人者死，傷人及偷盜者抵罪」這約法三章；同時本來極為貪財好色卻竟然表現得十分廉明，進而贏得了人民的擁戴。

在形勢不利情況下，劉邦從來不以力敵。在鴻門宴上，劉邦鑑於自己的力量還相對弱小，對項羽禮敬有加，又表忠心，又獻禮品，利用項羽的婦人之仁保全了性命。即使與項羽從展開了爭奪天下的鬥爭之後，仍然不時以講和，作為緩兵之計，直到把項羽圍在垓下，才一舉將其殲滅。

在對人才的任用上，項羽有一個范增而不能用，而劉邦卻廣攬天下人才，為己所用，以便形成強大的勢力。劉邦自己便說：運籌帷幄之中，決勝千里之外，我不如張良。鎮守國家，安撫百姓，供應大軍所需要的糧餉，我不如蕭何。指揮百萬大軍，戰必勝，攻必克，我不如韓信。這三個人，都是人中的英傑，我能用他們，這就是我為什麼能夠奪取天下。」

在楚漢戰爭中，劉邦曾說過，自己的原則是鬥智不鬥力。所謂鬥智不鬥力，其實只不過是善於利用和造成有利的形勢而已。

用勢則勝，用力則敗，可以從劉邦與項羽身上得到充分的證明。而用勢之所以勝，用力之所以敗，原因在於一個極為省力，事半功倍，一個極為費力，事倍功半。

借勢與造勢

用勢有兩種方法：一種是借用現成的時勢，另一種是不具備可以借用的形勢，由自己來造成可用的時勢。

很明顯，與其造勢，不如借勢，因為借用現成的形勢幾乎不費什麼力，而只須舉手之勞。

關於借勢，最好的例子大概要算古代商人白圭，因為連司馬遷都說，他是天下善於經商的始祖。

魏文侯時，李悝為相，鼓勵農業生產，務盡地力，魏國形成開荒種地的熱潮。

白圭是個身強力壯的人，卻充耳不聞，仍然待在家裏。

鄰里都勸他：趁著國家政策好，你身體強，多開幾畝荒地，留給後人，也可保豐衣足食。他只是一笑，說，我自有獲利的好辦法。

不久，大家都在積極開荒種地時，白圭卻開了一個店鋪，租了好多間空房，就是不做一件買賣。人們笑他：「哪有你這樣做買賣的？」白圭仍是一笑報之。

秋天，農業獲得大豐收。老百姓都愁糧食無處放，國庫又只能收一部分，糧價賤得前所未有。白圭這才打出收糧的招牌，比市價還高五成，多餘的糧食都被收購了，百姓都誇他做了件大好事。另一些糧商則罵他是傻子，看著白圭收了那麼多糧食，都希望白圭的糧食賣不掉，一下子垮下來。

第二年，出現了幾十年不遇的大災年，春秋兩季的收成都壞的很，糧價一下上漲了幾十倍，奸商們都看準了是發大財的好機會。這時，白圭開始賣糧了，標價又大大低於市價，人們都紛紛到他這裏來買糧。不到一個月，白圭收購的幾百萬石糧食全賣了出去。收購價是一石一兩銀子，賣出價是一石十兩銀子，這一進一出，白圭就賺了幾千萬。一下子成了巨富。

那些早先勸他去開荒種地的人都說，白圭真是一塊不耕而大獲的料子啊！

白圭有了雄厚的資本，坐著高車四處經商，每到一地，不到幾天，價格貴賤全在胸中。然後，下手買賣，從無虧本的事。

一次到某地，此地盛產生漆，恰好當年又是大豐收，漆戶都愁漆賣不出去。白圭在甲地時，探聽到漆價極貴，以此地的價格運到甲地，至少有幾十倍的賺頭，於是又大肆收購。沒幾天，就收購了幾十車的生漆。他把收購好的生漆運到甲地，一下子又賺了好多好多的銀子。

《史記》誇他能洞察市場，善觀行情變化，能取人所棄，與人所取，由此而獲巨利。

白圭自己常說：「我們經商，如同治國，要像伊尹、姜子牙那樣；如同打仗，要有孫武、吳起的本領；如同變法，要像商鞅那樣。所以，如果智慧不識權變，勇敢達不到當機立斷，仁愛做不到給予，強大不能堅守，這樣的話是學不到我的法術的。」

白圭經商的謀略高在哪裡呢？高就高在善於借勢而已。天下糧食豐收，糧價必然下跌，而在那個靠天吃飯的時代，不可能年年豐收，一到災年，糧會漲價也是必然的。所以，他只須利用這種形勢，何必費力去開荒種地呢？

所謂順天應人，真義只是應人。因為天心不可知，要知天心，須看民心。只有得人心者才能得天下，也只有得人心者才能成功。所以造勢的根本，在於人心所向、大勢所趨。

兵無常勢，水無常形

談到用勢，就不能不談到一個古老的比方：水。

孫子說：「夫兵形象水。水之行，避高而趨下；兵之形，避實而擊虛。水因地而制流，兵因敵而制勝。故水無常勢，兵無常形，能因敵變化而取勝者，謂之神。」就是說，水是沒有固定的形狀的，在什麼情況下，它都能因地勢的變化而變化。人們做事也是如此，雖然需要有事先的謀劃，但是這種謀劃必須適應情況，隨時根據情況的變化而修正。

老子極崇尚水的「無我」。他說：「上善若水。水利萬物而不爭，處眾人之所惡，故幾於道。居善地，心善淵，與善仁，言善信，政善治，事善能，動善時。」意思是：有高度修養的人，其風格就像水一樣，兼利天下而不與人爭，總是處於眾人所嫌惡的低位，所以接近於道。這樣的人善於像流水一樣給自己定位，像深淵一樣虛懷若谷，像水利萬物那樣富於仁愛之心，像潮汛如期那樣言而有信，像水的流動不失時機那樣善於治理天下，成就事業。

水的特性之所以受到這樣的推崇和效法，原因在於它不自為主，順應萬物。這種特性的確是我們為人做事所應當效法的；也只有效法水的特性，才能把勢用到最高明的程度。

在中國歷史上，劉邦之所以能夠奪取天下，就因為他有像是水一般的性格，能屈能伸、變化無窮。

當時，高陽有一位老儒生酈食其，家境貧困，當看門吏為生。

沛公劉邦到了高陽，部下有一個騎士跟酈食其是同鄉，酈食其與他見了面，攀談起來。

酈食其說：「聽說沛公性情傲慢，瞧不起人，但他胸懷大志，正是我所願意跟隨做事的人，只是苦於沒有人替我引見。」

騎士搖頭說：「沛公最不喜歡儒生啦！遇到儒生求見，沛公便命摘下冠帽，朝帽裏撒尿。平時談話，也經常滿口粗話，大罵儒生迂腐。你何必去觸霉頭呢？」

酈食其說：「你試著替我傳話，就說高陽酒徒酈食其想見他議論大事，我想沛公不會拒絕見我。」

沛公聽了騎士傳話，勉強召見。酈食其進去時，沛公正踞坐在床上，兩個侍女給他洗腳。酈食其瞧著，慢慢地走近，拱了拱手，並不下拜。沛公仍然不動，好像面前沒有這個人似的。

酈食其提高嗓門，問道：「足下領兵到此地，是想幫助秦進攻諸侯各國呢？還是帶領諸侯各國來進攻秦呢？」

沛公破口罵道：「豎儒！你不曉得天下遭秦的罪很久了嗎？所以諸侯接二連三起來討伐秦，你卻說我幫助秦進攻諸侯！」

酈食其馬上接過話頭說：「老子不是豎儒，是高陽酒徒！你真想聚合天下義兵誅伐無道的秦朝，就不該這樣傲慢無禮地對待長者。試想行軍不可無謀劃，如果慢賢傲士，還有哪個肯來獻計策呢？」

沛公聽了，馬上穿上鞋子、衣服，恭敬地請酈食其上坐。兩人問答，酈食其口若懸河地談到六國的興衰成敗，沛公很是佩服，請他共同進餐，問到伐秦計策。

酈食其侃侃而談：「足下兵不滿一萬，想直入強秦，這簡直是羊入虎口。據我之見，不如先佔領陳留，陳留當天下要衝，四通八達，而且城裏藏糧很多，足以供應軍隊需要。我和陳留縣令相識多年，願去招安。如果他不肯從，請足下帶兵晚上偷襲，我作內應，城可攻下。得了陳留，然後招兵買馬，再向關中進軍，這才是上策。」

沛公隨即佔領陳留，得到藏糧甚多的穀倉，便封酈食其為廣野君。

在這個例子裏，劉邦本來極端厭惡儒士，所以酈食其來見之初極不禮貌。但是當酈食其批評他慢賢傲士，勢必導致無人獻計時，劉邦的態度馬上發生了變化，恭恭敬敬地向對方請教。這就是像水一樣因高就下，隨物賦形的性格。正是這種性格使他接受了酈食其的謀劃，把事業向前推進了一大步。當然，酈食其也不是個頑固而不知變通的人，初以儒士身體求見，見行不通，馬上自命高陽酒徒，可謂善變之至。兩個人一拍即合，不是偶然的。

挑戰極限，當心物極必反

現在有一句流行的話，叫作挑戰極限，如體育運動要挑戰身體的極限，創業要挑戰事業發展的極限，等等，不一而足。

極限是可以挑戰的嗎？

任何事物的發展都有極限，它有如一道高壓電網攔在繼續前進的路上。挑戰極限如同去撞高壓電網，在絕大多數情況下是要付出慘痛代價的。所謂「物極必反」說的就是這一點。

有人也許不以為然，他們會說：挑戰極限是人生的一種崇高境界，正是對極限的突破使那些成功者創造出輝煌的偉業。持這種觀點的人其實並不瞭解事情的真相。事實是，從來沒有人突破過真正的極限，那些「成功的挑戰者」面對的不過是一些本來可以突破的較大障礙而已。真正極限是無法逾越的。

挑戰極限的衝動蘊含著巨大的危險，懸崖勒馬絕非易事，還是早一點緩衝，適時下馬為好。

挑戰極限的教訓

在商業活動中，人們大都明白這樣一個道理：只有那些在某些專業上早踏出一步的人，才能摘取比較大的果實；如果某項產品已經達到飽和狀態時，才緩緩踏出腳步，一定會嘗到失敗滋味的。

前不久，打保齡球相當盛行，當時，保齡球館如雨後春筍般的出現，但風氣很快便消失了，以往門庭若市的保齡球館變得門可羅雀，而最慘的是流行已達頂點時，才著手興建保齡球館的人。

股票的市場也一樣。認為某種股票會上漲，搶先買下的人，在股票不斷上漲時，就能賺錢。事實上，當報紙、電視等媒體宣傳這種股票很有利潤時，大都已經漲到頂點了，反而是應該開始拋售的時候了。

其實任何事物都有一個發生、發展、達到鼎盛、然後走向衰亡的過程，如果發展到了頂點還不知收斂，卻要挑戰極限，那就如同在股價達到最高點的時候大量購進一樣，沒有不蝕老本的。

楚靈王殺兄即位後，仗著楚國的國力，妄想統一天下，爬上各國諸侯共尊的天子位置。

這位靈王毫無德性，只知逞兇耀武，是一個典型的武夫，但他自視卻極高。為了實現自己的夢想，他用盡楚國的財力，到處攻伐征戰。楚靈王在滅了陳、蔡兩國後，更加得意忘形。

就在滅蔡的時候，楚靈王做了一個夢，夢見九崗山山神對他說：「你若祭我，我保你奪取天下。」楚靈王醒後十分相信，竟不顧許多大臣的勸諫，把被俘的蔡國太子作為犧牲，殺害後祭祀九崗山神。

祭神後，靈王又找巫師龜卜，占問哪一天能做上一統天下的天子。巫師就用龜板占問，結果龜板破裂了。把楚靈王氣得大叫起來。

儘管龜卜的徵兆不吉利，楚靈王仍沒放棄當天子的夢想，繼續窮兵黷武，又把許、胡、沈、道、房、申六個小國遷到楚地，強佔了他們的國土。

楚靈王依靠武力，在這些戰爭中幾乎沒遇到什麼抵抗就取得勝利，這使他自以為奪取天下，不過是垂手可得的事，於是不知天高地厚地派人前往周朝，索取代表天子權力的九鼎。

明智的群臣都紛紛出面勸諫靈王，可是，利令智昏的楚靈王卻說：「我就快佔有大半個天下了，還怕什麼呢？」

不久，在嚴寒的冬季，雪積三尺之厚的時令，楚靈王竟然為了早日實現自己的野心，不顧士兵的死活，下令攻打徐國。他親率大軍屯於乾㻬，作為聲援的後備軍，恨不得一口吞下徐國。

一位名叫鄭丹的臣僚進諫說：「徐國在我楚國東北三千里的地方，又有大國吳國的援助。我擔心久攻徐國不下，三軍在外久受凍餓之苦，萬一國內發生變化，事情就嚴重了。」

凡是走向滅亡、衰敗的君主，沒有一個聽得進忠言良語的。楚靈王不僅不聽，反把鄭丹大罵了一通。

由於楚靈王內不得民心，外又遭滅國遺民的痛恨，所以，不久楚國發生政變。楚人立公子棄疾做了國王，就是楚平王。

而楚靈王有國不能歸，手下又全部叛逃而去，只得自縊身亡。

楚靈王身為一個諸侯，竟不顧身份和實力，派人向天子索取象徵天子權力的九鼎，並試圖以武力統一天下，堪稱挑戰極限的典型。然而結果怎麼樣呢？結果是失掉人心身死國喪。

真正的極限是不可超越的，超越真正的極限只能證明其人的狂妄。古人說天要叫誰滅亡，就先叫他發狂，真是一點也不假。

不僅挑戰極限極為危險，就是達到極限也充滿了危機。

北宋名將狄青，少年時就胸懷大志。他初當兵時，正值王堯臣高中狀元，報子傳呼，觀眾歡聲如雷。有個士兵歎息道：「他當了狀元公，我們才當兵，貧賤和富貴就如此不同！」狄青回答說：「那可不一定，要看你的才能如何。」

狄青為人寬宏大度，不計小事。他任定州副帥時，一次主帥韓琦宴請賓客，席間，說笑的人拿儒生開玩笑，惹惱了陝西豪士劉易，他當眾辱罵狄青是「臉上刺字的丘八」，扔筷子摔碗。狄青並不生氣，和顏悅色，第二天還登門賠不是。韓琦說：「狄青真有雅量。」

韓琦、范仲淹倚靠狄青如左臂右膀。范仲淹教他讀《左傳》，告訴他：「為將不知古今，只有匹夫之勇！」從此，他刻苦讀書，秦、漢以後的兵法，無不通曉，遂積功至都指揮使。

西夏與宋交好，西部邊疆安定，他奉召為殿前都虞侯。宋仁宗命他敷藥塗去臉上刺字，他跪謝道：「陛下以臣有微功，屢加提升，並沒有計較臣的門第。臣如果沒有臉上這兩行字，怎麼能夠有今天陛下賜給的榮耀？因此不能塗去刺字，要使天下出身微賤的人，知道國家有名位在等待他們。所以，臣不敢奉詔！」仁宗只好隨他。後來擢任樞密副使。

使。

之後，狄青奉旨平定儂智高叛亂，攻破崑崙關，使邕州一帶安居樂業。仁宗擢升狄青為樞密使。

狄青身居國防樞要大臣高位，深自恭謹。有唐朝名臣狄仁傑的後人拿著狄仁傑畫像及委任官職的文憑十多件獻給狄青，說狄仁傑就是狄青的遠祖。狄青婉言道謝，說：「我不過是一時碰到好運氣，怎麼敢自比狄梁公呢？」

然而，偃武修文的宋朝容不下戰功赫赫的名將。文彥博當政，向仁宗建議：外放狄青任兩鎮節度使。狄青向仁宗陳述：「臣無功而受指揮兩鎮的重任，無罪而出任外藩之官。」

宋仁宗聽了，對文彥博說：「狄青是忠臣。」

文彥博提醒宋仁宗：「太祖（指陳橋兵變奪取周政權的趙匡胤）難道不是周世宗的忠臣？」宋仁宗默然不語。

後來，狄青見了文彥博，重複他那兩句話，表白自己的心跡。文彥博瞪著他，狠狠地說：「你沒有別的過錯，只是朝廷懷疑你！」

狄青嚇得退了幾步。不過半年，狄青病死在陳州任上。狄青是宋朝少有的軍事人才和功臣，更是中國歷史上少有的雖然有大功於朝，卻謙遜謹慎、如履落冰的明智之士。然而，儘管他小心恭謹到了連皇帝讓塗去臉上的刺字都不敢從命的程度，還是不為朝中所容。君臣之間沒有絕對的信任，大臣之間難免嫉妒，所以明知是忠臣也不願讓他執掌過大的權力，狄青「沒有別的錯誤」，他唯一的錯誤是功勞太大了。

中國古老的文化典籍《周易》，對事物這種向相反方面轉化的規律極為重視，一次又一次地告誡人們要知進知退。例如它曾提出「亢龍有悔」的警告，並進一步發揮說：「亢之為言也，知進不知退，知存不知亡，知得不知喪。其唯聖人乎？知進退存亡而不失其正者，其唯聖人乎？」又說：「日中則厭，月盈則虧」，「無平不陂，無往不復」，「君子當消息盈虛」，「與時偕行」。周易的這些觀點，是今天的人們，尤其是那些試圖挑戰極限的人，所應當認真記取的。

好花看到半開時

既然挑戰極限不可，功勞和名望太大也充滿危機，我們做事就不要作得太滿，而應該留有餘地。俗話說「好花看到半開時」，還是見好就收為妙。

秦朝末年，陳勝、吳廣在大澤鄉起義後，天下四處回應，烽火連天，反對秦王朝的起義接連不斷。在今天安徽省的天長縣，秦代叫東陽縣的地方，一群少年英雄也自發地組織起隊伍，殺掉縣令，舉起反秦的義旗。

蛇無頭不行，龍無首不飛。這群英雄少年決定要推舉一位首領，仿效陳勝稱王的樣子，在東陽縣立王建朝。他們選定了一位名叫陳嬰的人。

陳嬰是東陽縣裏的一位文吏。陳嬰家族是東陽縣的望族，一直樂善好施，深得縣民尊敬。陳嬰本人更是承繼家風，廣得人心，縣民都說他是位忠厚的長者。所以，一說讓陳嬰出來當首領，沒一個反對的，老百姓也是歡天喜地，十分擁護。

陳嬰的母親是位有學識的婦女，對人生社會禍福有不少經驗，她聽說要選陳嬰為王，十分反對。她對陳嬰說：

「我們陳家雖是縣裏的望族，但從無做高官的人，現在一下子做什麼王，名聲太大了，容易招來禍害。況且，現在時局動亂，形勢未明，出來稱王，禍害比平時更大。不如另選人來做王，你當助手。成功了，你能得到封賞；不成功，人家也不會把你當頭兒抓。」

聽了母親的話，陳嬰堅決反對稱王稱帝。但這班少年不由陳嬰依不依，硬推他當了首領。人們聽說後，都紛紛投到陳嬰的部下，十來天時間，就由幾千人發展到了二萬餘人，一時聲威四播。連項梁、項羽叔侄聽說後，都決意與陳嬰的部隊聯合反秦。為了表示誠意，項梁還親自寫了一封信給陳嬰。

陳嬰被推做首領後，一直在心裏想辭掉這個職位，如今一得項梁的信，他馬上召集各位將領。說：「項家是楚國世代的將軍，項梁是將門之後，侄子項羽有千夫之勇，要消滅秦朝，不如我們跟著項將軍幹。」

大家一聽有理，就投奔了項梁、項羽的軍隊。陳嬰就這樣卸掉了眾人要他稱王的包袱。

陳嬰和他的母親在眾人推舉、百姓擁戴的情況下仍不願稱王，雖然無奈中勉強同意了大家稱王的要求，最後還是藉故推掉了這個名位，這種做法證明了母子二人都是十分明智的人。與此相反，貪圖權利，一旦在手便不肯放下的人，則是非常愚蠢的。

南宋時的韓雩冑在南海縣任縣尉時，曾聘用了一個賢明的書生，韓雩冑對他十分信任。韓雩冑升遷後，兩人就斷了聯繫。寧宗時，韓霑胄以外戚的身份，任平章，秉國政。當他遇到棘手的事情時，常常想起那位書生。

一天，那位書生忽然來到韓府，求見韓霑胄。原來，他已中了進士，為官一任後，便賦閒在家。韓霑胄見到他，十分喜歡，要他留下做幕僚，賜給他豐厚的待遇。這位書生本不想再入宦海，無奈韓霑胄執意不放他走，他只好答應留下一段時日。

韓霑胄視這位書生為心腹，與他幾乎無話不談。不久，書生就提出要走，韓霑胄見他去意甚堅，便答應了，並設宴為他餞行。兩人一邊喝酒，一邊回憶在南海共事的情景，相談甚歡。到了半夜，韓霑胄摒退左右，把座位移到這位書生的面前，問他：「我現在掌握國政，謀求國家中興，外面的輿論怎麼說？」

這位書生立即皺起了眉頭，端起一杯酒，一飲而盡，嘆息著說：「平章的家族，面臨著覆亡的危險，還有什麼好說的呢？」

韓霑胄知道他從不說假話，因而不由得心情沈重起來。他苦著臉問：「真有這麼嚴重嗎？這是什麼緣故呢？」

這位書生用疑惑的眼光看了韓霑胄一下，搖了搖頭，似乎為韓霑胄至今毫無感覺感到奇怪，說：「危險昭然若揭，平章為何視而不見？同立皇后，您沒有出力，皇后肯定在怨恨您；冊立皇太子，也不是出於您的努力，皇太子怎能不仇恨您；朱熹、彭龜年、趙汝愚等一批理學家被時人稱作『賢人君子』，而您欲把他們撤職流放，士大夫們肯定對您不滿；您積極主張北伐，倒沒有不妥之處，但在戰爭中，我軍傷亡頗重，三軍將士的白骨遺留在各個戰場上，全國到處都能聽到陣亡將士親人的哀哭聲，軍中將士難免要記恨您；北伐的準備使內地老百姓承受了沈重的軍費負擔，貧苦人幾乎無法生存，所以普天下的老百姓也會歸罪於您。平章，您以一己之身怎能擔當這麼多的怨氣仇恨呢？」

韓雲胄聽了大驚失色，汗如雨下，一陣沈默後，又猛灌了幾杯酒，才問：「你我名為上下級，實際上我待你親如手足，你能見死不救嗎？您一定要教我一個自救的辦法！」

這位書生再三推辭，韓雲胄仗著幾分酒意，固執地追問不已。這位書生最後才說：「有一個辦法，但我恐怕說了也是白說。」書生誠懇地說：「我亦衷心希望平章您這次能採納我的建議！當今的皇上倒還灑脫，並不十分貪戀君位，如果您迅速為皇太子設立東宮建制，然後，以昔日堯、舜、禹禪讓的故事，勸說皇上及早把大位傳給皇太子，那麼，皇太子就會由仇視您轉變為感激您了。太子一旦即位，皇后就被尊為皇太后，那時，即使她還怨恨您，也無力再報復您了。然後您趁著輔佐新君的機會，刷新國政。您要追封在流放中死去的賢人君子，撫恤他們的家屬，並把活著的人召回朝中，加以重用，這樣，您和士大夫們就重歸於好了。你還要安定邊疆，不要輕舉妄動，並重重犒賞全軍將士，厚恤死者。這樣，您就能消除與軍隊間的隔閡。您還要削減政府開支，減輕賦稅，尤其要罷除以軍費為名加在百姓頭上的各種苛捐雜稅，使老百姓嘗到起死回生的快樂。這樣，老百姓就會稱頌您。最後，你再選擇一位當代的大儒，把平章的職位交給他，自己告老還家，您若做到這些，或許可以轉危為安，變禍為福了。」

韓霑冑一來貪戀權位，不肯讓賢退位；二來他北伐中原，統一天下的雄心尚未消失，所以，他明知自己處境危險，仍不肯急流勇退。他只是把這個書生強行留在自己身邊，以便及時應變。這位書生見韓霑冑不可救藥，豈肯受池魚之殃，沒過多久就離去了。

後來，韓霑冑發動「開禧北伐」，遭到慘敗。南宋被迫向北方的金國求和，金國則把追究首謀北伐的「罪責」作為議和的條件之一。開禧三年，在朝野中極為孤立的韓霑冑被南宋政府殺害，他的首級被裝在匣子裏，送給了金國。那位書生的話應驗了。

在《荀子》一書中，記載著這樣一個故事：

有一天，孔子帶著他的學生們參觀魯桓公廟，看到欹器，就問守廟的人：「這是什麼器具？」守廟者回答說：「這是君主置於座右，用來警惕自己的器具。」孔子說：「我聽說，這種器具空虛的時候傾斜，注水到一半會變得很端正，而一旦注滿了水，立刻就會翻倒。」說完，就讓弟子往裏面注水。水注到一半，傾斜的欹器果然端正起來；乃至注滿，立即傾覆；水灑出之後，又恢復到傾斜狀態。孔子喟然歎道：「唉，哪有盈滿而不傾覆的道理呢！」

盈滿必導致傾覆的道理，比較容易注意到「中則正」的道理，一般人也許不甚瞭解，然而「中」卻是「正」的前提，是更應該注意的。無論做什麼，一定要把握「中則正」的度，既不可不及，也不可過分。這在俗語，叫作「好花看到半開時」。

要懂得知足

要想避開挑戰極限的危險，做到「好花看到半開時」，必須有一個條件，即知足。那些不知進退、自取其辱的人，毛病就出在不知足上。

人的欲望不可以太強烈，也不可以無止境。有了星星要月亮，有了月亮要太陽，恨不能把整個宇宙據為己有是一種病態。

物欲的滿足並不是最重要滿足，因為它是不可能最終滿足的，滿足了一個欲望，還會產生新的欲望。要想真正得到滿足，首先必須知足，只有知足的人才能得到滿足。

由於受到金錢、名譽、地位等等的誘惑，我們已經奔波得太久了，卻忽視了自己，忽視了自己的內心生活，就像遊子長久的離開了家鄉一樣。

所以，忘掉自己所扮演的每一個角色，拋開你與外界或金錢的關係，忘卻你的財產、成就，各種人際關係和約束，儘可能——哪怕一個小時也可以，擺脫那一切，並且專注於真正的自己。

安靜且舒適地坐在沙發上，或者，如果天氣許可的話，就到一個寧靜的地方散步，然後專心思索脫去這層層飾衣的人。除去這一切之後，你的生命會是什麼樣子？你又是誰？你會想些什麼？你會把心思與時間花在什麼地方？你的心中會有誰？

你所要找的並不是答案或訊息，甚至所浮現的問題也不重要。你所要的是感覺，純粹的感知，那種沒有名稱，不受理性思考規範的感知，讓這種狀態持續久一點。即使你沒有找到這種感知，也可視之為尋求更多內在的第一步。你可以馬上再多花一點時間試試這種做法。

當你在思索「更高的自我」時，你就是在招呼宇宙的力量進入你的生命。在那個時刻裏，你整個人都提升到一個較崇高的層次，並且散發出光芒。這並不是說日常生活不重要——日常生活當然重要。這是說，生命也包括其互補之物——更高層次的你，這部分的你排除時空並活在一種永恒裏，這種永恒你雖然只能偶爾瞥見，但是如果用心專注的話，就會比較瞭解。

設法認識你那個「較高的自我」，這像其他任何一種關係一樣，愈用心，它就愈成長。意思是說，快樂不僅有量的差別，而且還有質的不同，品質高的快樂會勝於數量大的快樂。

要區分「滿足」和「幸福」這兩個概念的含義，滿足並不就是幸福，不滿足並非就不幸福。因為「享受能力低的人，有最大的機會得到完全滿足，而一個天賦高的人，無疑將會覺得世界既然如此，他所企求的幸福永遠有缺陷，但是，如果這些缺陷仍是可以忍受的，他能練習忍受它」。因為這樣可以得到高品質的生活。具有高等享受器官的人時刻在追求著高等的快樂，他們雖然時時都不滿足，但也是幸福的。而那些稟賦低的人，把肉體感官欲望的滿足當成快樂，他們雖然時時都感到滿足，但並不一定是幸福的，他們所謂的幸福僅僅是低級的快樂。穆勒在這個方面的解釋是，人既然作為一種高級動物，自然而然地會透過經驗的幫助，去選擇那些高品質的快樂，而不應該只看到快樂的數量。第二，高品質的快樂應該是精神的快樂，而精神的快樂是高於肉體快樂的。

初看起來，知足常樂好像是一種消極的人生態度，有不斷進取、得過且過之嫌。其實，它和不斷追求並不矛盾。

拿破崙・希爾有幾句話：享受今天，創造明天；欣賞今天所得，反思今天所失，向下個目標進軍。而欣賞我們正在擁有並終將逝去的今天，就意味著對今天所得的滿足。

知足常樂真正含義是指擁有一顆樂觀、超脫大度的哲人之心，以哲人的胸懷、以辨證的眼光看待現在與未來。

不斷進取並不是貪婪的同義詞，進取的目標指向應是個人人生價值的實現，它表現在物質和精神財富兩部分，而後者往往更重要。因此，許多成功人士更看重的是自己人生價值的實現，是追求的那種自豪、充實的成就感。

這樣，知足常樂的對象往往是物質的，不斷進取追求的往往是實現自己的人生價值，二者不但不矛盾，而且相互協調與一致，對人生有積極的意義，即不為物欲所羈絆，不做金錢的奴隸。只是這樣，才能輕裝上陣，瀟灑馳騁於人生的競技場，向更高更遠的目標邁近。

智者不舞「雙刃劍」

在一個競爭激烈的世界，競爭的武器不可或缺。然而，我們時常會面對這樣的窘境，手中的利器雖然足以戰勝別人，卻也極可能傷及自己。我們稱這種可怕的武器為「雙刃劍」。

有些人為達目的，不擇手段，戰勝別人是他們選擇武器的唯一標準，是否會傷及自己，他們或者不知，或者明知而不顧。他們手握「雙刃劍」參與競爭，得逞則僥倖成功，一旦失敗則傳為笑柄甚至招來禍患。

其實，戰勝別人不是生存競爭的唯一目的，「雙贏」的局面才是明智的選擇。也許我們需要的並不是什麼寶刀，而是一束美麗的花朵。

我們所說的「雙刃劍」指什麼？指謀略。

狡猾是一種冒險

現在的人們崇尚智慧和謀略，達到了無以復加的地步。只要看一看各地的書店就會知道，到處都充斥著「三十六計」之類的書。中國文化源遠流長，被今人最廣泛地接受的，似乎只有權謀智術；而從西方引進的書中，許多也都被作為實用謀略書來閱讀和應用。如戴爾・卡耐基的著作，人們從中吸取的，往往只是其處理人際關係的智術，卻極少從中學習做一個誠實善良之人。

莫非今天的人們，在智力方面已經嚴重地退化了嗎？為什麼看不到良好的品德是為人之本和大智慧的表現，看不到種種智術不過是一些雞零狗碎的東西，難以成就大事？

我們並不反對所謂的智術，但是必須明白，狡猾是一種冒險，它所帶來的利益和損害很難說何者更大。運用智術，狡猾地待人行事，如同舞弄一把雙刃劍，而真正的智者是不屑於此的。

三國時，東吳決心除掉劉備。周瑜左思右想，最後想出一條妙計，假借為孫權之妹招親，要將劉備騙到東吳殺掉。於是，周瑜在與孫權合計之後，派人到蜀國提親。

東吳提親的使者一到，諸葛亮就知道裏面賣的是什麼藥了，他一口答應下來，叫劉備只管放心大膽地去做女婿，並派趙雲一同前往。臨走，諸葛亮還給了趙雲三條錦囊妙計。

劉備一行人來到東吳，趙雲馬上令手下五百士兵到處散佈消息，說劉備是到東吳與孫權的妹妹成婚的。半天時間，整個京城都知道了這一消息，街頭巷尾、茶樓酒鋪，人們都在談論這件事情。

孫權的母親吳國太聽說後，十分氣憤，馬上傳來孫權，問他是怎麼回事。

這時，孫權才說出周瑜的主意。

吳國太可不答應，狠狠罵了孫權一通，說不應該拿自己的妹妹作誘餌。

第二天，吳國太親自接見了劉備，見他一表人材，高興地說：「你真是我的女婿啊！」

周瑜一夥仍未放棄殺害劉備的計劃，但只好假戲真作了。

大喜日子，周瑜派人在甘露寺設下刀斧手，要在婚宴上殺掉劉備。婚宴上，劉備向吳國太告訴了周瑜埋伏刀斧手要殺他的情況，氣得吳國太大動肝火。見吳國太發了火，孫權只好取消了他們的計劃。

劉備與孫夫人成婚後，按照諸葛亮的計劃，安全返回蜀國，還損傷東吳許多將士。諸葛亮給周瑜寫了一封信，上面只有兩行字：

周郎妙計安天下，

賠了夫人又折兵。

周瑜見了，口吐鮮血，氣得昏死了過去。

周瑜的「美人計」是一把典型的「雙刃劍」。成則高為妙計，敗則傳為笑柄。而仔細想來勝算能有幾成？這種險棋，諸葛亮可是從來不走的。

小聰明往往誤大事，而之所以要耍這種小聰明，往往是為了走捷徑。好走捷徑，是人類的一種本能，誰不願意以更少的代價、更快捷的方式實現某種目的呢？不幸的是，捷徑往往是險途。

戰國時，趙國有位奸小，名叫李園。此人不學無術，心地極為奸詐，時刻都夢想做上高官，享受厚祿。他先後投靠孟嘗君、平原君、信陵君，都因德才俱無，沒有受到重用。

李園見自己沒有本事，就在他妹妹身上打起了主意。

李園的妹妹人雖十分美麗，人品卻同哥哥一樣，毫無廉恥，只認得權勢與金錢。她哥哥與她一商量，兩人真是臭味相投，很快設下了一個陰毒的圈套。

不久，利用各種關係，李園把自己的妹妹送給了春申君黃歇，還陪上了一份豐厚的嫁妝。

黃歇一見李女風姿綽約，又見陪嫁滿箱，十分高興地將李女娶進家中。李園也做上了春申君的門客，大受青睞。

李女自嫁給春申君後，大受黃歇寵愛，但春申君原配夫人尚在，只能做個小妾罷了。

不到三月，李女懷孕了。她馬上把這一消息告訴了他的哥哥。

一個更大的陰謀，又在李園兄妹間形成了

李園問：「在夫人與小妾之間，你願當什麼？」

他妹妹說：「自然是夫人囉！」

「夫人與王后呢？」

「自然是做王后的好！」

而此時楚王正因無子而發愁。真是天賜良機啊！

幾天後，李園的妹妹嬌滴滴地對黃歇說：「當今楚王無子。你也是王室之後，該有繼承權。我現在已懷了你的骨肉，不如讓我去侍奉楚王，今後天下就是我們的了。」

春申君也是利令智昏，竟然答應了下來。三天後，就把李女喬裝打扮送給了楚王。

楚王一見李女美豔照人，當晚就宣詔侍寢。

入宮才八個月，李女就生下了一健壯的男嬰，楚王高興自己晚年得子，竟然聽信了李女的這一個健壯的早產兒的謊言。

李女所生兒子長大後，在春申君的幫助下，被立為太子。春申君暗自慶幸：楚國的天下將是他們父子的了。

此時，李女做上了王后，李園自然成了國舅。為了讓他們的陰謀永不敗露，他們又密謀害死春申君。

就在楚王去世的第二天，李園兄妹設計謀殺了黃歇。

對某些人來說，女色可能是通往富貴的一條捷徑。李園兄妹的一帆風順，似乎是最好的證明。然而申春君的帝王夢已經被滅，「早產兒」的謊言遲早會被揭穿，李園兄妹更落得了令人唾罵千載的下場。

世界上沒有危險的捷徑幾乎不存在。但是利益的誘惑卻使人捨不得丟掉謀略這把「雙刃劍」。有時甚至採取不正當手段，大搞陰謀詭計。於是，前途撲朔迷離，腳下忽深忽淺，關口刀光血色，心頭一驚一乍……這種狀態本身就令人感到不值。

玩弄智巧的人想輕鬆得到某種利益，然而心頭的沈重卻足以抵嘗牟利的輕鬆。人還是老實好，陽關大道雖然遠些，走著踏實而安全，而且與玩弄智巧走捷徑比起來，事實上未必慢。

「囚犯困境」的警示意義

有一種遊戲，叫作「囚犯困境」，它模擬了人們生存競爭的情形，頗有啟示意義，不妨引用在這裏。

在「囚犯困境」的遊戲中，有兩個對策者，他們可以有兩個選擇：合作或背叛，每個人都必須在不知道對方選擇的情況下，作出自己的選擇。如果對方選擇合作，那麼選擇背叛比選擇合作有較高的收益，而如果雙方都背叛，其結果比雙方都合作要糟。

為了驗證面對「囚犯困境」時人們可選擇的策略以及這些策略的有效程度，美國的學者組織了一次以此為主題的電腦競賽。競賽要求參加者根據這一困境設計程式，並將程式輸入電腦，透過相互對局的最後得分評判優劣。

參賽提出了各種策略，但是大致可分為「善良的」、「邪惡的」、「隨意的」三類，競賽的結果也許有些出人意料：「善良」即「以合作為主」的策略大獲全勝，而「邪惡」即「以佔便宜為主」的策略則成績不佳。

現在考慮一個雙方對局的例子。一個對策者採用的策略是每一步都背叛，即「總是背叛」，另一個對策者採用的策略是「一報還一報」，即在第一步合作，然後就採用對方上一步的選擇。「一報還一報」意味著在對方每一次背叛之後就背叛一次。當對方採用「一報還一報」時，採用「總是背叛」的對策者，將在第一局得到收益，在而後的對局中都得到相應的回擊。這樣，這個背叛者只是在第一局得到五分，而在以後的每局都只能得到一分，最終他可能會「戰勝」對手，但由於總分仍然很低，而必須被淘汰出局。

「一報還一報」由於與其他多種多樣策略相處得很好而贏得了競賽。平均來說，它比競賽中的其他任何策略都做得更好。但是「一報還一報」從來沒有一次在遊戲中比對方得更多的分！事實上，它不可能比對方多得分，因為它總是讓對方先背叛，並且它的背叛次數決不比對方背叛的多。「一報還一報」贏得競賽不是靠打擊對方，而是靠從對方引出使雙方有好處的行為。「一報還一報」如此堅持引出雙方有利的結果，從而使它獲得比其他任何策略更高的總分。

因此為了讓自己做得好，你沒有必要非得比對方做得更好。特別當你要和許多不同的對手打交道時更是這樣。只要你能讓他們每個人做得和你一樣或略好些。沒有理由去嫉妒對方的成功。因為在長時間的「重複囚犯困境」中，其他人的成功是你自己成功的前提。

在生意場中也是這樣，一個從供應商那兒買來東西的公司期望供方和買方都有好處的成功的關係。妒忌供方的利潤是完全沒有意義的。任何經由不合作行為來減少這種利潤的企圖，都將激起供方的報復行動，諸如拖延發貨，較低的質量保證，不願意打折扣，或者不交換市場條件變化的資訊。這種報復使得嫉妒代價很大。買者也不要擔心賣方的相對的利潤，而可以考慮是否有其他更好的購買策略。

競賽和理論分析的結果都表明，只要對方合作你也合作就會有好處。競賽結果是很令人吃驚的，它說明決定一個規則表現如何的惟一最好的特徵是這個規則是否善良，也就是說這個規則是否不首先背叛。在第一輪競賽中，前八名規則都是善良的，在後七名中規則沒有一個是善良的。在第二輪競賽中，前十五名中規則只有一個是非善良的，名列第八，而後十五名中規則只有一個是善良的。

甚至許多專家也沒有意識到善良的價值。在第一輪競賽中，由對策論專家送來的規則中幾乎有一半是不善良的。參考了第一輪的明顯結果，第二輪比賽中大約有三分之一規則用不善良的策略，但是，它們都沒有占到便宜。

前面的競賽結果提供了另一個方式來說明為什麼善良的規則能表現得如此好，由於善良的規則相互之間相處得很好，因而善良規則的群體是很難被侵入的。而且能夠阻止單個變異個體侵入的善良規則的群體，也能阻止這個變異規則的任何小群體的侵入。

從囚犯困境的遊戲，我們可以明顯地看到類似於現實生活的情形。儘管現實生活中的人並非囚犯那樣處於封閉的環境中，但是事實上卻極少不同。

我們每個人都生活在一個相對固定的環境和人際圈子，這種環境和圈子很少被打破，更不用說能夠帶來新機遇和新對象的打破。也就是說，我們極少與人進行只有一次的對局，更多的是無限重複的對局。

這就意味著應該加強合作精神，多一點忠誠善良，而不可耍小聰明，輕於背叛。因為耍小聰明、輕於背叛的結果勢必回報到自己身上來，那時你將變成一個孤家寡人，到處挨打，並因而被生活淘汰出局，失去生存機會。

巧詐不如拙誠

在古羅馬，雕刻是一種很普遍的職業。如果你的家裏或工作場所沒有神像來裝飾，就被視為落伍了。跟每一種行業一樣，雕像也有品質好壞的差別。有時候，雕刻家也會犯錯，這時，就要用蠟把裂縫或鑿掉的部分補好。雕刻家用蠟彌補錯誤的技術十分高明，大多數人根本無法用肉眼來分辨這些的差別。

如果任何人想要得到真正優秀的雕像，就要到羅馬馬奎德的藝術品市場，尋找底座上掛著「無蠟」的牌子的雕像。底座上標明「無蠟」的雕像，才是真正品質最佳的雕像。

人生中，無論做什麼，都要抱著一種求真的態度。我們往往追求代表真實的人和事物，因為它代表著最崇高的美德——「誠實與正直」。

將誠實與知識，運用經驗結合在一起，成為一種智慧。所謂智慧，乃是行為中毫不虛飾的知識。所謂「因果定律法則」，無非是一個人的誠實與否，經過一段時間後，所顯示出來的結果。一個人不誠實地面對自己，就無法真正擁有成功。用蠟塑成的人或房子，在某些情況下會融化。內心不誠摯的人，最終必將顯露真面目。

傑出的哲學家南丁格魯先生將人性中的誠摯，稱為「心中明鏡」。他說，人的作為、心意，曾原原本本地重現在行為人的身上，乃是一種反照的效果。在不良行為發生後，往往惡果會困擾罪惡的人。當一位政治家出馬競選一項重要的公職時，他的支持者總是十分擔心，深怕過去的一些不名譽的事件會在競選期間被重提。

很多零售業者必須事先求助於測謊機，以幫助他們挑選職員，這是很悲哀的事情。今天利害關係已取代了誠實與正直而成為最重要的考慮因素，只要你有錢，又有關係，就可以買到任何高中或大學的論文。

你也可以花錢請一位代理人替你參加期末考試，更可以買到學士、碩士或博士的學位。然而，你卻買不到尊敬與名譽。它們是非賣品，必定要用誠實才能得到的。在調查與時間的雙重考驗下，它們都不會融化。它們是「無蠟的」。

說到智慧權謀，古今大概沒有誰能趕得上諸葛亮，然而作為智慧和謀略化身的諸葛亮，卻是一個「鞠躬盡瘁、死而後已」的人，從追隨劉備直到身死軍中，表現出高度的忠誠。

自從劉備三顧茅廬，諸葛亮結束了苟全性命於亂世的隱居生活，在劉備接連兵敗、曹操大軍南伐的危難之際，到東吳遊說，促成孫權、劉備的聯合，取得赤壁之戰的勝利。隨後，他輔佐劉備取荊州、奪益州。劉備稱帝，他任丞相，以法治蜀，使三國時國力最弱的蜀國政治上比較清明，人民生活安定。

劉備在永安病危，從成都召來諸葛亮，託付後事。劉備對諸葛亮說：「你的才能超過曹丕十倍，你一定能夠使蜀國安定強盛，最後統一天下。如果劉禪可以輔佐，你就輔佐他；如果他德才不行，不能輔佐，你可以取代他。」

諸葛亮哭著說：「臣敢不竭盡全力，作君主的臂膀嗎！臣當效忠貞之節，如大事不濟，死而後已！」

劉備欣慰地點點頭，對兒子劉禪說：「你今後與丞相共事，要像對待父親那樣！」

諸葛亮深怕有負劉備的重托，早晚都在憂慮、歎息。

他渡過金沙江，深入不毛之地，平定南中（今雲南、貴州地區）蠻族叛亂，採取恩威並用的政策，穩定了蜀國的後方。

他一次次率軍攻祁山，進行北伐，苦心謀劃，企圖消滅曹魏，恢復漢室，雖因兵力相差懸殊，遭失敗，但仍癡心不改。

街亭失守後，諸葛亮上疏後主劉禪，責任在於自己用人不當，請求自貶三等。

後主看了奏疏，說：「勝敗乃兵家常事，丞相怎麼這樣自責呢！」

侍中費禕說：「治國，必須以奉法為重。法若不行，何以服眾？丞相打了敗仗，自行貶職，是正確的。」

於是，後主下詔貶諸葛亮為右將軍，代行丞相事，照舊統一指揮軍隊。

在同諸將交談中，諸葛亮對費禕等人說：「以後我要減兵省將，明罰思過。各位要從國家長遠未來考慮，多多指出我的缺點，責備我的過失，這樣恢復大漢之業才可以完成，漢賊才可以消滅！」

諸葛亮積勞成疾，病死漢中軍營，他遺囑葬在今陝西勉縣東南定軍山。墳墓挖得只能裝下棺材。

諸葛亮在給後主的表奏中說到身後之事，表現了他光風霽月般的胸懷。他說：「我在成都有桑樹八百株，薄田十五頃，子弟衣食，綽綽有餘。至於我在外地任職，沒有別的收入，隨身衣食用度，全都靠公家供給，不經營別的產業增加進項。我死之後，不允許家裏有多餘的衣物財產，不要有負於陛下。」

諸葛亮告誡他的外甥：「人立志要有崇高遠大的目標，追慕先前的聖賢，滅絕私欲。」

諸葛亮教育他的兒子說：「君子要專注地修養自己的品行，謙遜地涵養自己的道德。如果不恬淡寡欲，就不能顯示志向；如果不安定專注，就不能達到遠大目標。」

作為古代的一位傑出智者，諸葛亮不但表現了高度的聰明智慧，而且表現出了對恢復漢室事業的無限忠誠。正因為如此，人們才歌頌他、敬仰他。

巧詐不如拙誠。如果諸葛亮僅僅是一個謀略家，而沒有忠誠的品格，那麼何異於奸雄曹操？在戲劇舞臺上，白臉曹操為何一直遭到人們的痛罵，諸葛亮又怎能以謀略而受到後人的敬仰呢？

智慧如諸葛亮尚且具有無限忠誠的品格，我等芸芸眾生又豈敢亂舞巧詐這把「雙刃劍」？

海鴿文化出版圖書有限公司
Seadove Publishing Company Ltd.

成功講座 394
天規

作者　孫正治
美術構成　騾賴耙工作室
封面設計　九角文化設計
發行人　羅清維
企畫執行　林義傑、張緯倫
責任行政　陳淑貞

出版　海鴿文化出版圖書有限公司
出版登記　行政院新聞局局版北市業字第780號
發行部　台北市信義區林口街54-4號1樓
電話　02-27273008
傳真　02-27270603
e - mail　seadove.book@msa.hinet.net

總經銷　創智文化有限公司
住址　新北市土城區忠承路89號6樓
電話　02-22683489
傳真　02-22696560
網址　www.booknews.com.tw

香港總經銷　和平圖書有限公司
住址　香港柴灣嘉業街12號百樂門大廈17樓
電話　（852）2804-6687
傳真　（852）2804-6409

CVS總代理　美璟文化有限公司
電話　02-27239968　e - mail：net@uth.com.tw

出版日期　2023年06月01日　四版一刷

定價　350元
郵政劃撥　18989626戶名：海鴿文化出版圖書有限公司

國家圖書館出版品預行編目資料

天規：天命不可違；天規不可破！／孫正治作；
龐洋譯--四版，--臺北市 ： 海鴿文化，2023.06
面 ；　公分. －－（成功講義；394）
ISBN 978-986-392-495-1（平裝）

1. 成功法　2. 修身

177.2　　112001279